高职信息服务校企合作教材

仓储与配送管理

主　编　杜会敏
编　者　董淑华　赵　颖
　　　　张　震　刘　克

东南大学出版社
SOUTHEAST UNIVERSITY PRESS
·南京·

内 容 提 要

本书是基于高职教育的职业性特点，根据仓储与配送管理的主要岗位和典型的工作任务，以仓储与配送管理的工作过程为主线，以任务驱动为模式，设计了仓储业务基础、仓储经营管理、仓库规划设计、货物入库作业、在库管理、出库作业、配送中心和配送作业这八个模块，每一个模块根据需要又设计了若干个学习任务。这些学习任务与企业的工作岗位相呼应，涵盖了仓储与配送管理的所有知识点和技能点，将理论融入实践，以达到培养学生获取专业知识、职业技能和职业素养的目的。

本书可以作为高职院校物流及相关专业的教学用书，以及企业仓储与配送管理岗位的培训教材，也可以供社会上有志于从事仓储与配送管理岗位工作的人员及企业物流管理人员自学使用。

图书在版编目(CIP)数据

仓储与配送管理/杜会敏主编. —南京:东南大学出版社,2015.1

高职信息服务校企合作教材

ISBN 978-7-5641-5469-1

Ⅰ.①仓… Ⅱ.①杜… Ⅲ.①仓库管理—高等职业教育—教材 ②物资配送—物资管理—高等职业教育—教材 Ⅳ.①F253

中国版本图书馆 CIP 数据核字(2015)第 006068 号

仓储与配送管理

主　　编	杜会敏	**责任编辑**	陈　跃
电　　话	(025)83795627/83362442(传真)	**电子邮箱**	chenyue58@sohu.com
出版发行	东南大学出版社	**出 版 人**	江建中
地　　址	南京市四牌楼 2 号	**邮　　编**	210096
销售电话	(025)83794121/83795801		
网　　址	http://www.seupress.com	**电子邮箱**	press@seupress.com
经　　销	全国各地新华书店	**印　　刷**	南京玉河印刷厂
开　　本	787mm×1092mm　1/16	**印　　张**	14.5
字　　数	371 千字		
版 印 次	2015 年 1 月第 1 版　2015 年 1 月第 1 次印刷		
书　　号	ISBN 978-7-5641-5469-1		
定　　价	39.00 元		

＊本社图书若有印装质量问题，请直接与营销部联系。电话:025-83791830

前　言

随着经济日趋全球化，企业通过物流去赢得市场的方式越来越受到关注。现代物流的理念是“降低成本、提高效率、客户满意”。在现代物流领域中，信息化、机械化等技术的充分利用，把物流包装、装卸搬运、运输、储存、流通加工和配送等内容融于一体。随着经济的快速发展，物流在社会中的地位也在发生着巨大的变化。仓储和配送是现代物流的两个重要环节，仓储与配送管理技术水平在很大程度上影响着物流企业的运作效率，进而影响仓储与配送的成本。提高仓储与配送管理效率是现代物流的重要任务。

近年来，仓储与配送技术在我国得到飞速发展，特别是电子商务、连锁经营等新的模式的出现和迅猛增长，使得仓储配送服务出现了大规模的需求热潮，一些大型制造企业和商业企业纷纷建立自己的仓储配送中心。仓储和配送在现代流通中的作用日益增加，尤其是现代信息技术的应用，把运输、仓储、流通加工、订单处理和配送等工作实现统一管理，既可以提高物流效率，减少商品损耗，又可以提高库存周转率，降低成本。提高仓储与配送管理效率已经成了企业提高核心竞争力的重要手段。

仓储与配送管理是高职院校物流管理专业的一门专业核心课程，具有很强的实践性和可操作性，与企业的仓储与配送管理岗位的融合度很高，是培养物流管理专业学生最基本的工作能力和职业素质的课程。

本书编者本着“校企合作”和“工学结合”的高职教育人才培养模式，以企业仓储与配送管理岗位能力需求为原则，通过与企业一线专家共同探讨和论证，综合分析仓储与配送管理工作过程，确定了本书的典型任务。编者将工作任务融入书中，构建教学模块，分解学习任务，以工作任务为载体，按“必需”和“够用”的原则确定基本知识，再为完成任务做相关的知识准备，最后通过实践性的技能训练完成教学任务。教师在理论阐述的同时可以进行模拟示范，让学生模拟操作，体验工作任务，培养实践技能，真正做到理论实践一体化，实现“学中做”和“做中学”，提高职业能力。通过实施任务驱动，实现教师与企业共同开发教学内容，践行“校企合作”的课程开发理念。

本书是一本典型的校企合作教材，其编写主要以仓储与配送作业的工作流程为导向，以仓储与配送作业所应具有的职业能力为依据，结合高职学生的特点，内容具有强烈的实用性。本书由具有丰富职业教育经验的南京信息职业技术学院的教师杜会敏、董淑华、赵颖和苏宁电器股份有限公司的企业专家张震、刘克共同编写，杜会敏担任本书的主编。具体分工如下：杜会敏编写模块一、模块二、模块四和模块五，并负责全书编写的组织、统稿和定稿工作；董淑华和赵颖共同编写模块三和模块六；董淑华和刘克共同编写模块七；赵颖和张震共同编写模块八。

特别感谢苏宁电器股份有限公司的企业专家参与本教材的编写以及对编者的指导和帮助，他们的参与使本书更贴近企业工作实际。同时，编者在本书的编写过程中参考了大量同行专家学者的研究成果和一些网络资料，他们的文献资料对本书有很大的帮助，在此向这些文献作者表示崇高的敬意和诚挚的谢意！

由于物流行业在不断发展，仓储与配送管理的理念也在不断更新，仓储与配送技术的发展非常迅速，再加之编者水平有限和时间的仓促性，一些学习任务的设置和实践性操作的设计都还不够成熟，对有关问题的研究还有待进一步深入，所以书中难免存在不当和疏漏之处，望广大读者多提宝贵意见和建议，以便进一步改进。

编　者

2015.01

目　录

模块一

仓储业务基础

学习目标

1. 知识目标

了解仓储的现状及未来发展趋势，了解物流信息技术在仓储中的应用；熟悉仓储管理的内容及任务，熟悉开展好仓储活动的意义、仓储的功能。

2. 技能目标

能够正确叙述仓储的概念，说明仓储的功能。

3. 素质目标

培养学生搜集信息的能力以及对仓储行业的调研能力；培养学生的团队合作意识。

【案例导入】

案例：快递企业探索仓储＋配送的物流体系

货物存放需大量库存，人手不足导致大量货物不能及时发出，这些制约电商企业发展的瓶颈，正在成为快递企业的“掘金点”。通过为电商企业建库存，探索“仓储＋配送”的物流体系，部分快递企业已经开始试水“新蓝海”，而这种新的快递服务模式，未来或许将成为快递行业的整体发展趋势。

1. 快递企业涉足电商仓储

2012 年 5 月，在宅急送主办的电子商务推介会上，宅急送重庆分公司负责人表示，“宅急送从两年前就开始探索‘仓储＋配送’的物流体系。”

“仓储＋配送”是什么概念呢？传统电商行业的快递，目前较为普遍的现象是电商卖家自己有仓库，当接到客户订单时，卖家自己负责订单汇总、发货计划、拣货配货包装，而快递企业只负责取件、中转和配送。而新模式下，电商卖家将货物存放在快递企业的库房，在接到订单后将订单汇总情况发给快递企业。配送计划、拣货配货包装、中转、派送全部环节则交由快递企业来执行，电商企业只需支付一定的服务费用。

2. 或成快递业新趋势

据统计，2011 年全国快递量达到 36.7 亿件，增长 57%，其中电子商务贡献了 30%的增长率，目前全国有资质的快递企业6 405家。网购的成交是通过快递企业来实现的，在激烈的竞争下，快递企业可以更多地参与到电子商务中去，而为电商企业提供仓储，则是一条全新的模式和路径，这或许将会是快递行业未来一个重要的发展趋势。实际上，为电商提供仓储服务，已经让“试水”的宅急送尝到甜头，“通过该物流配送体系，我们在淘宝的业务量同比翻了一倍。”宅急送重庆分公司总经理说。

归纳评析

快递企业涉足为电商建仓储，很大程度上源自卖家倒逼。如今网络购物非常普遍，特别是节假日，订单更是用火爆形容。节假日，电商企业由于人手问题，即使是通宵拣货发货，还是有大量货物不能按时发出，还是被消费者投诉。正是基于电商企业在传统物流配送模式下的瓶颈，宅急送才涉足电商仓储。

任务一　初识仓储

随着经济的发展，需求方式出现了个性化、多样化的改变，生产方式也变为多品种、小批量的柔性生产方式。物流的特征由少品种、大批量变为多品种、少批量或多批次、小批量，仓储的功能也从重视保管效率逐渐变为重视流通功能的实现。储存相当于物流体系的一个节点。在这里，物质实体在化解其供求之间的时间上的矛盾的同时，也创造了新的时间上的效益(如时令上的差值等)。因此，仓储是物流中的重要环节，储存功能相对于整个物流体系来说，既有缓冲与调节的作用，也有创值与增效的功能。

一、仓储的概念

所谓仓储，就是指为有形物品提供存放场所并对存放物进行保管、存取和控制的过程。“仓”即为仓库，是具有存放和保护物品功能的特定场所，可以是房屋建筑、大型容器或洞穴；“储”则表示将储存对象收存以备使用，具有收存、保护、管理、储藏物品、交付使用的意思。“仓储”并称，就是指利用仓库存放、储存未即时使用的物品的行为。

仓储的形成是社会产品出现剩余和产品流通的需要。当产品不能被即时消耗掉，需要专门的场所存放时，就产生了静态的仓储，而将物品存入仓库以及对存放在仓库里的物品进行保管、控制、提供使用等管理，这样就形成了动态仓储。仓储在整个物品流通过程中具有相当重要的作用，马克思在资本论中说道：“没有商品的储存就没有商品的流通。”有了商品的储存，社会再生产过程中物品的流通过程才能正常进行。

仓储的性质可以归结为仓储是物质产品生产过程的持续，物质的仓储也创造着产品的价值；仓储既有物品静态的储存，也有物品动态的存取、保管、控制、监督的过程；仓储活动发生在仓库等特定的场所；仓储的对象既可以是生产资料，也可以是生活资料，但必须是实物动产。

二、仓储的功能

1. 储存和保管的功能

仓储的物资储藏的基本功能决定了仓储的基本任务是存储保管、存期控制、数量管理、质量维护；同时，利用物资在仓储的存放，开发和开展多种服务是提高仓储附加值、促进物资流通、提高社会资源效益的有效手段，因而也是仓储的重要任务。

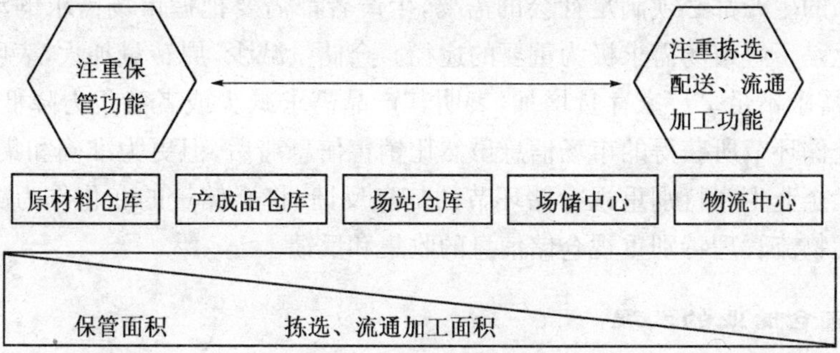

图 1-1　仓库功能比较

2. 调节供需平衡的功能

从生产和消费的连续性来看，因产品性质、种类的不同，其生产和消费的节奏不可能完全一致，从而产生供需的不均衡，这就需要有仓储的储存作为均衡环节来加以调节，使生产和消费协调起来，这也体现出物流系统创造物资的时间效用的基本职能。

3. 调节货物运输能力的功能

各种运输工具的运量差距很大，海运船舶一般在万吨以上，火车车皮能装几千吨，而每辆汽车的运力则一般在几十吨以下。它们之间进行转运，运输能力是很不匹配的，这种运力的差异也是通过仓储或货厂进行调节和衔接的。

4. 流通加工功能

保管物在保管期间，保管人根据存货人或客户的要求对保管物的外观、形状、成分构成、尺度等进行加工，使仓储物发生所期望的变化。

5. 拼装功能

拼装是仓储活动的一个经济功能。通过这种安排，仓储可以将来自于多个制造企业的产品或原材料整合成一个单元，进行一票装运。其好处是有可能实现最低的运输成本，也可以减少由多个供应商向同一客户进行供货带来的拥挤和不便。

6. 分类和转运功能

分类就是将来自制造商的组合订货分类或分割成个别订货，然后安排适当的运力运送到制造商指定的个别客户。

当涉及多个制造商和多个顾客时，需要采取交叉作业，在这种情况下，交叉站台先从多个制造商处运来整车的货物，在收到货物后，如果货物有标签，就按客户要求进行分类；如果没有标签，就按地点分类；货物不在仓储站台停留直接装到运输车辆上，一旦该拖车装满了来自多个制造商的组合产品后，运往指定的零售店。

7. 支持企业市场形象的功能

尽管市场形象的功能所带来的利益不像前面几个功能带来的利益那样明显，但对于一个企业的营销来说，仓储活动依然能被其重视起来。因为从满足需求的角度看，从一个距离较近的仓储供货远比从生产厂商处供货方便得多，同时，仓储也能提供更为快捷的递送服务。这样会在供货的方便性、快捷性以及对市场需求的快速反应性方面，为企业树立一个良好的市场形象。

8. 市场信息的传感器

任何产品的生产都必须满足社会的需要，生产者都需要把握市场需求的动向。社会仓储产品的变化是了解市场需求极为重要的途径。仓储量减少，周转量加大，表明社会需求旺盛；反之则为需求不足。厂家存货增加，表明其产品需求减少或者竞争力降低，或者生产规模不合适。仓储环节所获得的市场信息虽然比销售信息滞后，但更为准确和集中，且信息成本较低。现代企业生产特别重视仓储环节的信息反馈，将仓储量的变化作为决定生产的依据之一。现代物流管理特别重视仓储信息的收集和反馈。

三、我国仓储业的发展

1. 我国仓储业的发展现状

改革开放以来，从整体上看，我国的物流业得到迅速发展，但与西方发达国家相比，与我国经济发展规模、发展速度相比，仍有不小的差距。

(1) 传统管理体制的制约，造成仓储的重复建设、布局不平衡

(2) 仓库的拥有量大，但管理水平较低

(3) 仓储作业机械化、自动化水平欠缺

(4) 专业的仓储管理人才匮乏

2. 我国仓储业的发展方向

面对着生产的发展和流通规模的扩大，使得我国的仓储业需要迅速进行改造升级，不断提高质量和效率，同时实现仓储业的健康发展。在借鉴一些发达国家仓储业及物流业的发展经验的同时，结合我国的实际情况，当前我国的仓储业应朝着以下方向发展。

(1) 仓储业应朝着社会化、专业化等方向发展

经济全球化和社会分工的细化是经济发展的结果，又是促进经济发展的动力。社会对仓储的需要也向着专业化、功能化、个性化的方向发展。同时，仓储业内部在市场竞争中只有通过专业化的发展，提供个性产品，且将企业资源充分利用到有特长的项目上，才能提高效益，形成竞争优势。

(2) 仓储业应朝着仓储标准化方向发展

仓储标准化不仅是为了实现仓储环节与其他环节的密切配合，同时也是仓储内部提高作业效率、充分利用仓储设施和设备的有效手段，是开展信息化、机械化、自动化仓储的前提条件。

(3) 仓储业应朝着产业化方向发展

仓储业要真正如工业、农业一样成为一个独立的行业，必须发展自己的支柱产业。

(4) 仓储业应朝着机械化、自动化方向发展

(5) 仓储业应朝着信息化、信息网络化方向发展

仓储信息化管理包括通过计算机和相关信息输入输出设备，对货物识别、理货、入库、存放、出库进行操作管理，进行账目处理、结算处理，提供适时的查询，进行货位管理，存量控制，制作各种单证和报表等。要提高仓储利用率、保持高效率的货物周转、实施精确的存货控制，必须实现信息化。

(6) 仓储业应实行科学管理

商业仓储进行现代企业制度的改造和开展科学化的现代企业管理，使仓储企业产权独立，让企业有充分的经营自主权，按照满足社会需要的原则向社会提供服务。

任务二　探析仓储管理

一、仓储管理的含义

仓储管理是指对仓储和仓储中储存的货物进行管理，是仓储机构为了充分利用所具有的仓储资源提供高效的仓储服务所进行的计划、组织、控制和协调过程。

二、仓储管理的基本原则

仓储管理的基本原则是注重效率、讲求经济和服务。

1. 效率的原则

效率是指在一定劳动要素投入量时的产品产出量。只有较小的劳动要素投入和较高的产品产出量才能实现高效率。高效率就意味着劳动产出量大，劳动要素利用率高，高效率是现代生产的基本要求。仓储的效率表现在仓容利用率、货物周转率、进出库时间、装卸车时间等指标上，表现出"快进、快出、多存储、保管好"的高效率仓储。

仓储生产管理的核心就是效率管理，即实现最少的劳动量的投入，获得最大的产品产出。劳动量的投入包括生产工具、劳动力的数量以及他们的作业时间和使用时间。效率是仓储其他管理的基础，没有生产的效率，就不会有经营的效益，就无法开展优质的服务。

高效率的实现是管理艺术的体现，通过准确地核算、科学地组织、妥善地安排场所和空间、机械设备与人员合理配合，部门与部门、人员与人员、设备与设备、人员与设备之间默契配合，使生产作业过程有条不紊地进行。高效率还需要有效管理过程的保证，包括现场的组织、督促，标准化、制度化的操作管理，严格的质量责任制的约束。现场作业混乱、操作随意、作业质量差甚至出现作业事故显然不可能有效率。

2. 经济效益的原则

厂商生产经营的目的是为了追求获得最大化利润，这是经济学的基本假设条件，也是社会现实的反映。利润是经济效益的表现。

利润＝经营收入－经营成本－税金

实现利润最大化则需要做到经营收入最大化和经营成本最小化。

社会主义企业经营也不能排除为了追求利润最大化的动机，作为参与市场经济活动主体之一的仓储业，也应围绕着获得最大经济效益的目的进行组织和经营。但也需要承担部分的社会责任，履行环境保护、维护社会安定的义务，满足社会不断增长的需要等社会义务，实现生产经营的社会效益。

3. 服务的原则

仓储活动本身就是向社会提供服务产品。服务是贯穿在仓储中的一条主线，从仓储的定位、仓储具体操作、对储存货物的控制都围绕着服务进行。仓储管理应以服务为主线，围绕着如何提供服务、改善服务、提高服务质量而开展管理，包括直接的服务管理和以服务为原则的生产管理。

仓储的服务水平与仓储经营成本有着密切的相关性，两者互相对立。服务好，成本高，收费则高，仓储服务管理就是在降低成本和提高（保持）服务水平之间保持平衡。仓储企业进行服务定位的策略：

（1）进入或者引起竞争时期：高服务低价格且不惜增加仓储成本。

（2）积极竞争时期：用较低的成本实现较高的仓储服务。

（3）稳定竞争时期：提高服务水平维持成本不变。

（4）已占有足够的市场份额处于垄断竞争（寡头）：服务水平不变，尽力降低成本。

（5）退出阶段或完全垄断：大幅降低成本，但也降低服务水平。

三、仓储管理的主要内容

1. 仓库的选址与规划

例如，仓库的选址原则，仓库建筑面积的确定，库内运输道路与作业的布置等。

2. 仓储机械作业的选择与配置

例如，如何根据仓储作业特点和所储存货物种类以及其物理、化学特性，选择机械装备以及应配备的数量，如何对这些机械进行管理等。

3. 仓储的业务管理

例如，如何组织货物入库前的验收，如何存放入库货物，如何对在库货物进行保管养护，发放出库等。

4. 仓储的库存管理

例如，如何根据企业生产的需求状况和销售状况，储存合理数量的货物，既不因为储存过少引起生产或销售中断造成损失，又不因为储存过多占用过多的流动资金等。

5. 仓储的组织管理

例如，货源的组织，仓储计划，仓储业务，货物包装，货物养护，仓储成本核算，仓储经济效益分析，仓储货物的保税类型，保税制度和政策，保税货物的海关监管，申请保税仓储的一般程序等。

6. 仓储的信息化管理

仓储信息化管理是指仓储管理中信息化的应用以及仓储管理信息系统的建立和维护等问题。

除此之外，仓储业务考核、新技术新方法在仓储管理中的运用、仓储安全与消防等，都是仓储管理所涉及内容。

四、不同行业对仓储管理的要求

1. 物流企业对仓储管理的要求

物流企业对仓储管理的要求主要体现在如下方面：

（1）合理调度仓储运作，对客户需求能作出快速的动态反应。

（2）仓储配备先进的物流软件和硬件设施，包括立体货架、自动分拣系统、条形码管理系统、流通加工设备等。

（3）仓储管理方式应能够满足不同客户需要。

（4）在搞好仓储基本业务管理的基础上，还要进行分拣、配货、包装等，为客户提供个性化服务。

（5）为客户提供增值服务，包括搞好库存控制和提高流通加工能力等。

2. 流通企业对仓储管理的要求

仓储作为商品营销的保障，为企业销售提供物流服务。流通企业对仓储管理的要求主要体现在如下方面：

（1）做好物品的接运。

（2）做好物品数量和外观质量验收。

（3）分区分类和专仓专储。

（4）进行储存期标识和质量维护。

（5）高效的包装加工作业。

（6）准确发货和及时发运。

3. 生产企业对仓储管理的要求

生产企业对物料仓储管理的要求主要体现在如下方面：

（1）对供货商的供货严格把关。

（2）物品储存标识符合批次管理和可追溯性要求。

（3）建立库位编码系统，实现物品储存可视化。

（4）合理储存保管，符合先进先出的要求。

（5）限额供料和配送到现场。

五、物流信息技术在仓储管理中的应用

物流信息技术是现代信息技术在物流各个作业环节中的综合应用，是现代物流区别于传统物流的根本标志。在仓储使用的物流信息技术常见的有以下两种。

1. 条码技术在仓储管理中的应用

图 1－2　条码的符号结构示例

（1）实时数据。数据采集系统采用条码自动识别技术作为数据输入手段，在进行每一项产品或原料操作（如到货清点、入库、盘点）的同时，系统自动对相关数据进行处理，并为下

一次操作(如财务管理、出库)做好数据准备。

(2) 无停顿运行。应用数据采集系统,当库存发生变化时,系统自动按照销售情况生成合理供货(上架)要求。

(3) “零”差错。由于系统几乎完全免除了物流过程中数据的人工键盘输入,同时,全部物流过程在计算机系统监控下准确进行,一旦发生差错,系统立即报警纠正,大大减少了商品库存(盘点)过程中数据输入差错的可能性。

(4) 省人力。应用数据采集系统,数据一次输入可以在以后的物流和信息流的各个环节中使用,数据输入次数由几十次减少到几次,操作员只需要使用数据采集器扫描阅读每一商品条码,系统自动对相关数据进行处理。

(5) 高效益。高速信息流的数据实时性以及科学的决策,数据采集系统可以按照实际销售和库存情况及时组织进货、配送,使库存结构更加合理,并为“零”库存的实现创造了必要的条件。

2. 射频识别技术

(1) 射频识别技术概述

射频识别技术(Radio Frequency Identification,RFID)的基本原理是电磁理论。射频系统的优点是不局限于视线,识别距离比光学系统远,射频识别标签具有可读写能力,可携带大量数据、难以伪造和有智能的特点等。

(2) 射频技术在仓储管理中的应用

由电子标签、读写器、天线和应用软件构成的 RFID 系统直接与相应的管理信息系统相连。每一件物品都可以被准确地跟踪,这种全面的信息管理系统能为客户带来诸多的便利,包括实时数据的采集、安全的数据存取通道、离线状态下就可以获得所有产品信息等等。

图 1-3　RFID 的应用示例

Step 1：推车经过 Reader 门户。

Step 2：从 Reader 抓取每个箱子的数据。

Step 3：生成业务相关事件,传送到数据中心。

技能训练 1-1:仓储发展现状调研

【训练目标】

通过调研,使学生了解本地区仓储业的发展现状;了解仓库管理相关制度。

【训练准备】

(1) 了解调研目的。

(2) 将学生分成若干组,各组选出一个组长,组内分工合作完成任务。

(3) 设计相关调查表或调研提纲。

【训练任务及内容】

(1) 以自己就读的大学所在地区为例,调查当地仓储业的发展现状。

(2) 通过互联网,运用百度等搜索工具查询相关资料。

(3) 了解仓储行业的构成、发展规模、企业所有制结构。

(4) 了解典型企业及其主营业务。

(5) 调查相关仓库管理制度。

【提交成果】

每组提交一份调研报告(含仓储业发展现状调查表),并以小组的形式进行汇报。

调研报告包括如下内容:

(1) 调研背景(调研的目的)。

(2) 调研对象、调研时间、地点。

(3) 调查方法。

(4) 仓储业发展现状调查表。

(5) 相关仓库管理制度。

(6) 调研结果评价及改进建议。

技能训练 1-2: 仓储管理岗位群人才需求调研

【训练目标】

了解企业对仓储管理人才的知识、能力及素质要求,熟悉仓储管理岗位群的岗位职责。

【训练准备】

(1) 了解调研目的。

(2) 将学生分成若干组,各组选出一个组长,组内分工合作完成任务。

(3) 设计相关调查表或调研提纲。

【训练任务及内容】

(1) 通过全国各大招聘网站或企业网站,调查企业仓储管理岗位群的设置情况、岗位职责。

(2) 通过全国各大招聘网站或企业网站,搜集 10 家企业仓管员、仓库主管、仓储经理三个岗位的招聘信息。

(3) 总结仓储管理岗位群的岗位职责和职位要求。

【提交成果】

每组提交一份仓储管理岗位群人才需求调查表。

调查表包括如下内容：

(1) 调查的岗位名称(仓管员、仓库主管、仓储经理)。

(2) 调查的企业名称;调查时间;调查人。

(3) 岗位职责。

(4) 岗位任职要求。

模块二

仓储经营管理

学习目标

1. 知识目标

了解编制仓储计划的依据、仓储合同的形式和格式，掌握仓储经营的方式，掌握仓储合同的主要内容及拟定；熟悉仓储合同当事人的权利和义务。

2. 技能目标

能够正确叙述仓储经营的概念，说明仓储经营的目标，能够独立编制仓储计划和仓储合同。

3. 素质目标

培养学生分析和解决问题的能力；培养学生的参与精神。

任务一 仓储经营概述

一、仓储经营的概念

仓储经营是指以营利为目的，利用现有仓储保管能力向社会提供储存和保管仓储物及相关增值服务的筹划与管理活动。

二、仓储经营的目标

仓储经营的目标是指按照仓储活动的各项要求和仓储管理上的需要，把与仓储经营有关各部门、各环节合理组织起来，使各方面的工作协调、有效地进行，加速商品在仓库中的周转，合理地使用人、财、物，以最小的资源取得最大的经济效益。

仓储经营的具体目标是实现仓储经营活动的“多储存、多经营、快进、快出、保管好、费用省”。

三、仓储经营方式

如何确定科学的、先进的、有效的仓储经营方式是仓储企业搞好经营管理的关键。仓储经营方式根据仓储目的不同可分为保管仓储经营、混藏仓储经营、消费仓储经营、仓库租赁经营、流通加工式经营等。

1. 保管仓储经营

保管仓储是指仓储经营者根据与存货人的合同约定，提供储存保管其仓储物的服务并收取仓储保管费的一种仓储经营方式。

1）保管仓储的特点

（1）保管仓储的目的在于保持仓储物原状。

（2）保管仓储的仓储对象是动产。

2）保管仓储的经营策略

在保管仓储中，仓储经营者应以追求最高仓储保管费收入为经营目标，尽可能多地吸引客户，争取仓储委托，并采取合理的价格策略，在仓储保管中不断降低仓储成本和支出。

2. 混藏仓储经营

混藏仓储是指多数存货人将相同种类、品质、一定数量的可替代仓储物交付仓储经营者混合储藏并支付仓储费用。而仓储期届满时，仓储经营者只需返还同种、同质、同量的替代物的一种仓储经营方式。

1）混藏仓储的特点

（1）混藏仓储的对象是种类物。

（2）混减储存的仓储物并不随交付而转移所有权。仓储保管人只需为存货人提供仓储服务，而仓储物的转移只是物的占有转移，与所有权的转移毫无关系。

（3）混藏仓储适用范围有限。混藏仓储在物流活动中发挥着重要的作用，通过混藏的方式，可以减少仓储设备投入，提高仓储空间利用率，从而降低仓储成本。但这种仓储方式有一定的适用范围，它主要适用于农村、建筑施工、粮食加工等行业，针对品质无差别、可以准确计量的物品。

2）混藏仓储的经营策略

混藏仓储经营者的收入依然来自于仓储保管费，存量越多、存期越长收益越大。尽管混藏式仓储是成本较低的仓储方式，然而一旦仓储物品种增加，则会导致仓储成本增加。因此在混藏仓储经营中应尽可能开展少品种、大批量的混藏经营。

3. 消费仓储经营

消费仓储是指存货人将种类物交付仓储经营者储存保管，存仓储期间，仓储经营者享有该种类物的所有权。到仓储期届满时，仓储经营者只需向存货人返还相同种类、品质及数量的替代物的一种仓储经营方式。

1）消费仓储的特点

（1）消费仓储的仓储对象是种类物，仓储期间其所有权将转移于仓储保管人。

（2）消费仓储以物的价值储存保管为目的，仓储保管人仅以种类、品质、数量相同的物进行返还。

2）消费仓储的经营策略

消费式仓储经营者的收益主要来自于对仓储物消费的收入，当该消费的收入大于取得返还仓储物的成本时，仓储经营者便获得了经营利润。反之，当消费收益小于取得返还仓储物的成本时，仓储经营者就不会对仓储物进行消费，而将返还原物。在消费仓储中，仓储费收入是次要收入，有时甚至采取无收费仓储。

4. 仓库租赁经营

仓库租赁经营是指仓储经营者将仓库或仓库设备租给存货人使用，由存货人自行储存保管货物的一种仓储经营方式。

仓库租赁经营的关键是签订一份仓库租赁合同，在法律条款的约束下进行租赁经营，并取得租赁收入。仓库租赁经营既可以是整体性的出租，也可以采用部分出租、货位出租等分散进行方式。在分散出租的情况下，仓库所有者需要承担更多的仓库管理工作，如环境管理、保安管理等。

5. 流通加工式经营

所谓流通加工是指在某些产成品从生产领域向消费领域流动的过程中，为了更有效地利用资源，方便用户，提高物流效率和促进销售，在流通领域对产品进行的简单再加工，例如包装、分割、计量、分拣、刷标志、栓标签、组装等。流通加工是物流服务业与现代化生产发展相结合的产物，它弥补了企业大批量生产加工不能同时满足不同消费者需要的不足。

任务二 货物储存计划

一、货物储存计划的内容

货物储存计划，也称“货物出入库计划”，是在考虑仓储能力的前提下，根据出入库计划确定储存货物品种、数量及储存时间的计划。根据时间的长短有：年度计划、半年计划、季度计划和月份计划，其中，最常用的计划是“年度计划”。把年度计划分解到短期储存计划中去，就可制定半年、季度和月份储存计划。

影响货物储存计划的因素如下：

(1) 仓储能力、出入库计划。

(2) 储存货物品种、数量及储存时间。

(3) 企业的年度储存任务和期望目标。

二、货物储存计划的编制依据

1. 货物储存的品种数量

1) 品种数量的确定(预测)

(1) 历年统计数字。

(2) 具体市场调查研究。

(3) 时间因素的影响。

2) 确定品种数量的目的

使货物储存计划能正确反映各种货物及其数量在时间上的变化，以确定不同时期货物储存所需库容。

2. 仓库储存能力

仓库的储存能力见图 2-1。

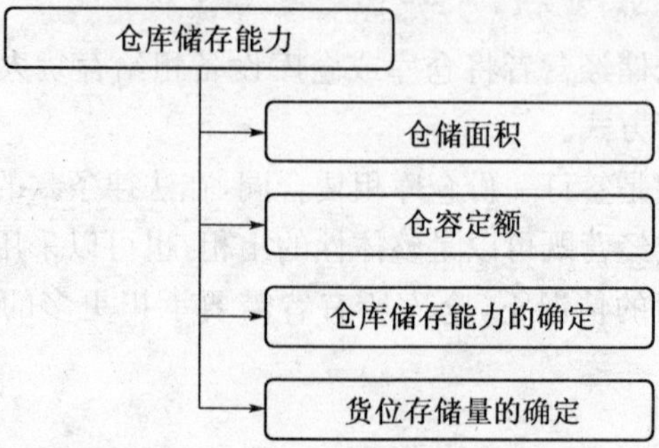

图 2-1　仓库储存能力的决定因素

1）仓储面积

仓储面积是储存货物的基础，充分利用仓库的面积，提高仓库面积的利用率，可有效提高仓储企业的经济效益。仓库面积包括以下几个部分，见图 2-2。

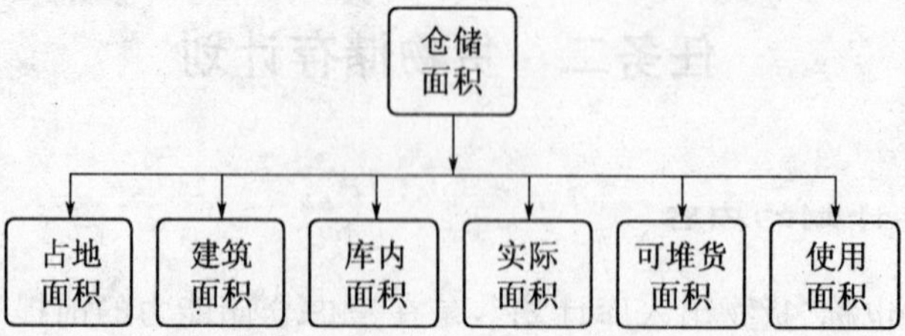

图 2-2　仓库面积的构成

2）仓容定额

仓容定额是指仓库或货场单位面积可以存放物资的最高数量，是每平方米储存面积的储存量标准，仓容定额可以反映出仓库的储存能力。决定仓容定额大小的主要因素是地坪承载能力和货物允许堆放高度。

仓容定额的核定方法如下：

(1) 储存按尺码吨计算的货物的储存量

T=(使用面积×面积使用率)×(库房可堆货高度×高度利用率/2)　(m^3)

(2) 储存按重量吨计算的货物的储存量

T=(使用面积×面积使用率)×(地坪载重量×载重量利用率)

3）仓库储存能力的确定

根据所确定的库房或货场的储存面积和仓容定额，其计算公式为：

$$Q=\sum_{i=1}^{n} q_i \times S_i$$

式中：Q——储存能力；

q_i——库房或货场的仓容定额(t/m^2)；

S_i——库房或货场的储存面积(m^2)；

n——货场的总数；

i——序号。

4）仓库储存量的确定

（1）确定单位仓容定额 P

已知存放货物名称进行堆存，确定 $P_{库}$ 和 $P_{货}$ 中的较小数值。

① 库场单位面积技术定额 $P_{库}$，是指库场地面设计和建造所达到的强度，用 t/m^2 表示，一般为 2.5—3.0 t/m^2，加强型地面为 5—10 t/m^2。

② 货物单位面积堆存定额 $P_{货}$，是指货物本身的包装及其本身的强度所确定的堆高限定。

（2）货位存货数量计算

$$Q=P\times S$$

式中：Q——货位存放数量；

P——库场单位面积技术定额（t/m^2）；

S——仓库货位占地面积（m^2）。

三、货物储存计划的编制方法

1. 确定需求

1）大量收集货物的市场供需信息

根据客户向仓储企业提供的货物存储申报计划，仔细调查存储货物的种类、数量、包装、货主、出入库时间等信息。

2）与客户签订货物储存合同、协议或意向书

详细拟定出储存货物的名称、数量、储存要求、储存时间、包装形式及货物特性等。

2. 考查库存能力

其详细考查内容如图 2－3 所示。

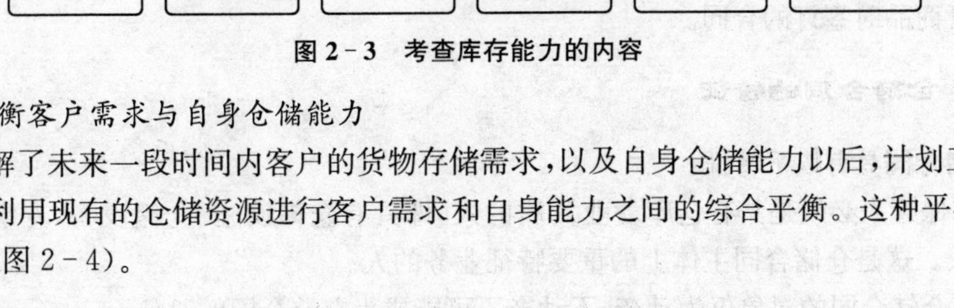

图 2－3 考查库存能力的内容

3. 平衡客户需求与自身仓储能力

在了解了未来一段时间内客户的货物存储需求，以及自身仓储能力以后，计划工作就是如何充分利用现有的仓储资源进行客户需求和自身能力之间的综合平衡。这种平衡包括 3 个方面（见图 2－4）。

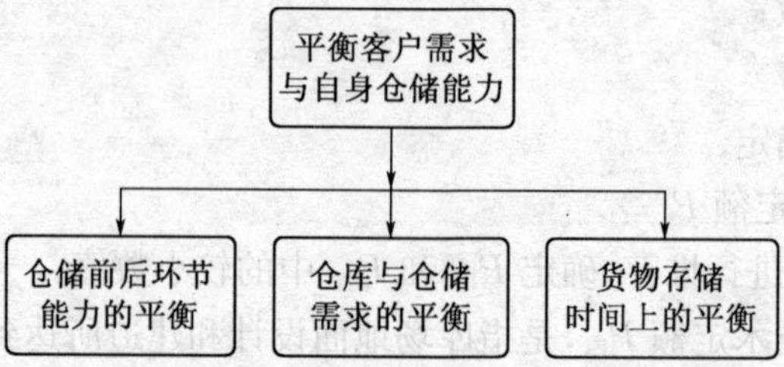

图 2-4　平衡客户需求与自身仓储能力的内容

任务三　仓储合同

一、仓储合同的含义与类别

仓储合同，又称仓储保管合同，是保管人储存存货人交付的仓储物，存货人支付仓储费的合同。合同双方当事人为保管人和存货人，交付保管的仓储物为合同的标的物。

仓储合同也可以依据不同的标准，做出不同分类。不同种类的仓储合同具有不同的种类特征不同的法律效力。就仓储经营方式而言，仓储合同可分为一般仓储合同、消费仓储合同、混藏仓储合同与仓库租赁合同。

1. 一般仓储合同

一般仓储合同以特定物或特定化的种类物为标的物，合同期限届满时，保管人将原物返还于存货人。例如，存货人存入 100 袋香米，取回时依然是存入时的那 100 袋香米。

2. 混藏仓储合同

混藏仓储合同是指存货人将一定品质数量的种类物交付保管人储藏，而在储存保管期限届满时，保管人只需以相同种类、相同品质、相同数量的替代物返还的仓储合同。如上例，存货人与保管人签订的是混藏合同，存入 100 袋香米，取回时只要是相同种类和品质的 100 袋香米，可以是泰国产的，也可以是印度产的。

3. 消费仓储合同

消费仓储合同是指存货人不仅将一定数量品质的种类物交付仓储保管人储存保管，而且与保管人相互约定，将储存物的所有权也移转于保管人处，在合同期届满时，保管人以相同种类、相同品质、相同数量的替代品返还的仓储合同。

4. 仓库租赁合同

仓库租赁合同是指仓库所有人将所拥有的仓库以出租的方式开展仓储经营，由存货人自行保管商品时签订的合同。

二、仓储合同的特征

仓储合同具有以下特征：

(1) 保管人必须是具有仓库营业资质的人，即具有仓储设施、仓储设备，专事仓储保管业务的人。这是仓储合同主体上的重要特征业务的人。

(2) 仓储合同的对象仅为动产，不动产不可能成为仓储合同的对象。

(3) 仓储合同为诺成合同。仓储合同自成立时起生效。

(4) 仓储合同为不要式合同,可以是书面形式,也可以是口头形式。

(5) 仓储合同为双务、有偿合同。保管人承担储存、保管的义务,存货人承担支付仓储费的义务。

三、仓储合同的相关概念

1. 仓储合同的当事人

仓储合同的当事人就是参与合同签订的存货人和保管人。

存货人是指将仓储物交付仓储的一方的合同当事人。

保管人为仓储物的保管一方的合同当事人。

2. 仓储合同的标的物

仓储合同的标的是指合同关系指定的对象,也就是仓储合同当事人权利和义务共同指向的对象。依合同的性质而言,存货人交付的仓储对象必须是动产,而不动产不能成为仓储合同的标的物。

四、仓储合同的形式

1. 合同法的规定的形式

(1) 书面形式。

(2) 口头形式。

(3) 其他形式。电报、电传、传真、电子数据、电子邮件也可以作为书面形式。

2. 仓储合同采用形式

书面形式、口头形式或者其他形式。

3. 仓储合同采用的最佳形式

仓储合同使用完整的书面合同较为合适。

4. 其他合同形式

通过行为订立合同、签发格式合同等。

5. 注意事项

(1) 事实合同的确立。

(2) 格式合同的运用。

五、仓储合同的格式

仓储合同是不要式合同,当事人可以协议采用任何合同格式。所谓的不要式合同,是相对于要式合同的法律概念,是指当事人订立的合同依法并不需要采取特定的形式,当事人可以采取口头方式,也可以采取书面方式。

(1) 合同书。

(2) 确认书。

(3) 计划表。计划表是长期仓储合同的补充合同或执行合同。

(4) 格式合同。格式合同是由一方事先拟订,并在工商管理部门备案的单方确定合同。

六、仓储合同的主要条款

仓储合同的条款有当事人条款、仓储物条款、仓储条款、价款、当事人的权利和义务、违约责任和争议处理条款等，具体条款见图 2-5。

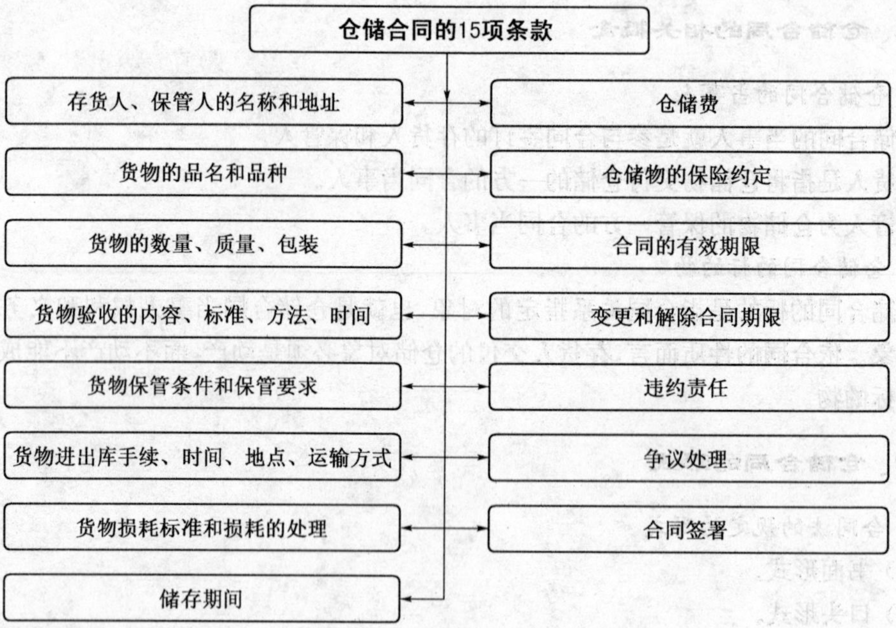

图 2-5　仓储合同与条款

七、仓储合同的生效和无效

1. 合同成立

合同成立是合同生效的前提，合同的成立必须具备以下条件。

(1) 订约主体必须存在两方以上的当事人。

(2) 当事人对合同必要条款达成合意。

(3) 合同的成立应当经过要约和承诺阶段。

2. 合同生效

依法成立是合同生效的必备要件，因此，合同生效必须具备以下条件。

(1) 合同当事人在缔结合同时必须具有相应的缔结合同的行为能力。

(2) 合同当事人订立合同时的意思表示必须真实。

(3) 合同不违反法律、行政法规的强制性规定；不损害社会公共利益。

(4) 合同的标的确定，履行的可能、标的物的合法。

(5) 合同必须具备法律所要求的形式。

3. 合同生效的时间

依法成立的仓储合同，自成立时生效，法律、行政法规规定应当办理批准、登记等手续才生效的。

4. 无效合同

无效合同是指不具备法律规定的有效条件,而不具有法律效力的合同。

《民法通则》和《合同法》规定,有下列情形之一的为无效合同:

(1) 订立合同的民事主体不合格,即订立合同的当事人不具有相应的民事权利能力或民事行为能力。

(2) 一方以欺诈、胁迫的手段订立合同,损害国家利益。

(3) 恶意串通,损害国家、集体或第三人利益。

(4) 以合法形式掩盖非法目的。

(5) 损害社会公共利益。

(6) 违反法律、行政法规的强制性规定。

八、仓储合同当事人的权利和义务

1. 存货人的权利与义务

1) 存货人的权利

根据《合同法》的规定,仓储合同中存货人享有以下权利:

(1) 提货权

存货人拥有凭仓单提取仓储物的权利。如果在合同中约定了仓储时间的,存货人有权提前提取仓储物。如果在合同中没有约定仓储时间,存货人仍有随时提取仓储物的权利。

(2) 转让权

物品在储存期间,存货人有权将提取物品的权利转让给他人,但是必须办理仓单的背书手续。

(3) 检查权

物品在储存期间,仓储保管人负责保管存货人交付的仓储物,此时保管人对物品享有占有权,但仓储物的所有权仍然属于存货人,存货人为了防止货物在储存期间变质或发生货损货差,有权随时检查仓储物或提取样品,但在检查时不得妨碍保管人的正常工作。

(4) 索偿权

因保管人的原因造成仓储物损坏、灭失的,存货人有权向其索赔。

2) 存货人的义务

存货人在享有《合同法》规定的权利时,必须承担的义务有:

(1) 如实告知货物情况的义务。

(2) 按约定交付货物的义务。

(3) 支付仓储费和其他必要费用的义务。

仓储费是仓储保管人提供仓储服务应得的报酬。一般情况下,仓储费应在存货人交付仓储物前支付,而非提取货物时支付。

(4) 按约定及时提取货物的义务

仓储合同期限到时,存货人应当凭仓单及时提取储存货物,提取货物后应缴回仓单。如果储存期限满后,若存货人不提取货物的,保管人可以提存该货物。

2. 保管人的权利与义务

1）保管方的权利

根据《合同法》的规定，仓储合同中保管人享有以下权利：

(1) 有权要求存货方按合同规定及时交付标的物

合同签署后保管人有权要求存货人按照合同约定的品种、数量、质量包装等将货物交付给仓储保管人保管入库，存货人不能按此约定交付储存物的，应承担违约责任。

(2) 有权要求存货方对货物进行必要的包装

(3) 有权要求存货人告知货物情况并提供相关验收资料

根据法律规定，存货人违反规定或约定，不提交特殊物品的验收资料的，保管人可以拒收仓储物，也可以采取相应措施以避免损失的发生，由此产生的费用由存货人承担。

(4) 有权要求存货人对变质或损坏的货物进行处理

(5) 有权要求存货人按期提取货物

2）保管人的义务

保管人在享有《合同法》规定的权利时，必须承担的义务有：

(1) 给付仓单的义务

仓单是仓储保管人在收到仓储物时，向存货人签发的表示已经收到一定数量的仓储物，并以此来代表相应的财产所有权利的法律文书。

(2) 妥善保管仓储物的义务

保管人应当严格按照合同规定提供合理的保管条件妥善的保管仓储物。如果仓储物属易爆、有毒、有放射性等危险物品的话，仓储保管人必须具备相应的仓储条件，如果条件不具备时，不得接收危险物品作为仓储物。

(3) 验收货物和危险通知义务

保管人在接受存货人交存的货物时，应当按照合同规定对货物进行验收，例如：货物的品名、规格、数量、外包装状态等。如果在验收时发现不良情况、仓储物变质、发生不可抗力损害或其他涉及仓储物所有权的情况，仓储保管人应及时通知存货人或仓单持有人。

九、仓储合同的变更和解除

1. 仓储合同的变更

仓储合同的变更是指对已生效的仓储合同的内容进行修改或补充，不改变原合同的关系和本质事项。注意事项：

(1) 变更需要双方协商解决，如果一方拒绝，则不能单方面变更合同。

(2) 合同变更后按变更后的合同履行，对变更前已履行的部分没有追溯力。

(3) 因为不完全履行发生的利益损害，可以作为请求赔偿的原因，或者变更合同的条件。

2. 仓储合同的解除

仓储合同的解除是将未履行的合同或合同还未履行部分不再履行，发生的权利义务关系消亡，合同履行终止。

1）仓储合同解除的方式

(1) 存货人与保管人协议解除合同。

(2) 出现法律规定的仓储合同解除条件而解除合同。

2) 仓储合同解除后的后果

仓储合同解除后，因合同所产生的存货人和保管人的权利义务关系消灭，未履行的合同部分当然地终止履行。

合同解除并不影响合同的清算条款的效力，双方仍需要按照清算条款的约定承担责任(包括承担违约责任)和赔偿损失。

十、仓储合同的违约和免责

1. 仓储合同违约责任的概念

仓储合同违约责任是指仓储合同的当事人，因自己的过错不履行合同或履行合同不符合约定条件时所承担的法律责任。

2. 仓储合同违约责任的承担方式

根据我国《合同法》的相关规定，仓储合同违约责任的承担方式有：

(1) 支付违约金。违约金是指按合同约定，当发生一方违反合同约定时，需向另一方支付违约的金额。

(2) 损害赔偿。损害赔偿是指合同一方当事人违约时，在支付违约金或采取其他补救措施后，如果对方还有其他损失，违约方应承担赔偿损害的责任。

(3) 继续履行。在仓储合同中，当一方当事人不履行合同时，对方有权要求违约方按照合同规定履行义务或向法院请求强制违约方按照合同规定履行义务，而不得以支付违约金和赔偿金的办法来代替履行。

(4) 采取补救措施。发生违约后，被违约方有权要求违约方采取合理的补救措施，弥补违约的损失，并减少损失的进一步发生。

(5) 定金惩罚。定金是《担保法》规范的一种担保方式。在订立合同时，当事人可以约定采用定金来担保合同的履行。

3. 仓储合同的免责

仓储合同的免责也称为仓储合同违约责任的免除，是指一方当事人不履行合同或法律规定的义务，致使对方遭受损失，由于不可归责于违约方的事由，法律规定违约方可以不承担民事责任的情况。合同违约责任的免除有以下几种情况：

(1) 因不可抗力

不可抗力是指当事人不能预见、不能避免并且不能克服的客观情况的发生，包括自然灾害和某些社会现象。

(2) 因仓储物自然特性

因仓储物的性质、超过有效储存期造成仓储物变质、损坏的损失，保管人不承担赔偿责任。

(3) 因存货人的过失

由于存货人的原因造成仓储物的损害，保管人不承担赔偿责任。

(4) 合同约定的免责

基于当事人的利益，双方在合同中约定免责事项，对免责事项所造成的损失，不承担互相赔偿责任。

十一、仓单

所谓仓单是保管人应存货人的请求而签发的一种有价证券，它表示一定数量的货物已由存货人交付保管人，是仓单持有人依仓单享有对有关仓储物品的所有权的法律凭证。仓单是仓储合同存在的证明，也是仓储合同的组成部分。

1. 仓单的性质

（1）仓单是提货的凭证

在提取仓储物时，必须出示仓单并在将货物提出后将仓单交还仓储保管人注销。没有仓单不能直接提取仓储物。

（2）仓单是储存物所有权的法律文书

保管人收到存货人的物品时，经过检验后向存货人开具的仓单说明此时仓储物的所有权是属于存货人的，存货人只是将仓储物的储存保管责任转交给仓储保管人。

（3）仓单是有价证券

仓单经过存货人背书及仓储保管人的签署后可以转交给任何人，任何持有仓单的人都可以向仓储保管人要求给付仓储物。因此从性质上而言，仓单是一种有价证券，它代表着和仓储物等价值的财产权利。

2. 仓单的形式和内容

1）仓单的形式

仓单由仓储保管人提供。仓单为一式两联，第一联为仓单，在签发后交给存货人；第二联为存根，由仓储保管人保存，以便核对仓单。

2）仓单的内容

仓单一般包括下列事项：

（1）存货人的名称或姓名。

（2）仓储物的品种、数量、质量、包装、件数、标记等。

（3）仓储物的损耗标准。

（4）储存场所和储存时间。

（5）仓储费。

（6）填发人、填发地点和时间。

（7）仓储物保险金额、期间及保险人的名称。

3. 仓单业务

1）仓单的签收

当存货人将仓储物交给仓储保管人时，仓储保管人应对仓储物进行验收，确认仓储物的状态，在全部仓储物入库后，填制签发仓单。仓储保管人在填制仓单时，必须将所有接受的仓储物的实际情况如实记录在仓单上。

2）仓单的分割

存货人将一批仓储物交给仓储保管人时，因为转让的需要，要求仓储保管人签发分为几份的仓单，或者仓单持有人要求保管人将原先的一份分拆成多份仓单，以便向不同人转让，这种类型的业务被称为仓单的分割。

3）仓单转让

仓单持有人需要转让仓储物时，可以采用背书转让的方式进行。仓单转让生效的条件为：背书完整，且经过保管人签字盖章。背书转让的出让人为背书人，受让人为被背书人。

4）凭单提货

在仓储期满或经仓储保管人同意的提货时间，仓单持有人向仓储保管人提交仓单并出示身份证明，经保管人核对无误后，仓储保管人给予办理提货手续。见图 2-6。

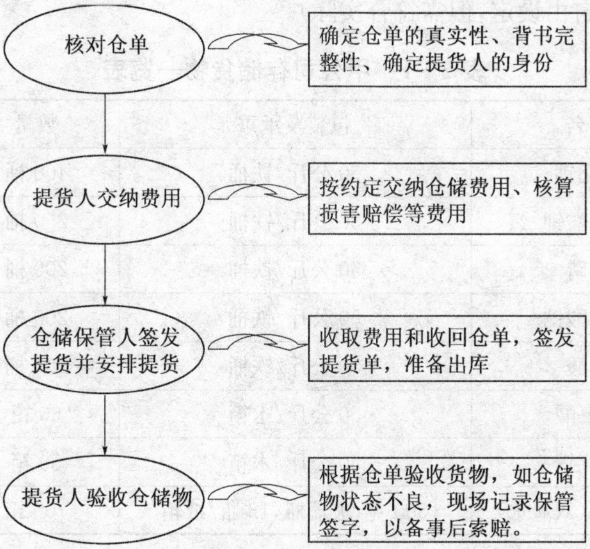

图 2-6　仓单提货过程

5）仓单灭失的提货

原则上提货人不能提交仓单，仓储保管人不能交付货物，无论对方是合同订立人还是其他人。因为仓储保管人签发出仓单就意味着承认只能对仓单承担交货的责任，不能向仓单持有人交付存储物就需要给予赔偿。在实际业务操作过程中会出现仓单因故损毁和灭失，无单提货的情况。仓单灭失的提货方法一般有 2 种：

（1）通过人民法院的公示催告使仓单失效。当 60 天公示期满无人争议，法院可以判决仓单无效，申请人可以向仓储保管人要求提取仓储物。

（2）提供担保提货。提货人向仓储保管人提供仓储物的担保后提货，由仓储保管人掌握担保财产，将来另有人出示仓单而不能交货赔偿时，仓储保管人使用担保财产进行赔偿。该担保在可能存在的仓单的失效后，方可解除担保。

技能训练 2-1：拟订一份仓储合同

【训练目标】

了解仓储合同的主要内容和条款，掌握仓储合同的制订方法。

【训练准备】

（1）了解训练目标。

(2) 将学生分成若干组，各组选出一个组长，组内明确分工，合作完成任务。

(3) 仓储合同相关资料的准备。

【训练任务及内容】

甲、乙两家公司准备将下列货物(分别见表2－1、表2－2)存储在南京宁百仓储有限公司，存期分别为2013年6月10日—7月30日、2013年8月20日—10月20日，经协商，仓储费分别为60元/吨·天和70元/吨·天，请以宁百仓储有限公司的名义和这两家公司分别签订一份仓储保管合同(验收项目、验收方法、包装、违约责任等相关信息由学生自己根据货物性质、法律规定自由设定，但需符合实际)。

表2－1　甲公司存储货物一览表

序号	品名	包装及承重	数量	重量
1	碳化钙	50公斤/铁桶	400桶	20吨
2	重铬酸钾	50公斤/铁桶	250桶	12.5吨
3	黄磷	50公斤/铁桶	200桶	10吨
4	重铬酸钠	50公斤/铁桶	200桶	10吨
5	甲酸	50公斤/铁桶	100桶	5吨
6	氢氟酸	50公斤/木箱	60箱	3吨
7	磷化锌	50公斤/木箱	50箱	2.5吨
8	过氧化氢(双氧水)	500克/玻璃瓶，12瓶/纸箱	100箱	0.69吨

表2－2　乙公司存储货物一览表

序号	品名	包装及承重	数量	重量
1	冻猪肉	1片/袋，35公斤/袋	500袋	17.5吨
2	冻牛肉	50公斤/袋	1000袋	50吨
3	冻羊肉	1片/袋，4公斤/袋	300袋	1.2吨
4	对虾	20公斤/泡沫箱	100箱	2.0吨
5	鱼	25公斤/泡沫箱	60箱	1.5吨
6	鸡蛋	30公斤/框	80框	2.4吨
7	橙子	25公斤/箱	200箱	5.0吨
8	猕猴桃	25公斤/箱	100箱	2.5吨

【提交成果】

每组提交与两个公司拟订的仓储合同，共两份。

技能训练2－2：编制货物储存计划

【训练目标】

了解仓库储存能力的确定方法及货位储存量的确定方法，掌握仓库货物年度储存计划的制定方法。

【训练准备】

(1) 了解训练目标。

(2) 将学生分成若干组,各组选出一个组长,组内明确分工,合作完成任务。

(3) 编制储存计划前的准备:确定需求,库存能力的计算。

【训练任务及内容】

南京海天仓储有限公司是一家经营保温材料储存业务的专业仓储公司,公司占地面积为 5 000 m^2,拥有 5 层楼房仓库共计 15 000 m^2,仓库实际面积占建筑面积的 80%,储存面积占实际面积的 70%,日平均使用面积为储存面积的 80%,储存能力为 150 万 t,2013 年储存量为 141 万 t,仓库底层地坪承载能力为 3t/m^2,楼层地坪承载能力为 2.2t/m^2,仓库层高 4 m。

请结合该公司目前的经营状况以及市场需求情况,为公司制定一份年度储存计划(其他相关信息由学生根据情况进行假设)。

【提交成果】

每组提交一份货物年度储存计划。

技能训练 2-3:案例分析

某汽车装配厂从国外进口一批汽车零件,准备在国内组装后销售。2013 年 7 月 15 日,与本地一家仓储公司签订了一份仓储合同。该合同约定,仓储公司提供仓库保管汽车配件,期限共为 12 个月,从 2013 年 8 月 25 日起到 2014 年 8 月 25 日止,保管费为 10 万元。双方对储存物品的数量、种类、验收方式、入库、出库的时间和具体方式、手续等作了约定。同时约定若任何一方有违约行为,要承担违约责任,违约金为总金额的 20%。

合同签订后,仓储公司开始为履行合同做准备,清理了合同约定的仓库,并且从此拒绝了其他人的仓储要求。2013 年 8 月 7 日,仓储公司通知装配厂已经清理好仓库,可开始送货入库。但配装厂表示已找到更便宜的仓库,如果仓储公司能降低仓储费的话,就送货仓储。仓储公司不同意,配装厂明确表示不需要对方的仓库。8 月 12 日仓储公司再次要求配装厂履行合同,配装厂再次拒绝。

2013 年 8 月 15 日,仓储公司向法院起诉,要求汽车配装厂承担违约责任,支付违约金,并且支付仓储费。

试分析:

1. 该仓储合同是否生效?

2. 仓储公司的要求是否合理?

3. 能否在 2013 年 8 月 15 日起诉?法院能否受理?如果受理,可能会有怎样的判决?

模块三

仓库规划设计

学习目标

1. 知识目标

了解仓库的分类和功能；了解仓库内部平面布局与结构；熟悉仓库规划的原则；熟悉仓库设计的主要参数；熟悉各种类型的仓库、主要储存设备的类型及功能。

2. 技能目标

能够进行仓库规划和设计；会选择和应用主要的仓储设备；能选择和确定储位布局，并能进行货位编号。

3. 素质目标

培养学生信息搜集及解决实际问题的方法能力；培养学生撰写决策报告的能力；培养学生的参与、团队合作意识。

任务一 仓库概述

传统的仓库是保管、储存物品的建筑物和场所的总称，是物流网络中以储存为主要功能的一个静态的那个节点。人们往往用“蓄水池”来形象地描绘仓库的储存功能，并强调储备大量的蓄水以发挥其调节功能。伴随生产方式与消费方式的不断发展，仓库的功能已经从单纯的物资存储保管，发展到具有担负物资的接收、检验、分类、包装、分拣、加工、配送、转换运输方式等多种功能。现代物流提倡仓库中的物品具有流动性，是有市场需求、按客户订单生产的产品。

一、仓库的功能

仓库在整个物流系统中扮演着极其重要的角色，与其他事务连在一起向客户提供能够达到的服务。仓库一个最明显的功能就是储存产品，但随着人们对仓库概念的深入理解，其含义已经远远超出了单一的储存功能。仓库应具有以下的功能：

(1) 储存功能。这是仓库的最基本的传统功能，因此，仓库应具有必要的空间用于容纳物品，储存可分为暂时储存、长久储存两种。物品的暂时储存是指那些消耗较快需要及时补给的物品。而物品的长久储存通常被认为是安全库存或缓冲库存，也可以是战略物资库存。

(2) 配送和流通加工的功能。现代仓库除储存职能外，还向流通仓库方向发展，仓库形成流通、销售、零部件供应的中心，其中一部分在所属物流系统中起着货物供应的组织协调作用，被称为物流中心。这一类仓库不仅具备仓库保管货物的设施，而且增加了分拣、配送、捆包、流通加工和信息处理等设施，这样既扩大了仓库的经营范围，提高了物资综合利用水平，又促进了物流合理化，方便了消费者，提高了服务质量。

(3) 调节供需及调节货物运输能力的功能。当市场上供需不平衡时，可以用储存作为平衡环节加以调控，使生产和消费协调起来。另外，各种运输工具的运量相差很大，它们直接进行运转时，运输能力是很不匹配的，这种运力的差异也可以通过仓库或货场进行调节和衔接。

二、仓库的分类

仓库的形式多种多样，规模各异，我们可以从不同的角度对仓库进行分类。

1. 按照仓库的使用范围分类

(1) 自用仓库。自用仓库是企业为了本企业物流业务的需要而修建的附属仓库。这类仓库只储存本企业的原材料、燃料、半成品和产成品，一般工厂、企业、商店以及部队的后勤仓库，多属于这类性质的仓库。

(2) 营业仓库。这是一种社会化的仓库。面向社会，以经营为手段，以盈利为目的的仓库。商业系统、物资系统以及外贸等系统的储运仓库，专业仓库企业的仓库都属于营业仓库。

(3) 公共仓库。公共仓库是专门向客户提供相对标准的仓库服务，例如储存、搬运和运输等，因而又被称为“第三方仓库”。铁路车站的货场仓库、交通港口的码头仓库等都属于公共仓库。

(4) 保税仓库。根据有关法律和进出口贸易的规定取得许可，专门保管国外进口而暂未纳税的进出口货物的仓库，称为保税仓库。

2. 按照保管方式分类

(1) 普通仓库。普通仓库是常温条件下的一般仓库，用以储存一般没有特殊要求的物品。其设备与库房建造都比较简单，适用范围较广。

(2) 恒温恒湿仓库。具有保持一定温度和保湿功能的仓库。

(3) 冷藏仓库。冷藏仓库是具有冷却设备并具有隔热功能的仓库(一般在 10 ℃以下)。它是专门用来储存冷冻物资的仓库。

(4) 危险品仓库。危险品仓库负责保管化学工业原料、化学药品、农药以及医药品等危险品。为了安全起见，根据物品的特性和状态以及受外部因素影响的危险程度进行分类、分别储藏。根据危险程度将危险商品分为 10 类，即燃烧爆炸品、氧化剂、压缩气体、液化气体、自燃物品、遇水易燃物品、易燃固体、有毒物品、腐蚀性物品和放射性物品。

(5) 气调仓库

气调仓库是指具有调节库内气体浓度装置的仓库。比如存放粮食、水果、蔬菜的仓库，通过气调装置来调节库内氧气和二氧化碳浓度，使库内物品保鲜。

3. 按所储存货物的特性分类

(1) 通用仓库

通用仓库是用来储存没有特殊要求的商品,仓库结构及其库内设备比较简单,应用范围广。装卸搬运及物品保管作业简单,对储存条件没有特殊要求。在物资流通过程中的各类仓库中,这类仓库所占比重较大。

(2) 专用仓库

专用仓库是用来保管一种或某一大类物品的仓库。存放物品必须具有相同特征或相同保管要求。

(3) 特种仓库

特种仓库是用以储存具有特殊性能、要求,需要特别保管物品的仓库。这类仓库必须配备有防火、防盗、防虫等设施,其构造、安全设施都比其他仓库要求更高。

4. 按照仓库功能分类

(1) 生产仓库。为企业生产或经营储存原材料、燃料及产成品的仓库。

(2) 流通仓库。专业从事中转、代存等流通业的仓库,这种仓库以物流中转为主要职能。在运输网点中,也以转运、换载为主要职能。

(3) 国家储备仓库。用于储备石油、粮食及战备物资的仓库,储存期一般较长。

食盐储备从容应对"非典"

小案例

2003 年 4 月,受"SARS"疫情影响,从 4 月 22 日开始,北京市出现群众集中购买包括食盐在内的生活日用品现象;4 月 23 日至 25 日的 3 日内,北京市共销售小包装食盐 7247 吨,相当于平常一个半月的销量。这种集中购买现象还波及了天津、河北、山西、陕西、黑龙江、河南、安徽等地。面对首都食盐市场突如其来的情况,北京市盐业公司立即启动食盐供应应急预案,公司的 33 辆送货车连续 24 小时不间断送货,4 月 24 日又增调了 25 辆社会运输车辆,北京华德碘盐配送中心的 8 台全自动碘盐分装机连续作业 120 小时,做到市场缺多少补多少,全力缓解市场紧张气氛。

我国实行的是食盐专营制度,拥有一套行之有效的组织调度、保障供应的生产流通体系。我国盐的年生产能力达到 4100 万吨,而年需求量为 3200 万吨,其中食盐是 710 万吨,全国日常食盐库存能够达到 280 万吨,可保证 4 个月的供应量。充足的食盐储备在这次防"非典"抢购风潮中经受住了考验,为稳定市场发挥了重要作用。

5. 按照仓库建筑形态分类

(1) 平房仓库。单层建筑物,有效高度一般不超过 5－6 m,这种仓库的构造简单,造价较低,适宜于人工操作,各项作业也方便简单,是使用最为广泛的一种仓库,见图 3－1。

图 3-1　平房仓库

图 3-2　楼房仓库

(2) 楼房仓库。两层以上的仓库，是钢筋混凝土建造的仓库。可以减少使用面积，进出库作业可采用机械化和半机械化，见图 3-2。

(3) 高层货架仓库。属于机械化和自动化程度较高的立体仓库，进出库作业在计算机的控制下进行。

(4) 罐式仓库。罐式仓库的构造特殊，呈球形或者柱形，主要用于储存石油、天然气和液体化工产品等。有球罐库、柱罐库等，见图 3-3。

(a)　(b)

图 3-3　罐式仓库

(5) 圆筒形仓库

一般贮存散装水泥、干矿渣、粉煤灰、散装粮食、石油、煤气等气体。圆筒形仓库的建筑设计根据贮存物品的种类和进卸料方式确定。库顶、库壁和库底必须防水、防潮，库顶应设吸尘装置。为便于日常维修，要设置吊物孔、人孔(库壁设爬梯)、量仓孔和起重吊钩等。

6. 按照仓库的结构分类

(1) 库房

库房是供储存各种货物的有屋顶和维护结构的封闭式建筑物。主要用于存放怕雨雪、怕风吹日晒，要求保管条件比较好的货物，见图 3-4。

(2) 货棚

货棚是一种半封闭式的仓库建筑,只有顶棚和部分围护结构。一般存放怕受雨雪侵蚀,温度变化对其影响不大的货物。货棚比库房简单,可以就地取材,建造时间短,性能差,使用年限短。主要有固定货棚和活动货棚。如图 3-5 所示。

(3) 货场

货场是指用于存放某些货物的露天场地,也称"露天仓库",是地面经过简单处理而没有任何建筑物的存货场地,见图 3-6。

图 3-4 库房

图 3-5 货棚

图 3-6 货场

7. 按仓库内的形态分类

(1) 地面仓库

一般指单层地面库,物品直接码放在地面或者托盘上,见图 3-7。

(2) 货架型仓库

它是指采用货架进行储存物品的仓库,见图 3-8。货物可以码放在托盘上上架,也可以直接上架,货物和托盘可以在货架上滑动。

(3) 自动化立体仓库

它是指出入库用运送机械存放取出,用堆垛机等设备进行机械化、自动化作业的高层货架仓库,见图 3-9。自动化立体仓库的入库、检验、上架、出库等作业都是由计算机管理和控制的机械化、自动化设备来完成。

图 3-7 地面仓库

图 3-8 货架型仓库

图 3-9 自动化立体仓库

任务二　仓库规划设计

一、仓库主要参数设计

1. 仓库规模的确定

直接影响仓库规模的因素是需储存的货物数量。货物的储存量越大，所需建设的仓库容量也就越大，仓库的规模势必也要随之增大。只有在准确预测货物储存量的基础上才可能正确地估计所需要的仓库容量。仓库规模的大小不但取决于货物储存数量，而且与货物储存的时间有关。在货物储存量不变的情况下，如果这些货物在仓库里平均储存的时间越短，所需要的仓库的容量就越小。在确定仓库的规模之前，必须仔细地搜集有关货物储存数量和时间两方面的数据与资料。货物储存量与仓库容量之间存在着客观的比例关系。准确确定仓库规模，不但要求能够准确地预测货物的储存量，而且要求根据货物的储存量与货物储存空间占用之间的比例关系，正确测量仓库容量。货物性能、包装、保管要求、仓库设施、设备情况和仓库管理水平等影响二者的比例关系。因此，必须对这些因素作大量、细致的调查分析，摸清规律，才能较为准确地计算出仓库规模。

2. 仓库储存区域面积的确定

(1) 荷重计算法

荷重计算法是一种常用的计算方法，是根据仓库有效面积上的单位面积承重能力来确定仓库面积的方法。

储存区域面积=(全年储存货物量/单位有效面积平均承重能力)×(物料平均储存天数/年有效工作日数)×(1/储存区域面积利用率)

用公式符号表示为：

$$S=\frac{Q\times T}{q\times T_0\times a}$$

式中：S——储存区域面积(m^2)；

Q——全年储存货物量(t)；

T——物料平均储存天数(d)；

q——单位有效面积的平均承重能力(t/m^2)；

a——储存区域面积利用率；

T_0——年有效工作日数(d)。

(2) 托盘尺寸计算法

若货物储存量较大，并以托盘为单位进行储存，则可先计算出存货实际占用面积，再考虑叉车存取作业所需通道面积，就可计算出储存区域的面积需求。

① 第一种方法：托盘平置堆码

假设托盘尺寸为 $P\times P$ m^2，由货品尺寸及托盘尺寸算出每托盘平均可码放 N 箱货品，若仓库平均存货量为 Q，则存货面积需求 D 为：

$$D=\frac{\text{平均存货量}}{\text{平均每托盘堆码货品量}}\times\text{托盘尺寸}=\frac{Q}{N}(P\times P)$$

储存区域面积还需考虑叉车存取作业所需通道面积，若通道占全部面积的30%—35%，则储存区域面积为：

$$A=\frac{D}{(1-35\%)}$$

② 第二种方法：托盘多层叠堆

假设托盘尺寸为 $P\times P\text{m}^2$，由货品尺寸及托盘尺寸算出每托盘平均可码放 N 箱货品，托盘在仓库内可堆码 L 层，若仓库平均存货量约为 Q，则存货面积需求 D 为：

$$D=\frac{\text{平均存货量}}{\text{平均每托盘堆码货品箱数}\times\text{堆码层数}}\times\text{托盘尺寸}=\frac{Q}{N\times L}(P\times P)$$

储存区域面积再需考虑叉车存取作业所需通道面积即可。

③ 第三种方法：托盘货架储存计算法

假设货架为 L 层，每托盘占用一个货格，每货格放入货物后的左右间隙尺寸为 P'，前后间隙尺寸为 P''，每托盘约可码放 N 箱，若仓库平均存货量为 Q，存货需占的面积为 D，则存货面积 D 为：

$$\begin{aligned}D&=\text{每层所需托盘货位数}\times\text{托盘货位尺寸}\\&=\frac{\text{平均存货量}}{\text{平均每托盘堆码货品箱数}\times\text{货架层数}}\times\text{托盘货位尺寸}\\&=\frac{Q}{N\times L}[(P+P')\times(P+P'')]\end{aligned}$$

3. 仓库建筑物主要参数的确定

仓库建筑物主要参数指仓库建筑物的长宽比、高度、层数、占地面积、梁间距、容积、容许库容量、站台、库房门窗尺寸等。

(1) 仓库长度和宽度的确定

在库房面积一定的条件下，只要确定长度或宽度其中一个变量，另一变量随即确定。仓库库房的宽度一般用跨度表示，通常由储存货物堆码形式、库内道路、装卸方法、理货方法，以及是否需要中间柱等方面决定。

(2) 仓库层数的确定

不从建筑费用、装卸效率、地面利用率等方面衡量，以建筑平房仓库为最好；如果仓库面积很有限，则可采用二层或多层仓库。

(3) 仓库高度(或层高、梁下高度)的确定

仓库高度取决于库房的类型、储存货物的品种和作业方式等因素。层高或梁下高度由托盘堆码高度、托盘货架高度、叉车及运输设备等决定。

二、仓库布局模式

1. 辐射型仓库布局

这种布局是指仓库位于许多客户的一个居中位置，产品由此中心向各方向客户运送，形

如辐射状。它适用于客户相对集中的经济区域，或者仓库是主干输送线路中的一个转运站时的情况，见图 3－10。

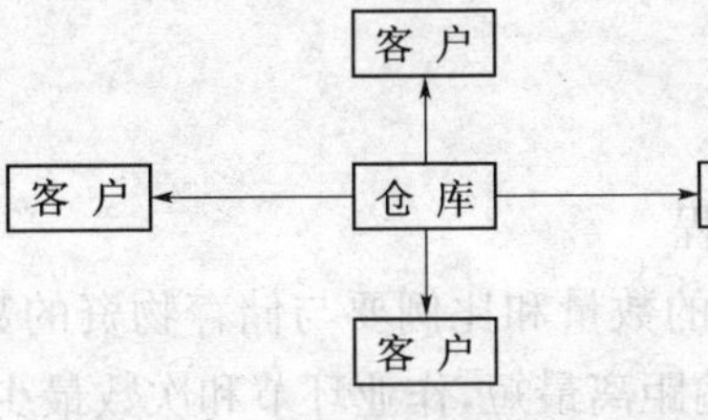

图 3－10　辐射型仓库布局图

2. 扇型仓库布局

这种仓库布局是指产品从仓库向一个方向运送，仓库的辐射方向与干线上的运动方向一致。当在运输主干线上距离较近，下一仓库的区域恰好是其合理运送区域时，适合采用这种布局形式，见图 3－11。

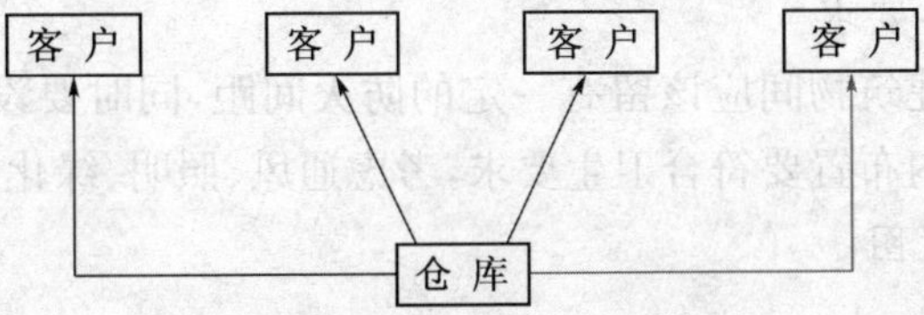

图 3－11　扇型仓库布局图

3. 聚集型仓库布局

这种布局形式类似吸收型，但处于中心集团的不是仓库，而是一个生产企业密集的经济区域，四周分散的是仓库而不是货主或客户，见图 3－12。

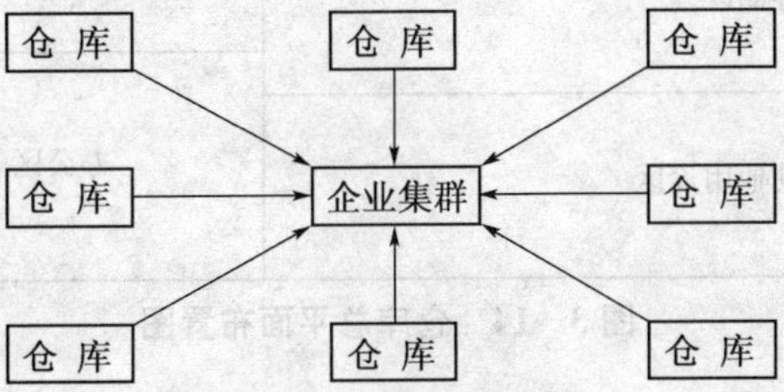

图 3－12　聚集型仓库布局图

4. 吸收型仓库布局

这种布局是指仓库位于许多货主的某一居中位置，货物从各个生产指定点向此中心运送，形成吸收。它大多属于集货中心所处的位置，与各货主的位置距离较近，见图 3－12。

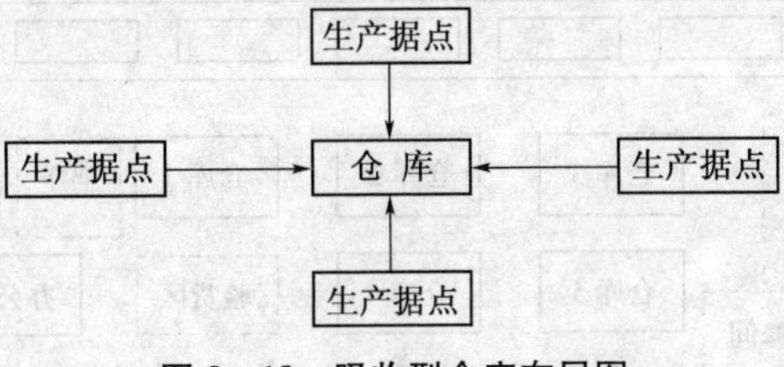

图 3－13　吸收型仓库布局图

三、仓库的布局设计

1. 仓库总平面布置

仓库总平面布置的要求如下：

(1) 适应仓储生产的作业流程

库房、货棚、货场等储放场所的数量和比例要与储存物资的数量和保管要求相适应，保证库内货物的流动方向合理，运输距离最短，作业环节和次数最少，仓库面积利用率最高，并能做到运输通畅，方便保管。

(2) 有利于提高仓库的周转效率

在总体布置时，要考虑地形、工程地质条件等，因地制宜，使之既能满足货物运输和存放的要求，又能避免大挖大掘，减少土方工程量。平面布置应该与竖向布置相适应，既满足仓储生产上的要求，有利于排水，又要充分发挥设备的效能，合理利用空间。

(3) 符合安全、卫生要求

库内各区域间、各建筑物间应该留有一定的防火间距，同时要设有各种防火、防盗等安全保护设施。此外，库内布置要符合卫生要求，考虑通风、照明、绿化等情况。

2. 仓库总平面布置图

这种布局图，见图 3-14。

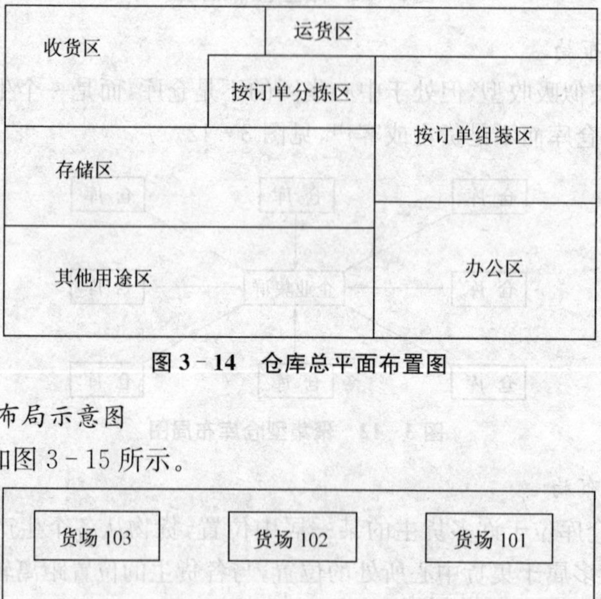

图 3-14 仓库总平面布置图

3. 仓库的总体布局示意图

仓库总布局图如图 3-15 所示。

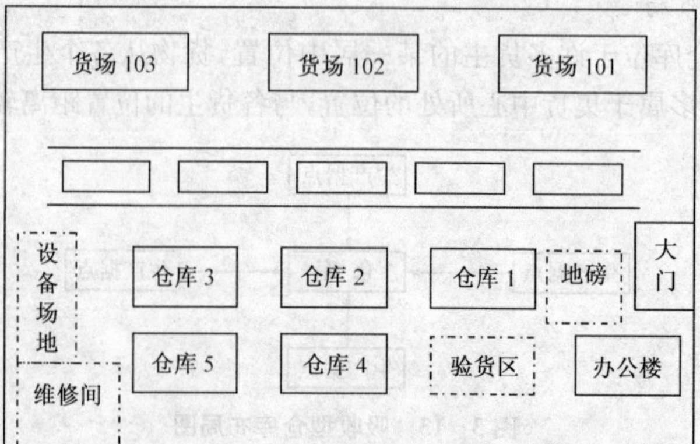

图 3-15 仓库总体布局示意图

在仓库中,一般要对仓库和货场及货位进行编号,以便记忆和查阅。编号可以采用数字或字母加数字编号,也可采用中文加数字编号,如“5 号仓库”,“货场 103”表示 1 区 3 号堆场。

仓库总体布置的原则如下:

(1) 系统化原则:要根据物流标准化做好包装盒物流容器的标准化,以实现集装单元与运输车辆的载重量、有效空间尺寸的配合、集装单元与装卸设备的配合、集装单元与仓储设施的配合。

(2) 平面设计原则:若无特殊要求,仓储系统中的物流都应在同一平面上实现。

(3) 物流和信息流的分离原则:如果能实现物流与信息流的尽早分离,将所需信息一次识别出来,再通过计算机网络传到各个节点,即可降低系统的成本。

(4) 柔性化原则:在设计时要注意机械和机械化系统的柔性和仓库扩大经营规模的可能性。

4. 仓库库区结构

现代化仓库一般由生产作业区、辅助生产区和行政生活区构成

(1) 生产作业区

生产作业区是仓库的主体部分,是货物储运活动的场所,主要包括储货区、道路、铁路专用线、装卸平台等。

(2) 辅助作业区

辅助作业区是为仓储业务提供各项服务的设备维修车间、车库、工具设备库、油库、变电室等。

(3) 行政生活区

行政生活区是行政管理机构办公和职工生活的区域,具体包括办公楼、警卫室、化验室、文娱场所、宿舍和食堂等。

5. 仓库内部的储存区域空间规划

储存货物的空间规划是普通仓库规划的核心,储存空间规划的合理与否直接关系到仓库的作业效率和储存能力。储存空间规划的主要内容包括:仓储储存区域面积规划、柱子间隔规划、库房高度规划、通道宽度规划。

1) 仓库储存区域面积规划

仓库储存区域面积是指在仓库使用面积中实际用来堆放商品所占的面积,即库房使用面积减去必要的通道、跺距、墙距及进行收发、验收、备料等作业区后所剩余的面积。

2) 柱子间隔规划

库房内的立柱是出入库作业的障碍,会导致保管效率低下,因而立柱应尽可能减少。但当平房仓库梁的长度超过 25 m 时,建立无柱仓库比较困难,则可设中间的梁间柱,使仓库成为有柱结构。

3) 库房高度规划

在储存空间中,库房的有效高度也称为梁下高度,理论上是越高越好,但实际上受货物所能堆码的高度、叉车的扬程、货架高度等因素的限制,库房太高有时反而会增加成本及降低建筑物的楼层数,因此要合理设计库房的有效高度。

仓库储存空间梁下有效高度计算公式：梁下有效高度＝最大举升的货高＋梁下间隙尺寸。由于货物储存方式、堆垛搬运设备的种类不同，就对库房的有效高度的要求不一样。

(1) 采用地面层叠堆码时，梁下有效高度的计算

【例 1】 货高 $HA=1.3$ m，堆码层数 $N=3$，货叉的抬货高度 $FA=0.3$ m，梁下间隙尺寸 $a=0.5$ m，求最大举升货高与梁下有效高度。

解：最大举升货高：

$$HL=N\times HA+FA=3\times 1.3+0.3=4.2\ \text{m}$$

梁下有效高度：

$$He=N\times HA+FA+a=4.2+0.5=4.7\ \text{m}$$

(2) 采用货架储存时，梁下有效高度的计算

【例 2】 货架高度 $Hr=3.2$ m，货物高度 $HA=1.3$ m，货叉的抬货高度 $FA=0.3$ m，梁下间隙尺寸 $a=0.5$ m，求最大举升货高与梁下有效高度。

解：最大举升货高度

$$HL=Hr+HA+FA=3.2+1.3+0.3=4.8\ \text{m}$$

梁下有效高度

$$He=Hr+HA+FA+a=4.8+0.5=5.3\ \text{m}$$

4) 仓库通道宽度设计

库内的通道是保证库内作业的畅顺的基本条件，通道应延伸至每一个货位，使每一个货位都可以直接进行作业，通道需要路面平整和平直，减少转弯和交叉。仓库通道设计需要考虑托盘尺寸、货物单元尺寸、搬运车辆型号及其转弯半径的大小等参数。同时也与货物堆存方式、车辆通行方式有关。库房内的通道分为运输通道(主通道)、作业通道(副通道)和检查通道。

(1) 计算运输通道的宽度

运输通道供装卸搬运设备在库内行走之用，其宽度主要取决于装卸搬运设备的外形尺寸和单元装载的大小，计算公式为：

$$A=P+D+L+C$$

式中：A——表示通道宽度(m)；

P——表示叉车外侧转向半径(m)；

D——表示货物至叉车驱动轴中心线的间距(m)；

L——表示货物长度(m)；

C——表示转向轮滑行的操作余量。

通常来说，用小推车搬运时通道的宽度一般为 2—2.5 m；用小型叉车搬运时，一般为 2.4—3.0 m；进入汽车的单行通道一般为 3.6—4.2 m。

(2) 确定作业通道的宽度

作业通道是供作业人员存取搬运物品的行走通道，其宽度取决于作业方式和货物的大小。采用人工存取的货架之间的过道宽度一般为 0.9—1.0 米，货堆之间的过道宽度一般为

1 米左右。

(3) 确定检查通道的宽度

检查通道是供仓库管理人员检查库存货物的数量及质量行走的通道，其宽度只要能让检查人员自由通过就行，一般有 0.5 m 就够了。

5）确定墙间距

墙间距的作用主要是使货垛和货架与库墙保持一定的距离，以减少库外温湿度对存储商品的影响。为了尽量缩小非保管场所的面积，可将墙间距同时兼做作业通道和检查通道，这样做，就能形成库内通道网络，方便作业。据此，墙间距就应比一般单一的墙间距的宽度要宽，通常以 1 m 为宜。

6）确定收发货区

收发货区是供收货、发货临时存放货物的作业场地，可划分为收货区和发货区，也可划定一个收发货共用的区域。其位置可设在仓库的两端或适中的位置。收发货区的面积一般占仓库面积的 5%左右。

7）确定库内办公地点

仓库管理人员的办公地点可设在库内，也可设在库外。如果设在库内，需要隔成单间，这就影响了库内的布置，也占用了有限的储存面积，因此，宜在库外另建办公场所。如果在库外建办公场所，需要考虑管理的方便，不能离得太远。

四、货区规划

1. 货区布置

1）平面布置

平面布置是指对货区内的货垛、通道、垛间距、收发货区等进行合理规划，并正确规划它们的相对位置。常见的形式可以概括为垂直式和倾斜式两种类型。

(1) 垂直式布局

货垛或货架的排列与仓库的侧墙互相垂直或平行，具体包括横列式布局、纵列式布局和纵横式布局。

① 横列式布局

指货垛或货架的长度方向与仓库的库墙和通道相互垂直。这种布局的主要优点是：主通道长且宽，副通道短，整齐美观，便于存取查点验，既有利于实现机械化作业，还有利于通风和采光；但是横列式布置占用的运输通道面积较多，影响仓库面积使用率。其布局图如 3 - 16 所示。

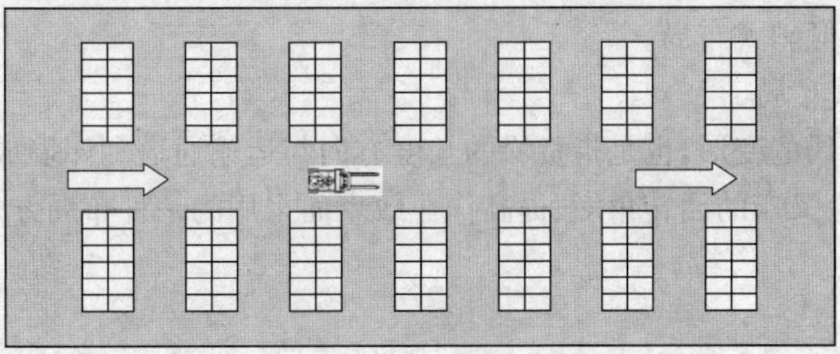

图 3 - 16　横列式布局图

② 纵列式布局

它是指货垛或货架的长度方向与仓库的库墙和通道相互平行。这种布局的优点主要是运输通道较短，占用面积较少，可以根据库存物品在库时间的不同和进出频繁程度安排货位。在库时间短、进出频繁的物品放置在主通道两侧；在库时间长、进出库不频繁的物品放置在里侧。其缺点是存取物资不方便，对通风采光不利，见图 3－17。

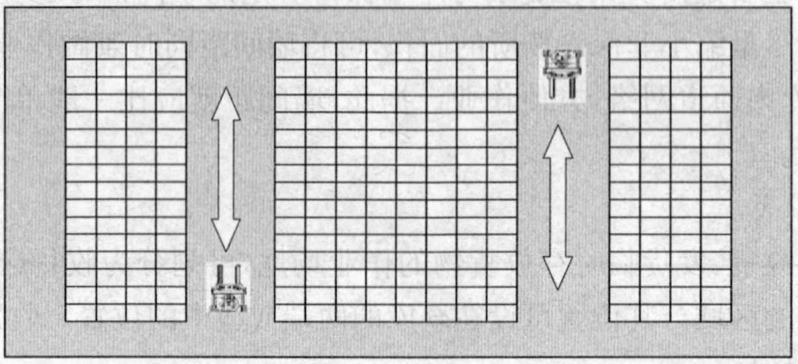

图 3－17　纵列式布局图

③ 纵横式布局

在同一保管区域内，横列式布局和纵列式布局兼而有之，可以综合利用两种布局的优点。其布局图见图 3－18。

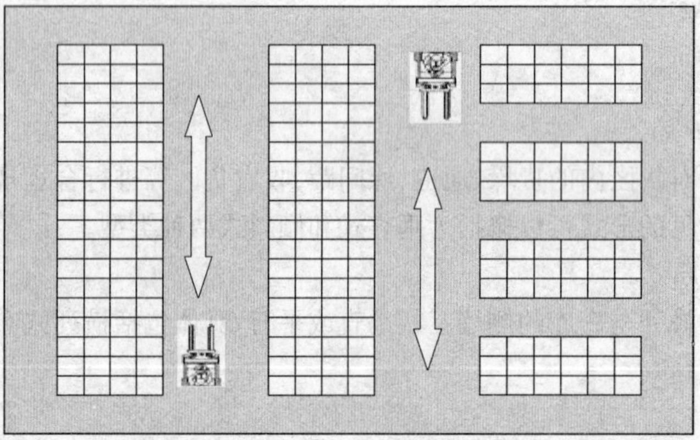

图 3－18　纵横式布局图

(2) 倾斜式布局

它是指货垛或货架与仓库侧墙或主要通道成 60°、45°或 30°夹角的布置格局。包括货垛倾斜式布局和通道倾斜式布局。

① 货垛倾斜式布局

它是横列式布局的变形，也是指货垛的长度方向与运输通道和库墙成一锐角，它是为了便于叉车作业、缩小叉车的回转角度、提高作业效率而采用的一种布局方式，见图 3－19。

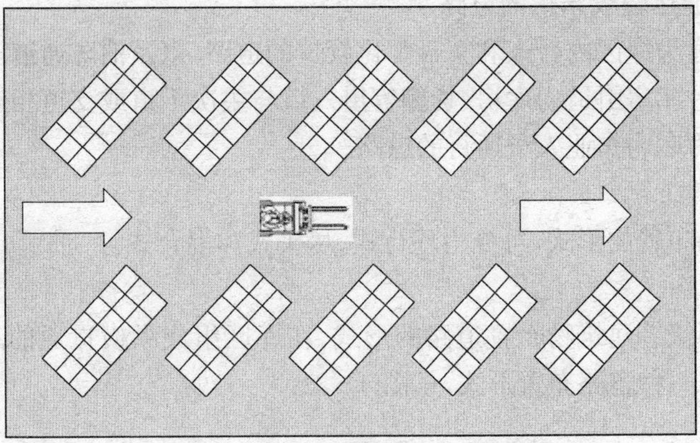

图 3－19　货垛倾斜式布局图

② 通道倾斜式布局

它是指仓库的通道斜穿保管区与库墙成一锐角，而货垛垂直于库墙排列。这种布局形式的特点是，仓库内形式复杂，货位和进出库路径较多，见图 3－20。

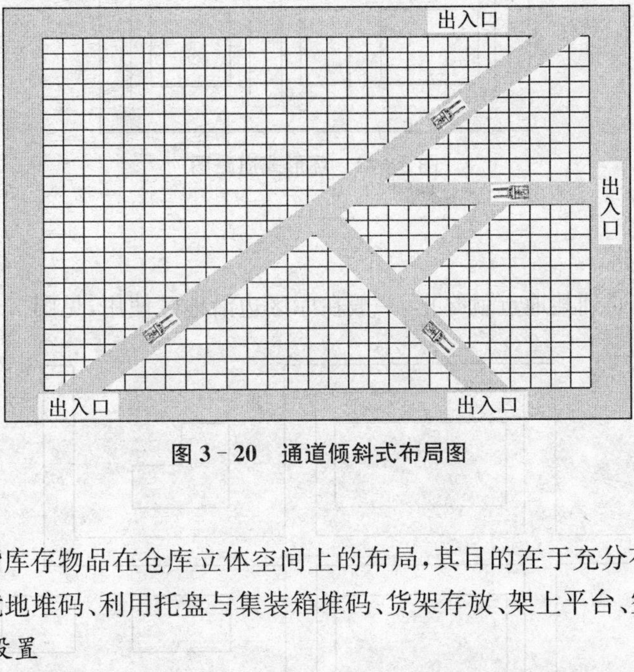

图 3－20　通道倾斜式布局图

2）空间布置

空间布置是指库存物品在仓库立体空间上的布局，其目的在于充分有效地利用仓库空间。主要形式有就地堆码、利用托盘与集装箱堆码、货架存放、架上平台、空中悬挂等。

2. 库区道路设置

仓库道路是仓库进行生产经营活动的必要条件，是连接库内外的纽带。库区道路应靠近所有的库房、货棚和货场，并构成环形网络，库区干道应与城市道路相衔接。仓库道路可分为库外道路和库区道路两种，下面重点介绍库区道路。

1）库区道路的分类

库区道路主要有主干道、次干道、支道、库房引道、人行道等。

（1）主干道：主干道为连接库区主要出入口的道路，或交通运输繁忙的全库区性的主要道路。

（2）次干道：次干道也称干道，是连接库区次要出入口的道路，或库区内库房、货棚、货场、站台等之间交通运输较繁忙的道路。

(3) 支道:支道为库区内行人和车辆都比较少的道路,以及消防通道。

(4) 库房引道:库房引道为库房、货棚等出入口与主次干道或支道相连接的道路。

(5) 人行道:为库内作业人员通行的道路。

2) 库区道路的布置

根据库内道路布置的形式,可分为环行式、尽头式和混合式。

(1) 环形式道路

环形道路是围绕着建筑物布置道路的形式,在库区组成纵横贯通的道路网。一般在库区中心地带采用的一种道路布置形式,见图 3-21。

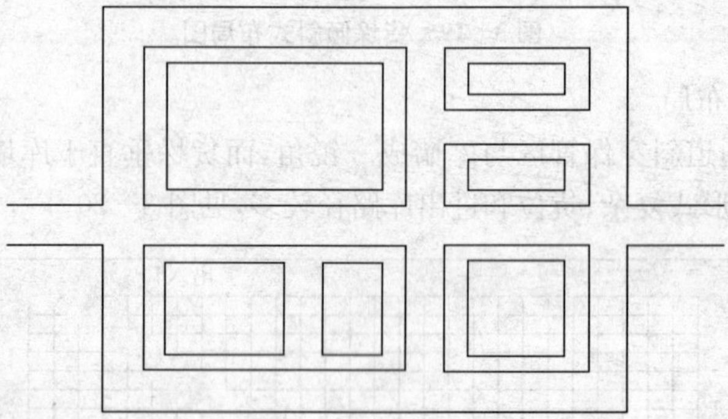

图 3-21 环形式道路图

(2) 尽头式道路

尽头式道路是通到某地点就终止,一般在库区边沿地区使用,见图 3-22。

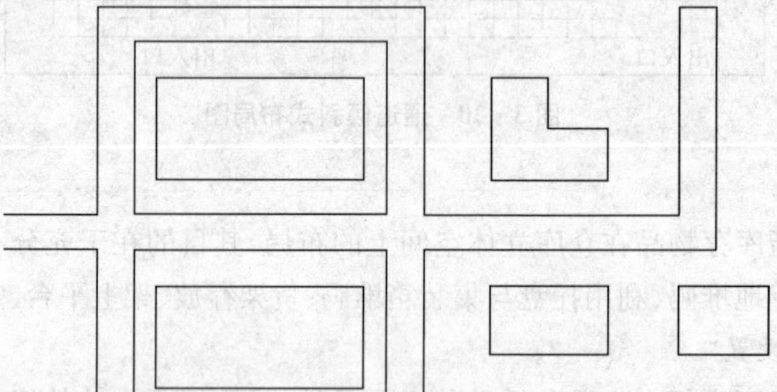

图 3-22 尽头式道路图

(3) 混合式道路

混合式道路是指同时采用环形式和尽头式两种道路布置形式,这是一种普遍采用的较灵活的道路布置形式,见图 3-23。

图 3-23　混合式道路图

3. 铁路专用线布置

铁路专用线是库区总平面布置的重要组成部分，其布置的是否合理直接影响到仓库的作业效率。

任务三　货位管理与编号

一、货位管理

1. 货位管理的基本原则

(1) 明确指示储存位置

先将储存区域经过详细规划区分，并标示编号，让每一项被储放的货品均有位置可以储放。储放位置必须是明确的，而且经过储位编码的，不可是边界含糊不清的位置，例如走道、楼上、角落、或者某某货品旁等。

(2) 有效定位货品

依据货品保管方式不同，为每种货品确定合适的储存单位、储存策略、分配规则，把货品有效的配置在先前所规划的储位上。

(3) 及时登录异动

由于仓库储位上的货品经常处于变动状态，使得这项登录异动工作非常繁琐，工作人员在繁忙工作中容易形成惰性，因此这个原则是储位管理中最困难的部分，也是目前仓库储位管理作业成败的关键所在。

2. 货位分配的原则

对于入库商品，合理的货位不仅可以方便存取货物，而且有利于对库存商品的管理及养护，提高货位的利用率。

货位分配主要遵循以下几种原则：

(1) 以周转率为基础原则

(2) 产品相关性原则

即使关联性比较大的商品的货位相邻。这样可以减短提取路程，减少工作人员疲劳，简化清点工作。

(3) 产品同一性原则

所谓同一性的原则,指把同一种货物储放于同一保管位置的原则。这样作业人员对于货品保管位置能简单熟知,并且对同一种货物的存取花费最少搬运时间是提高物流中心作业生产力的基本原则之一。

(4) 产品类似性原则

所谓类似性的原则,是指将类似品存放在相临货位保管的原则,此原则与同一性原则原理相同。

(5) 产品互补性原则

产品互补性原则,是指替代性高的货物也应存放于邻近位置,以便缺货时可迅速以另一种货物替代。

(6) 产品相容性原则

产品相容性原则,是指相容性低的产品不可放置在一起,以免损害品质。

(7) 先入先出的原则

所谓先入先出(FIFO:First In First Out),是指先保管的物品先出库,这一原则,一般适用于寿命周期短的商品。

(8) 叠高的原则

所谓叠高的原则,即是像堆积木般将物品叠高。以物流中心整体有效保管的观点来看,提高保管效率是必要的,而利用托盘等工具来将物品堆码成一定的高度后,仓库利用率要比平置方式来高许多。

(9) 面对通道的原则

所谓面对通道原则,即是物品面对通道来保管,将可识别的标号、名称让作业人员容易简单地识别。

(10) 产品尺寸原则

在仓库布置时,我们同时考虑物品单位大小以及由于相同的一群物品所造成的整批形状,以便能供应适当的空间满足某一特定要求。所以在存储物品时,必须要有不同大小位置的变化,用以容纳不同大小的物品和不同的容积。

(11) 重量特性原则

所谓重量特性的原则,是指按照物品重量不同来决定储放物品于货位的高低位置。一般而言,重物应保管于地面上或货架的下层位置,而重量轻的物品则保管于货架的上层位置;若是以人手进行搬运作业时,人腰部以下的高度用于保管重物或大型物品,而腰部以上的高度则用来保管重量轻的物品或小型物品。

(12) 产品特性原则

产品特性原则,是指物品特性不仅涉及物品本身的危险及易腐蚀,同时也可能影响其他的物品,因此在物流中心布局时应考虑。

二、货位编码

仓库的货位布置可根据仓库的条件、结构需要,根据已确定的商品分类保管方案及仓容定额加以确定。货位的编号就好比商品在仓库中的位置,必须符合“标志明显易找,编排循规有序”的原则。

1. 货位编号的要求

(1) 标记位置

货位编号的标记设置，要因地制宜，采取适当方法，选择适当位置。例如：仓库标记，可在库门外挂牌；仓间标记，可写在库门上；货场货位标志，可竖立标牌；多层建筑库房的走支道、段位的标记，一般都刷置在地坪上（但存放粉末类、软性笨重物品的仓间，其标记也有印置在天花板上的）；泥土地坪的简易货棚内的货位标记，可利用柱、墙、顶梁刷置或悬挂标牌。

(2) 货位画线

在货棚、货场的货位上，因铺垫枕木、花岗石等垫垛用品，一般不再画线。但在库房内，货位画线是严格区分货物与走支道、墙距的界线，因此必须做到：画线保持径直；货位画线的宽度，一般以3厘米为宜；画线应刷置在走支道或墙壁面积上，并相应要求货垛不压货位画线。

(3) 编号秩序

编号秩序，是对货位编号的朝向、间隔和编号标记的制作提出的统一要求。

2. 货位编号的方法

1) 整个仓库编号

整个仓库编号是根据仓库建筑结构及其分布状况来进行的。它把整个仓库（包括库房、货棚、货场）按各储存场所的地面位置排列的顺序编号，同时应有明显区别。比如，可在编号的末尾加注“棚”或“场”的字样，无“棚”或“场”的字样，即为库房的编号。

(1) 货场编号

货场编号有两种方法，一是以进入仓库正门的方向，左面单号右面双号的顺序排列；一是以进入仓库正门的方向，按货场远近，自左而右的顺序排列。如图3-24所示

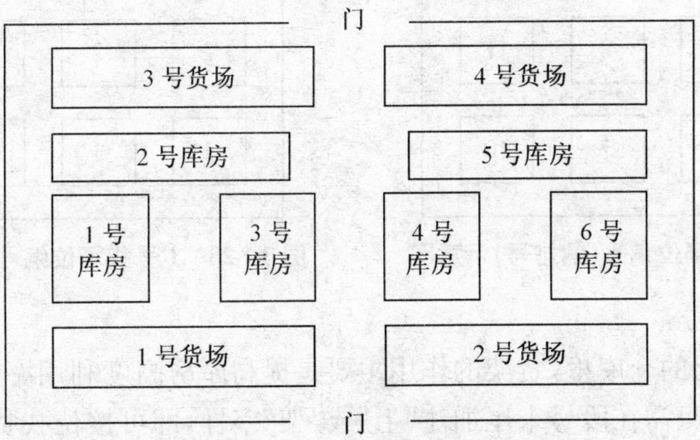

图3-24　货场编号示意图

(2) 货棚编号

货棚编号的方法与货场编号基本相同。

(3) 库房编号

库房编号的基本方法与货场、货棚编号相同。

(4) 多层库房的楼层、仓间编号

对多层库房的编号，必须区别库房的楼层。在同一楼层有两间以上仓间时，楼层仓间的

编号，一般以正楼梯上楼的方向，采取左单右双或自左而右的顺序编号方法。

对多层库房的楼层、仓间还要进一步编号。常采用“三位数编号”与“四位数编号”法，见图 3-25，3-26。

图 3-25　1 号库房多排列仓间编号示意图

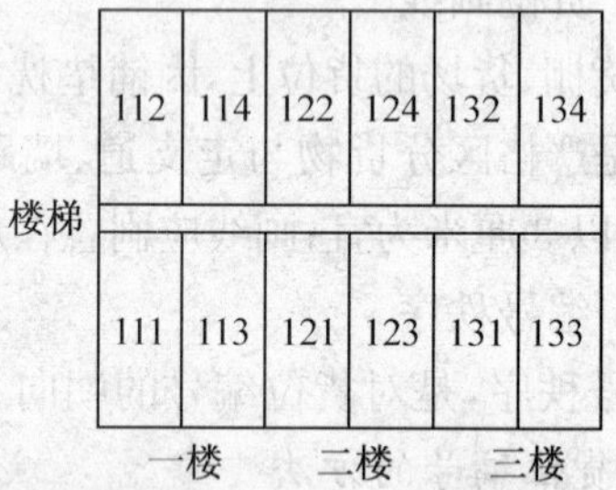

图 3-26　1 号库房单梯平列仓间编号示意图

2）货场货位编号

货场的货位编号，目前有两种方法，一是按照货位的排列编成排号，再在排号内顺序编号；二是不编排号，采取自左而右和自前而后的方法顺序编号，见图 3-27，3-28。

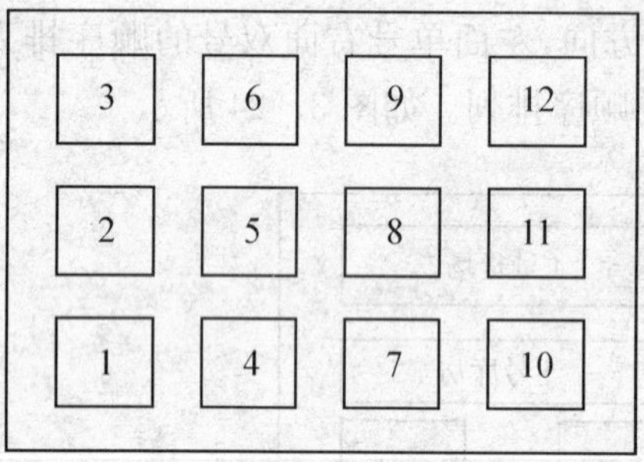

图 3-27　1 号货场位编号(编排号)示意图

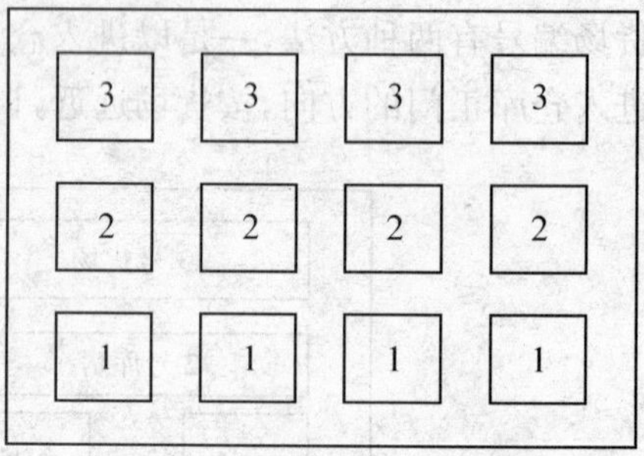

图 3-28　1 号货场位编号(不编排号)示意图

3）货架货位编号

在整件货物进出的仓库里，货架的作用主要是提高库房高度利用率，货架的货位编号一般都从属段位编号，只需在段号末尾加注“上”或“架”字样，即可按位找货。在以拆件发零的仓库里，日常备货要存放在货架夹层或格眼内，为加强货位编号，必须适应不同的业务情况，可在以下 3 种货架编号方法中选择。

(1) 以排为单位的货架货位编号。

(2) 以品种为单位的货架货位编号。

(3) 以货物编号代替货架货位编号。

例如 2 号库房有 12 排货架，每排货架有 5 层，每层 4 个格位，见图 3-29，3-30。

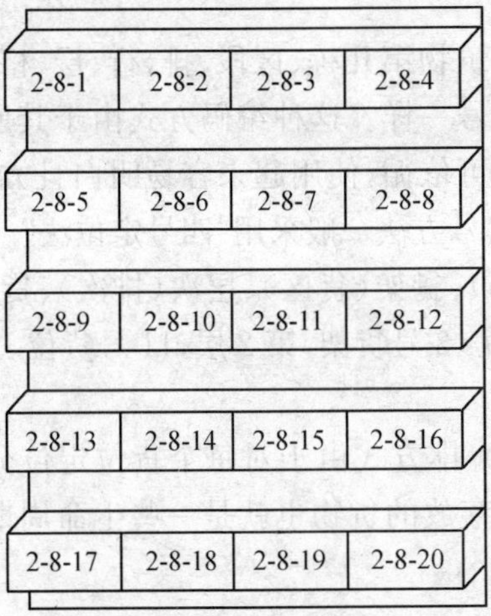

图 3-29　第 8 排货架上格位的 3 位编号示意图

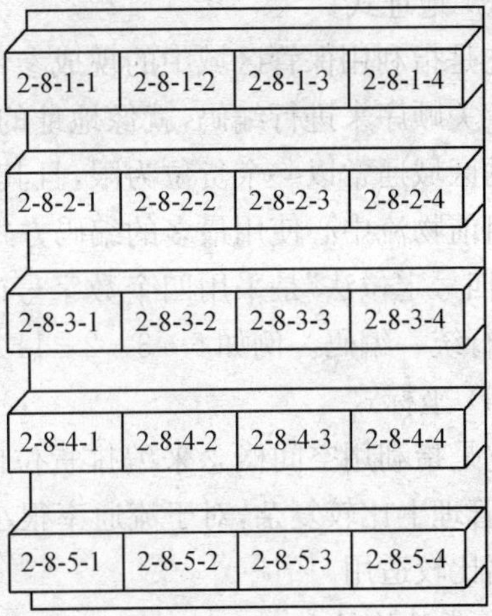

图 3-30　第 8 排货架上格位的 4 位编号示意图

4）储位编码

（1）区段方式

它是指把保管区域分割几个区段，再对每个区段进行编码。这种编码方式它是以区段为单位，每个号码所标注代表的储位区域将会很大，因此适用于容易单位化的货品，以及大量或保管周期短的货品。如图 3-31 所示。

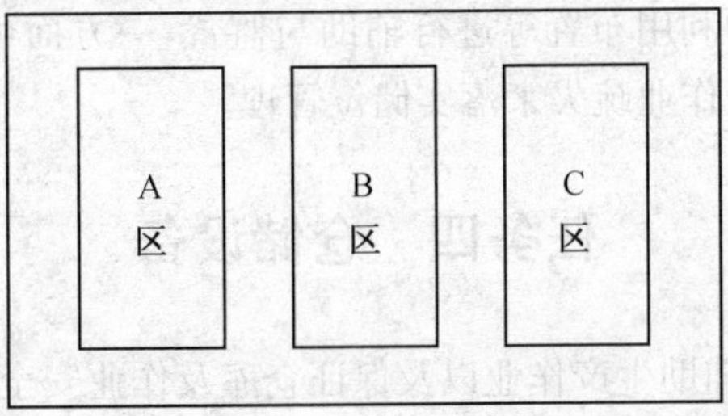

图 3-31　区段式编码示意图

（2）品种方式

它是指把一些相关性货品经过集合以后，区分成好几个品种，再对每个品种进行编码。这种编码方式适用于比较容易按商品类别保管及品牌差距大的货物。例如服饰、五金方面的货物，见图 3-32。

图 3-32　品种式编码示意图

(3) 地址式

它是指利用保管区域中的现成参考单位,例如建筑物第几栋、区段、排,行、层、格等,依照其相关顺序来进行编码,就像地址的几区、几街、几号一样。这种编码方式由于其所标注代表的区域通常以一个货位为限,且其有相对顺序性可依循,使用起来容易明白且方便,所以为目前物流中心使用最多的编码方式。较常用的编号方法一般采用"四号定位法"。

"四号定位法"是采用四个数字号码对库房(货场)、货架(货区)、层次(排次)、货位(货垛)进行统一编码。例如 5-3-2-11 就是指 5 号库房,3 号货架,第 2 层,11 号货位。

(4) 坐标式

它是指利用空间概念来编排货位的方式。这种编排方式由于对每个货位定位分割细小,在管理上比较复杂,对于流通率很小,需要长时间存放的货物也就是一些生命周期较长的货物比较适用。

3. 货位维护

货位维护就是针对物流中心的设备、物品、人员与车辆的动态资讯能即时掌握监控,它可提升物流中心作业的管理品质,达到节省人力、降低成本及提升物流中心经营效率与竞争力。货位维护工作是不能间断的,它必须是每日、每月、每年都要进行的,只要物流中心有保管区域的存在,要让保管区域发挥效率,就要不停地进行货位维护工作。

4. 查核与改善

通过这些查核与改善方法,如定期、不定期稽核抽查等来适当地对货位管理的执行、储放搬运设备的使用、空间的利用布置等进行辅助与监督,一方面可达到监督作用,以提早发现问题;另一方面可以防止作业疏失来落实储位管理。

任务四　仓储设备

仓储设备是仓库进行辅助生产作业以及保证仓库及作业安全所必需的各种机械设备的总称。

一、仓储设备的分类

仓储设备主要按照它的用途分为装卸搬运设备、保管设备、计量设备、养护检验设备、通风照明设备、安全设备等几类。其详细分类见表 3-1。

表 3-1　仓储设备分类表

设备类型	具体设备
装卸搬运设备	叉车、堆码机、起重机、吊车、手推车、电瓶车、托盘等
保管设备	货架、货橱、苫布、垫垛用品等
计量设备	磅秤、电子秤、流量计、检尺器、自动计数器、液位计等
养护检验设备	测湿仪、红外线装置、空气调节器、烘干机等
通风照明设备	灯、排气扇等
安全设备	各种报警器、灭火器、劳动保护用品
其他	杂项工具,如标号打印机等

二、常见的仓储设备

1. 货架

在仓储设备中，货架是指专门用于存放成件货品的保管设备。中华人民共和国国家标准《物流术语》(GB/T 18354—2006)对货架(Goods Shelf)的定义是："用支架、隔板或托架组成的立体储存货物的设施。"

货架在物流及仓库中占有非常重要的地位，随着现代工业的迅猛发展，物流量的大幅度增加，为实现仓库的现代化管理，改善仓库的功能，不仅要求货架数量多，而且要求具有多功能，并能实现机械化、自动化的要求。使用货架既方便商品存取与进出业务，又能提高仓容利用率，是仓储面积的扩大和延伸。

货架的种类很多，大致来讲可分为以下几类：

(1) 层架

层架由立柱、横梁、层板构成，层间用于存放货物。层架可以分为重型、中型和轻型等类型。中、重型层架一般采用固定式层架，坚固、结实，承载能力强；储存大件或中、重型物资，配合叉车等使用；能充分利用仓容面积，提高仓储能力。轻型层架一般采用装配式，较灵活机动，结构简单，承载能力较差；适于人工存取轻型或小件货物；存放物资数量有限，是人工作业仓库的主要储存设备，见图 3-33～图 3-35。

图 3-33 重型层架

图 3-34 中型层架

图 3-35 轻型层架

(2) 托盘货架

它是以托盘单元货物的方式来保管货物的货架，又称工业货架。托盘货架在国内的各种仓储货架中最为常见，广泛应用于制造业、第三方物流和配送中心等领域。如图见 3-36。

图 3-36 托盘货架

托盘货架特点体现在货架结构简单，可调整组合，安装简易，费用经济；出入库不受先后顺序的限制，可做到先进先出；储物型态为托盘装载货物，实现机械化存取作业；仓容利用率高。

(3) 移动式货架

移动式货架的货架底部装有滚轮，开启控制装置，滑轮可以沿轨道滑动，见图 3－37。移动式货架平时可以密集相连排列，存取货物时通过手动或电动控制装置驱动货架沿轨道滑动，形成通道，因为一组货架只要一个作业通道，大大减少了货架间的通道数，提高仓库面积的利用率。

(a)

(b)

(c)

图 3－37　移动式货架

(4) 驶入式货架

驶入式货架是指托盘的存放由里向外逐一存放，叉车存、取同一托盘时用相同通道。这种货架采用钢质结构，钢柱上有向外伸出的水平突出构件或悬轨，叉车将托盘送入，由货架两边的悬轨托住托盘及货物，见图 3－38，3－39。

其特点是驶入式货架的仓容利用率高，库容利用率可达 90%，但是此类货架对托盘质量和规格要求较高，托盘长度需在 1 300 mm 以上，且不保证先进先出；适合于大批量少品种，对先进先出要求不高或批量存取、不受保管时间限制的货物存储。

图 3－38　驶入式货架结构

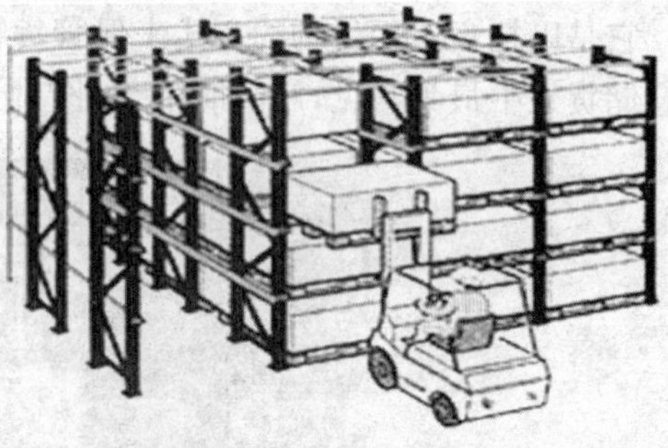

图 3－39　驶入式货架

(5) 驶入/驶出式货架

驶入/驶出式货架结构与驶入式货架相同，不同之处在于驶入/驶出式货架前后通道是通的，没有拉杆封闭。前后均可安排存取货，能够实现先进先出。此类货架仓容利用率高，高密度配置的情况下，高度可达 10 m，库容利用率可以高达 90%以上，而且能够保证先进先出，只是对托盘质量和规格要求较高。此类货架适用于大批量、少品种的配送中心使用，但不太适合太长或太重货品，见图 3－40。

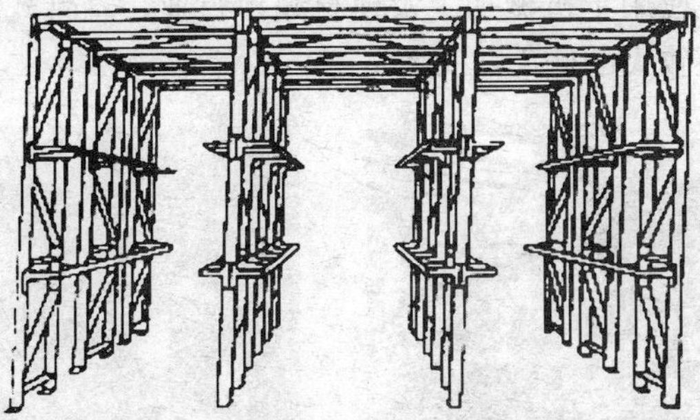

图 3－40　驶入/驶出式货架

(6) 重力式货架

重力式货架又称流动式货架，是一种利用货物的自身重量来实现存储深度方向上货物移动的存储系统，见图 3－41。在货架每层的通道上，都安装有一定坡度的、带有轨道的导轨，入库的单元货物在重力的作用下，由入库端流向出库端。储存托盘货物的重力式货架一般为 2—4 层，每格货架内设置重力滚道两条，滚道由左右两组滚轮、导轨和缓冲装置组成。

由于托盘货物或箱装货物可以利用自身重力自动向低端滑行，当前方货物被提取后，后面的货物会自动跟进，所以重力式货架的优点主要包括：① 可以实现“先进先出”作业；② 货架密集配置，减少通道的占用，使储存密度增大，从而有效节约仓库空间；③ 货物进出库作业时，搬运工具运行距离最短；④ 货架的货位空缺得到有效控制；⑤ 货架密集排列，有利于仓库的现场管理，有效防止货物丢失；⑥ 减少装卸搬运设备的投入。但同时重力式货架也有它不可忽略的缺点，比如投资成本高，一般重力式货架的成本约是普通托盘货架成本的 5—7 倍；对托盘及货架的加工技术要求高，否则容易造成滑道阻塞。货架的日常维护保养要求也高。

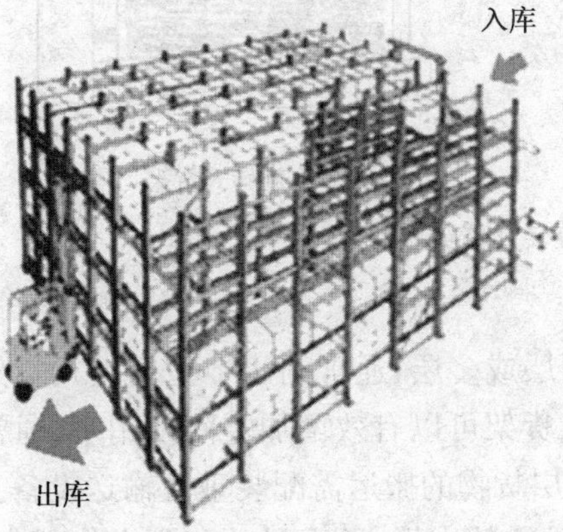

(a)

(b)

图 3－41　重力式货架

(7) 悬臂式货架

悬臂式货架是在立柱上装设外悬杆臂构成的，物料被存放在固定于后立柱的悬臂梁上，见图 3－42。悬臂常用金属材料制造，悬臂的尺寸根据所存放货物的外形确定。悬臂可以是单面或者双面，同时悬臂也可以是固定的或者移动的。主要适用存放长杆件及其他无法使用托盘集装的物料，广泛应用于机械加工及建材超市行业。悬臂式货架一般需要配合叉距较宽的搬运设备，如叉距较大的侧面式叉车。

(a)

(b)

图 3－42　悬臂式货架

（8）旋转式货架

旋转式货架设有电力驱动装置（驱动部分可设于货架上部，也可设于货架底座内），可以通过开关控制货架按一定方向旋转的特殊货架，见图 3－43。存取货物时，把货物所在货格编号由控制盘按钮输入，该货格则以最近的距离自动旋转至拣货点停止。由于通过货架旋转改变货物的位置来代替拣选人员在仓库内的移动，能够大幅度降低拣选作业的劳动强度，而且货架旋转选择了最短路径，所以，采用旋转式货架可以大大提高拣货效率。

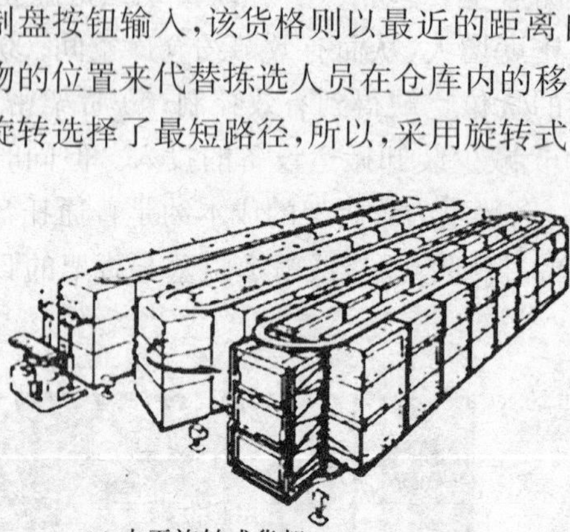

(a) 水平旋转式货架

(b) 垂直旋转式货架

图 3－43　旋转式货架

（9）阁楼式货架

阁楼式货架是将储存区域通过货架分成两层或多层，通常利用中型搁板式货架或重型搁板式货架作为主体支撑加上楼面板。阁楼式货架可以有效增加空间使用率，通常上层适合存放轻量货物，不适合重型搬运设备行走，上层货物的搬运需配装垂直输送设备。底层货架不但是保管物料的场所，而且是上层建筑承重梁的支撑，承重梁的跨距大大减小，建筑费用也大大降低。也适用于现有旧仓库的技术改造，提高仓库的空间利用率，见图 3－44。

由于货架的种类很多，要综合考虑货品特性、存取性、入出库量、搬运设备、厂房结构等多个因素来选择合适的货架，同时还应考虑货架安全等因素。货架的种类和适用范围见表3－2。

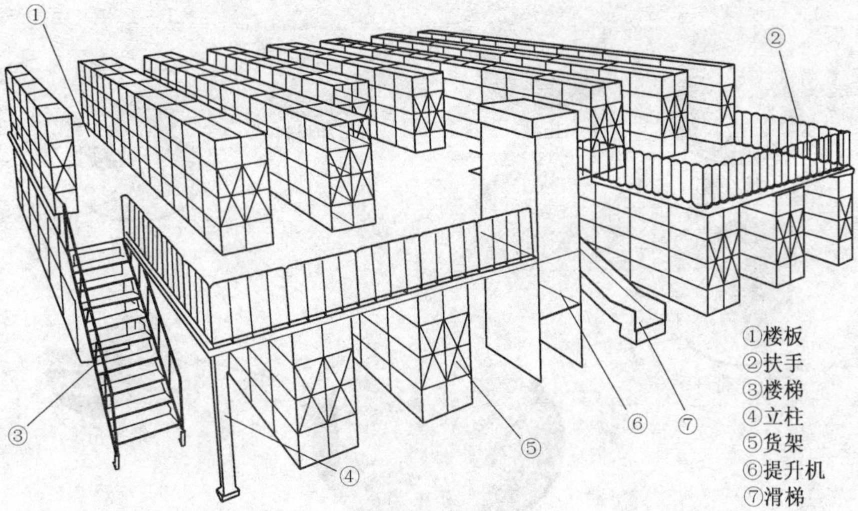

图 3-44　阁楼式货架

表 3-2　部分通用货架的种类及各自适用范围

货架种类		主要适用范围
层架式货架	层格式	存放规格复杂多样、容易搞混的，需相互隔离
	抽屉式	比较贵重或怕尘土、怕湿的小件货品
托盘货架		适于存放整托盘货物
阁楼式货架		适用于各种类型货品的存放，上层放轻量货物，可有效利用空间
悬臂式货架		适用于长条状或长卷状货品
移动式货架		适用于各种类型货品的存放，能充分利用通道空间
驶入、驶出式货架		适用于量多样少货品；不适合太长或太重货物

2. 托盘

托盘作为物流运作过程中重要的装卸、储存和运输设备，与叉车配套使用在现代物流中发挥着巨大的作用。托盘现已广泛应用于生产、运输、仓储和流通等领域，被认为是 20 世纪物流产业中两大关键性创新之一。

中华人民共和国国家标准《物流术语》(GB/T 18354—2006)对托盘(Pallet)的定义是，“用于集装、堆放、搬运和运输的放置作为单元负荷的货物和制品的水平平台装置。”

托盘是静态货物转变成动态货物的载体，是装卸搬运、仓储保管以及运输过程中均可利用的工具，与叉车配合利用，可以大幅度提高装卸搬运效率；用托盘堆码货物，可以大幅度增加仓库利用率；托盘一贯化运输，可以大幅度降低成本。如图 3-45 所示。

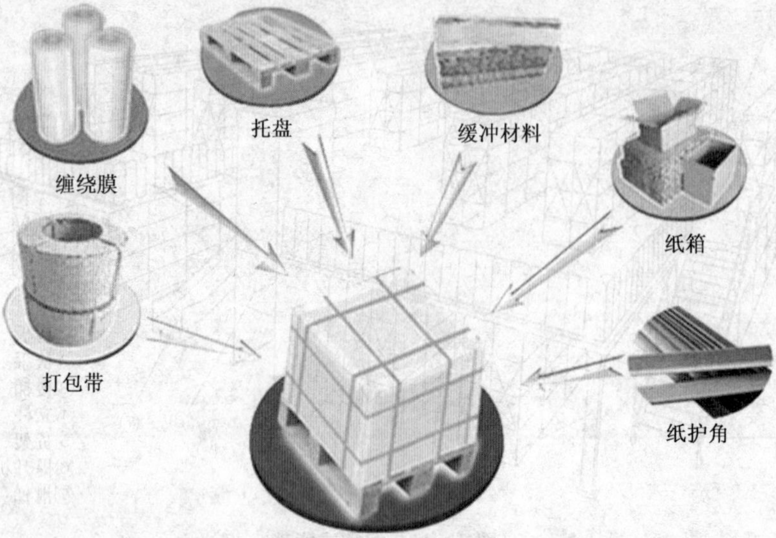

图 3－45　托盘的构成

1）托盘的分类

常见托盘有以下几种：

（1）平托盘；（2）柱式托盘；（3）箱式托盘；（4）油罐式托盘；（5）翼型托盘；（6）滚轮保冷箱式托盘；（7）滑动板，见图 3－46。

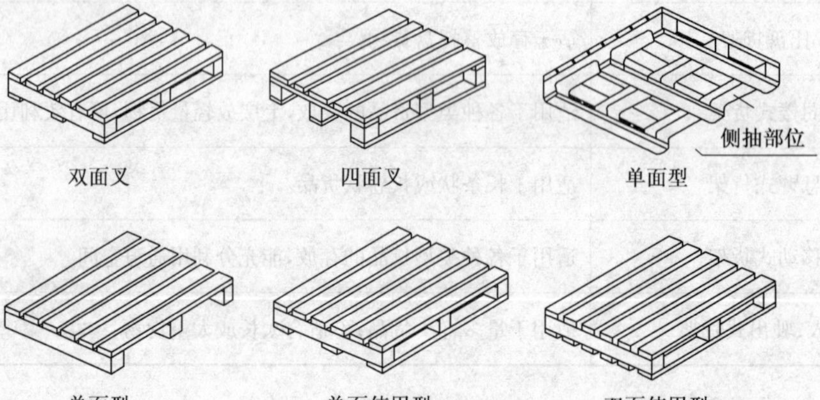

(a) 平托盘

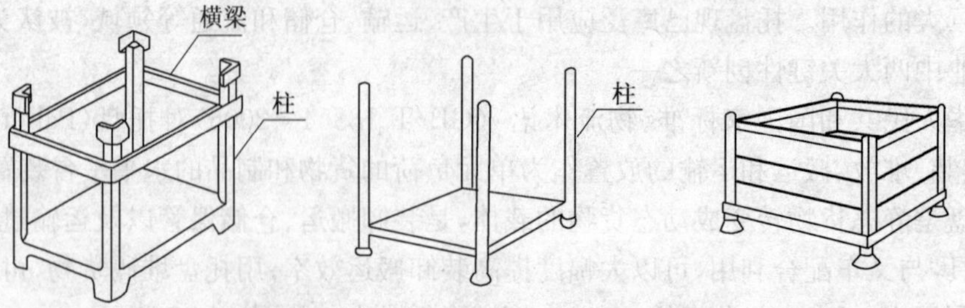

(b) 柱式托盘　　(c) 箱式托盘

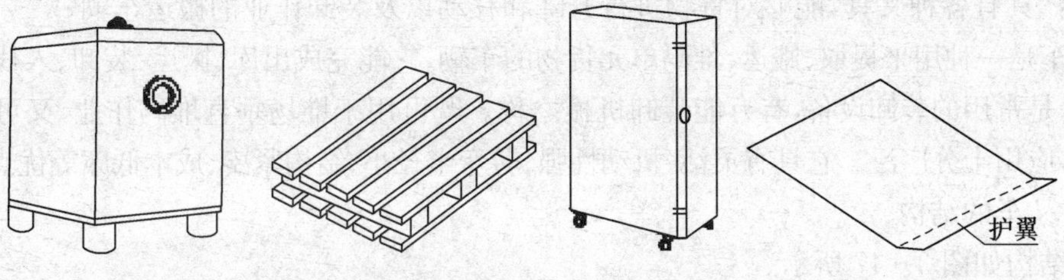

(d)　(e)　(f)　(g)

图 3－46　托盘的种类

2) 托盘的特点

托盘的主要优点体现在以下几个方面：

(1) 自重小，用于装卸、运输托盘本身所消耗的劳动较小，无效运输及装卸比运输集装箱为小。

(2) 返空容易，返空时占用的运力少。由于托盘造价不高，又很容易互相替代，互以对方托盘为抵补，无需像集装箱那样有固定的归属者，也无需像集装箱那样返空，即使返空也比集装箱容易。

(3) 装盘容易。装货时不必像集装箱一样深入箱体内部，装盘后可采用捆扎、紧包等技术处理，使用简便。

(4) 装载量虽较集装箱小，但也能集中一定数量，比一般包装的组合量大得多。

但是，托盘也有不足之处，托盘的保护性差，对货物的保护性比集装箱差，露天存放困难，需要有仓库等配套设施。

在现代物流系统中，托盘被认为是经济效益较高的运输包装方式之一，它不仅可以简化包装、降低成本，使包装可靠，减少损失，而且易于实现机械化，节省人力，实现高层码垛，充分利用空间。

3) 托盘的尺寸

美国的国家标准托盘尺寸为：1.219 m× 1.016 m(48×40 英寸)。

欧洲国家采用 0.8m×1.2m 尺寸的较多，而德国、英国和荷兰都采用 0.8 m×1.2 m 和 1 m×1.2 m 两种尺寸。

亚洲国家(以日本、韩国、新加坡和我国台湾地区为核心)采用 1.1 m×1.1 m 的尺寸的比例较大。

我国的托盘规格目前比较混乱，机械工业系统使用 JB3003—81 规定的 0.8 m×1 m、0.5 m×0.8 m 的托盘。1982 年我国颁布的国家标准(GB/T 2934—1996)，将联运通用平托盘的平面尺寸规定为：0.8 m×1.2 m、1 m×1.2 m、1.106 m×1.219 m、1.140 m×1.140 m。近几年来我国已经出现了 1.1 m×1.1 m 的托盘，这也是一种新趋势。

已得到国际标准化组织认可的托盘尺寸有 1.140 m×1.140 m、0.8 m×1.2 m、1 m×1.2 m、1.1 m×1.1 m、1.016 m×1.219 m。

关于托盘的国际标准，目前国际标准化组织还在讨论修改之中。

3. 叉车

中华人民共和国国家标准《物流术语》(GB/T 18354—2006)对叉车(Fork lift Truck)的

定义是:“具有各种叉具,能够对货物进行升降和移动以及装卸作业的搬运车辆。”

叉车是一种用来提取、搬运、堆码单元货物的车辆,它能完成出库、搬运、装卸、入栈 4 种复合作业,是常用的装卸设备,有万能装卸机械之称。既可用于堆场垂直堆码作业,又可用于水平运输,应用十分广泛。它具有灵活、机动性强、转弯半径小、结构紧凑、成本低廉等优点。

1) 叉车的结构

其结构如图 3－47 所示。

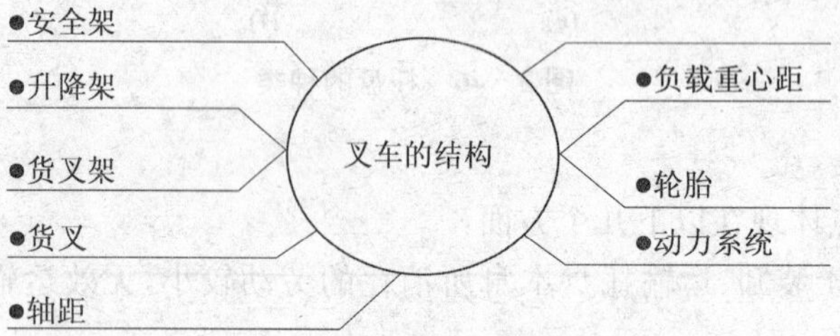

图 3－47　叉车的结构图

2) 叉车的种类

(1) 低举升托盘叉车:该产品具有升降平衡、转动灵活、操作方便等特点,如图 3－48 所示。

(2) 平衡重叉车

此类叉车适用于在露天货场作业,一般采用充气轮胎,运行速度较快,爬坡能力较好。平衡重式叉车主要由发动机、底盘(包括传动系、转向系、车架等)、门架、叉架、液压系统、电气系统及平衡重等部分组成。见图 3－49,图 3－50。

图 3－48　手动液压托盘叉车

图 3－49　内燃机式叉车

图 3－50　蓄电池式叉车

(3) 前移式叉车:用于存取长、管件的多向前移式叉车、室内外通用型前移式叉车等特殊用途产品。

图 3－51　前移式叉车

图 3－52　高架堆垛机

(4) 高架堆垛机：优点是在任何高度都可以保持水平操作视线，保证最佳视野以提高操作安全性。

3）各系列叉车的特点及其适用的环境（见表 3－3）

表 3－3　各系列叉车的特点及其适用的环境

叉车系列	特点及其适用环境
低举升托盘叉车	优点明显，使用范围非常广。手动液压托盘叉车，小巧灵活的体型使手动托盘叉车几乎适用于任何场合，装卸作业更加快捷方便，并且不受场地限制。电动托盘叉车，搬运距离在 30 m 左右时，步行式的电动托盘叉车无疑是最佳选择
平衡重叉车	具有很强的爬坡能力与地面适应能力，因此平衡重叉车普遍用于装卸货及室外运搬
前移式叉车	货物重心位于前、后轮之间，运行稳定，适用于车间、仓库内工作
高架堆垛机	货叉可作三向旋转，或直接从两侧叉取货物。适用于仓库面积较小，高度较高，在烟草、制药、电子电器等行业使用普遍

4. 手推车

手推车（hand cart ）是一种以人力为主，在路面上水平输送物料的搬运车。其特点是价廉、轻巧、易操作、回转半径小，适合于短距离搬运轻型物料，见图 3－53。

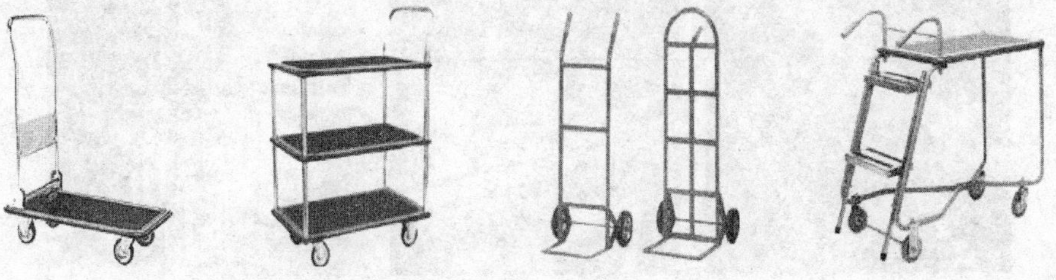

(a)　(b)　(c)　(d)

图 3－53　手推车

5. 起重机

起重机是在采用输送机之前曾被广泛使用的具有代表性的一种搬运机械，它是指将货物吊起，在一定范围内作水平运动的机械。起重机按照其所具有的构造、动作繁简程度以及工作性质和用途，可以归纳为简单起重机械、通用起重机械和特种起重机械 3 种，见图 3－54～图 3－56。

图 3－54　驶入式货架结构

图 3－55　门式起重机

图 3－56　汽车起重机

6. 自动导向车

自动导向车（AGV）是采用自动或人工方式装载货物，按设定的路线自动行驶或牵引着载货台车至指定地点，再用自动或人工方式装卸货物的工业车辆，见图 3－57。

图 3－57　AGV 自动导向车

7. 输送机

输送机是一种连续搬运货物的机械，其特点是在工作时连续不断地沿同一方向输送散料或者重量不大的单件货物，装卸过程无需停车，因此生产率比较高。根据用途和所处理货物形状的不同，输送机可分为带式输送机、滚柱输送机、辊道输送机、链式输送机、悬挂输送机、单轨输送机、垂直输送机等，见图 3－58。

图 3－58　输送机

8. 自动分拣装置

自动分拣装置主要由接受指示信息的控制装置、计算机网络、把到达分拣装置的货物送到别处的搬运装置、在分拣位置把货物分送到分支装置、在分拣位置储存货物的储存装置，及机械分拣装置等构成。

1）自动分拣系统的特点

（1）能连续、大批量地分拣货物

自动分拣系统不受气候、时间、人的体力等限制，可以连续运行，因此自动分拣系统的分拣能力具有人力分拣系统无可比拟的优势。

（2）分拣误差率低

自动分拣系统的分拣误差率主要取决于所输入的分拣信息的准确性，而这又取决于分拣信息的输入机制。如采用条形码扫描输入，除非条形码印刷本身有差错，否则不会出错。目前，自动分拣系统主要采用条形码技术来识别货物。

（3）分拣作业基本实现无人化

建立自动分拣系统的目的之一就是为了减少人员的使用，减轻员工的劳动强度，提高工作效率，因此自动分拣系统能够最大限度地减少人员的使用，并基本做到无人化。

2）自动分拣系统的组成

自动分拣系统主要由输送机、控制系统和附件设备3部分组成。

3）自动分拣机的种类

具种类如图3－59所示。

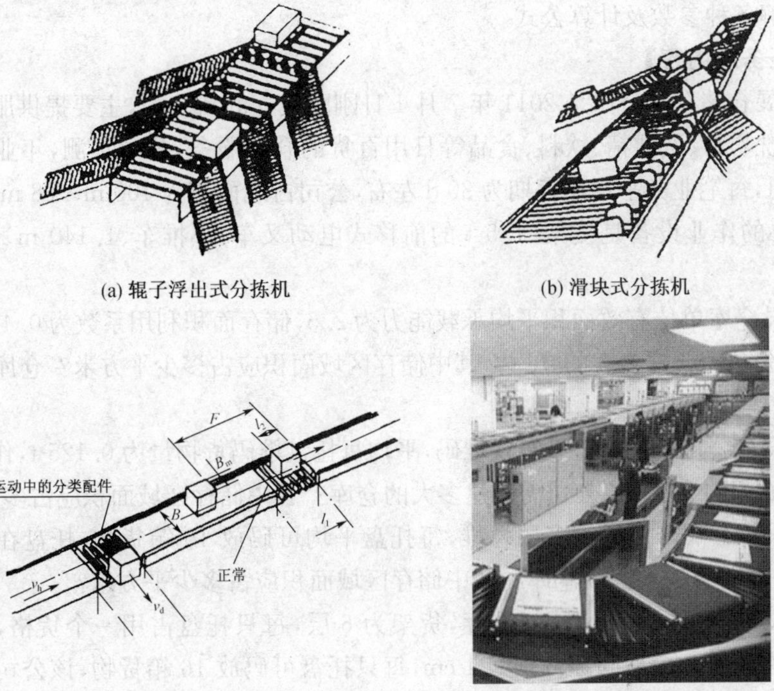

(a) 辊子浮出式分拣机　(b) 滑块式分拣机

(c) 皮带浮出式分拣机　(d) 横向式分拣机

图3－59　分拣机

三、选择仓储机械设备遵循的原则

(1) 仓储机械设备的型号应与仓库的作业量、出入库作业频率相适应。

(2) 计量和搬运作业同时完成

有些仓库，需要大量的计量作业，如果搬运作业和计量作业不同时进行，就会增加装卸搬运的次数，降低了生产效率。

(3) 选用自动化程度高的机械设备

要提高仓库的作业效率，应从货物和作业机械两个方面着手。

(4) 注意仓储机械设备的经济性

选择装卸搬运设备时，应该根据仓库作业的特点，运用系统原理思想，在坚持技术先进、经济合理、操作方便的原则下，企业应根据自身的条件和特点，对设备进行经济性评估，选择合适的机械设备。

技能训练3－1：仓库的设计

【训练目标】

通过训练，使学生能针对不同类型的仓储货物及设施设备，合理建立仓库；能够设计相关参数及面积。

【训练准备】

(1) 了解训练目的。

(2) 将学生分成若干组，各组选出一个组长，组内分工合作完成任务。

(3) 了解各种参数及计算公式。

【训练任务及内容】

江苏星展仓储有限公司是2011年7月1日刚刚成立的新公司，主要提供服装、牙膏、肥皂、洗发液、洗衣粉、洗洁精、饮料、食品等日用百货的仓储服务，公司预测，年业务量大约能达到325万t，每笔业务平均库存期为30 d左右，公司占地面积为100 m×68 m，办公面积需600 m^2，主要的作业设备是货架、1.5 t的前移式电动叉车、小推车、1.140 m×1.140 m托盘等。

(1) 假设仓库单位有效面积平均承载能力为2.5，储存面积利用系数为0.4，年有效工作日300 d，该公司需要建多大的仓库？其中储存区域面积应占多少平方米？仓库的主要技术参数如何设计？

(2) 假设该公司采用托盘平布置堆码，平均每托盘堆码货物量为0.125 t，作业通道占仓库储存区域面积的35%，该公司需要建多大的仓库？其中储存区域面积应占多少平方米？

(3) 假设该公司采用托盘多层叠堆，每托盘平均可码放16箱货物，托盘在仓库内可堆码4层，该公司需要建多大的仓库？其中储存区域面积应占多少平方米？

(4) 假设该公司采用托盘货架储存，货架为6层，每只托盘占用一个货格，每货格放入货物后的左右间隙和前后间隙分别为4 cm，每只托盘可码放16箱货物，该公司需要建多大的仓库？其中储存区域面积应占多少平方米？

【提交成果】

每组提交一份报告，报告包括如下内容：

(1) 每种假设下需要建设的仓库有多大，并列出计算过程

(2) 每种假设下储存区域面积有多大，并列出计算过程

(3) 第一种假设下仓库的主要技术参数如何设计，并说明理由

技能训练3-2：货场、货棚、各种仓库及货架的编码方法

【训练目标】

通过训练，使学生能针对不同类型的仓库及货架进行编码。

【训练准备】

(1) 了解训练目的。

(2) 将学生分成若干组，各组选出一个组长，组内分工合作完成任务。

(3) 掌握各种编码方法。

【训练任务及内容】

南京康平仓储有限公司是刚刚成立的一家新公司，公司平面图如图3-60所示。货场主要用来堆存货物，平房仓库、楼房仓库里面均放置货架，一间库房里放置16排货架，每只货架有4层共20个格眼，请为该公司的货场、货棚、平房仓库、楼房仓库、货架进行编号(货

场、货棚要画出编号图)。

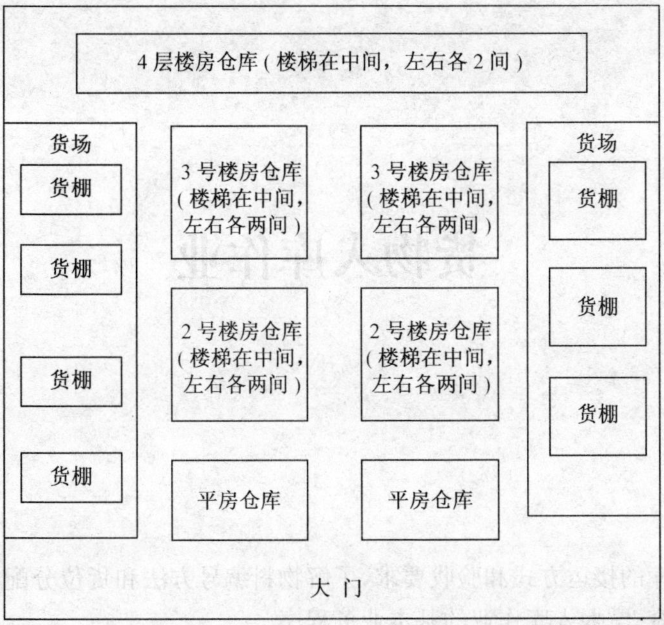

图3-60　康平仓储有限公司平面图

【提交成果】

每组提交一份报告，报告包括如下内容：

(1) 请给货场、货棚、平房仓库、楼房仓库、货架的编号。

(2) 请给货场、货棚的编号图。

模块四

货物入库作业

学习目标

1. 知识目标

了解货物入库的接运方式和验收要求，了解物料编号方法和货位分配方式，熟悉货物入库验收的主要内容；掌握入库作业的基本业务程序。

2. 技能目标

能够正确填写各种入库单证，如入库单、验收单、物料卡等。

3. 素质目标

培养学生具备踏实负责的工作态度和团队合作职业素养。

选择货位时应注意的问题

① 怕潮、易霉、易锈的商品，应选择干燥或密封的货位。

② 怕光、怕热、易溶的商品，应选择低温的货位。

③ 怕冻的商品，应选择不低于 0 ℃的货位。

④ 易燃、易爆、有毒、腐蚀性、放射性等危险品，应存放在郊区仓库分类专储。

⑤ 性能互相抵触和有挥发性、串味的商品不能同区储存。

⑥ 消防灭火方法不同的商品，要分开储存货区。

⑦ 同一货区的商品中，存放外包装含水量过高的商品会影响邻垛商品的安全。

⑧ 同一货区储存的商品中，要考虑有无虫害感染的可能。

任务一　货物入库概述

入库作业是在接到商品入库通知单后，经过一系列作业环节构成的工作过程。商品入库是仓储业务的第一阶段，一般经过入库申请、编制入库作业计划、入库准备、商品接收、卸货、搬运、核查入库凭证、物品验收作业、办理入库手续、处理入库信息及生成提货凭证等一系列作业环节，并对这些作业活动进行合理安排和组织。

一、入库作业的原则

1. 集中作业

在入库作业时，尽可能将卸货、分类、标志等作业环节集中在一个场所完成。这样既可减少空间占用，也可节约货物搬运所消耗的人力和物力。

2. 保持顺畅

依据各作业环节的相关性安排活动，避免倒装、倒流，特别是货台直接转运作业发生时，更应注意作业的顺畅性。

3. 合理安排

平衡安排装卸货站台的使用，货物在站台至储存区的流动尽量保持直线流动。优先安排入库高峰作业时间，合理调配人力资源，以保证入库作业的顺利进行。

二、入库作业的基本业务程序

商品入库作业的基本业务流程如图 4－1 所示。

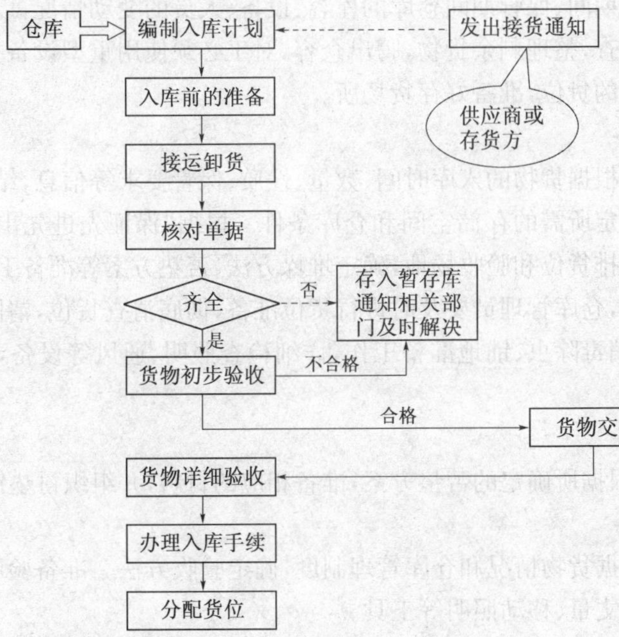

图 4－1　入库作业业务流程图

任务二　编制入库计划与入库准备

一、编制入库计划

商品入库计划是根据仓储保管合同和商品供货合同来编制商品入库数量和入库时间进度的计划。通常，入库计划包括以下内容：

(1) 了解货物入库的时间、数量、包装形式、规格。

(2) 计划货物所需占用的仓容大小。

(3) 预测车辆到达的时间及送货车型。

(4) 为了方便装卸搬运，计划车辆的停放位置。

(5) 计划货物的临时存放地点。

(6) 确定入库作业的相关部门。

二、入库前的准备

仓库管理员应根据入库计划或仓储合同，提前做好人员、货物、货位、器具、设备、资料等准备工作，以便货物及时入库，保证入库过程顺利进行。具体工作内容如下：

1. 熟悉入库的货物

仓库管理员应认真查阅入库货物资料，必要时向存货人询问，掌握入库货物的品种、名称、数量、规格、存期、理化性质、包装状态、单件体积、到库准确时间、保管要求等，据以精确和妥善进行库场安排、准备。

2. 熟悉库场情况

了解在货物入库期间、保管期间仓库的库容、设备、人员的变动情况，以便安排工作。必要时对该仓库进行清查，整理剩余货物，腾出仓容，对于必须使用重型设备操作的货物，一定要确保有可使用设备的货位，准备好存货场所。

3. 做好货位准备

仓库管理人员应根据货物的入库时间、数量、性质、保管要求等信息，结合货物的堆码要求，计算货位面积，确定所需的存储空间和仓库条件。根据“保证先进先出，大不围小，重近轻远”的原则，妥善安排货位和验收场地，确定堆垛方法、苫垫方案等准备工作。

在安排好货位后，仓库管理员要及时进行货位准备，彻底清查货位，清除残留物，清理排水管道，必要时做好消毒除虫、铺地准备工作，详细检查照明、通风等设备，若发现损坏及时通知相关人员修理。

4. 苫垫用品准备

在货物入库前，根据所确定的苫垫方案，准备相应的材料，并组织衬垫铺设作业。

5. 做好验收准备

仓库管理员应根据货物情况和仓库管理制度，确定验收方法。准备验收所需的点数、称量、测试、开箱、装箱、丈量、移动照明等工具。

6. 装卸搬运方案设计

根据货物、货位、设备条件、人员等情况，科学合理地制定卸车搬运作业方案，保证入库作业的效率。

7. 文件单证准备

仓库管理员对货物入库所需的各种报表、单证、记录簿等，如入库记录、理货检验单、料卡、残损单等预填妥善，以备使用。

8. 组织人力

根据作业量的大小及专业化程度的高低，预先安排好接运、卸货、检验、搬运货物等相关作业人员，如遇特殊货物，还须对人员进行作业前培训及安全教育，保证货物到达后，人员及时到位，安全高效地完成工作任务。

由于仓库不同、货物不同、业务性质不同，入库准备工作也有所差别，因此仓库管理员应根据具体情况和仓库制度做好充分准备。

任务三　货物的接运

由于货物到达仓库的形式不同，除了一小部分由发货单位直接运到仓库交货外，大部分要经过铁路、公路、水运、空运和短途运输等运输方式转运。凡经过交通运输部门转运的货物，均需经过仓库接运后，才能进行入库验收。

接运的目的是防止将运输过程中或运输之前已经发生的货物损坏和各种差错带入仓库，减少或避免经济损失，为验收和保管与养护工作创造良好的条件。

接运的方法是仓库人员首先进行验单，检查随货物同时到达的货单。按照货单开列的收货单位、货物名称、规格、数量及交货日期等内容，与货物的各项标志逐项进行核对。在验单过程中应注意，如果发现错送，应当拒收退回。对于一时无法退回的货物，必须在清点后另行存放，并及时做好接运记录，方便以后处理。如果核对无误，可进行卸货。

常见接运卸货方式有提货和仓库收货 2 种。

一、提货

1. 到车站、码头提货

这是由外地托运单位委托铁路、水运、民航等运输部门或邮局代运或邮递货物到达本埠车站、码头、民航站、邮局后，仓库依据货物通知单派车提运货物的作业活动。此外，在接受货主的委托，代理完成提货、末端送货的活动的情况下也会发生到车站、码头提货的作业活动。这种到货提运形式大多是零担托运、到货批量较小的货物。

提货人员对所提取的货物应了解其品名、型号、特性和一般保管知识以及装卸搬运注意事项等，在提货前应做好接运货物的准备工作，提货时应根据运单以及有关资料详细核对品名、规格、数量，并要注意商品外观，查看包装、封印是否完好，有无沾污、受潮、水渍、油渍等异状。若有疑点或不符，应当场要求运输部门检查。对短缺损坏情况，凡属运输方面责任的，应做出商务记录，属于其他方面责任需要运输部门证明的应做出普通记录，由运输员签字。注意，记录内容与实际情况要相符。

2. 到货主单位提货

这是仓库受托运方的委托，直接到供货单位提货的一种形式。其作业内容和程序主要是当仓库接到托运通知单后，做好一切提货准备，并将提货与货物的初步验收工作结合在一起进行。最好在供货人员在场的情况下，当场进行验收。因此，接运人员要按照验收注意事项提货，必要时可由验收人员参与提货。

3. 托运单位送货到库接货

这种接货方式通常是托运单位与仓库在同一城市或附近地区,不需要长途运输时被采用。其作业内容和程序是,当托运方送货到仓库后,根据托运单(需要现场办理托运手续先办理托运手续)当场办理接货验收手续,检查外包装,清点数量,做好验收记录。如有质量和数量问题,托运方应在验收记录上签证。

4. 铁路专用线到货接运

这是指仓库备有铁路专用线,大批整车或零担到货接运的形式。一般铁路专线都与公路干线联合,在这种联合运输形式下,铁路承担主干线长距离的货物运输,汽车承担直线部分的直接面向收货方的短距离的运输。

接到专用线到货通知后,应立即确定卸货货位,力求缩短场内搬运距离,组织好卸车所需要的机械、人员以及有关资料,做好卸车准备。

车皮到达后,引导对位,进行检查。看车皮封闭情况是否良好(即卡车、车窗、铅封、苫布等有无异状),根据运单和有关资料核对到货品名、规格、标志和清点件数,检查包装是否有损坏或有无散包,检查是否有进水、受潮或其他损坏现象。在检查中发现异常情况,应请铁路部门派员复查,做出普通或商务记录,记录内容应与实际情况相符,以便交涉。卸车时要注意为货物验收和入库保管提供便利条件,分清车号、品名、规格,不混不乱,保证包装完好,不碰坏,不压伤,更不得自行打开包装。应根据货物的性质合理堆放,以免混淆。卸车后在货物上应标明车号和卸车日期,编制卸车记录,记明卸车货位规格、数量,连同有关证件和资料,尽快向保管员交代清楚,办好内部交接手续。

二、仓库收货

货物到库后,仓库收货人员首先要检查货物入库凭证,根据入库凭证开列的收货单位和货物名称与送交的货物内容和标记进行核对,然后就可以与送货人员办理交接手续。如果在以上工序中无异常情况出现,收货人员在送货回单上盖章表示货物收讫。如发现有异常情况,必须在送货单上详细注明并由送货人员签字,或由送货人员出具差错、异常情况记录等书面材料,作为事后处理的依据。

任务四　货物的验收

凡货物进入仓库储存,必须经过检查验收,只有验收后的货物,方可入库保管。

为什么要进行货物验收的工作呢?我们可以从 2 个方面理解:一是从结束商品生产过程到进入仓库前,经过一系列储运环节,在这个过程中,商品的质量和数量可能发生某种程度的变化;二是各类商品出厂检验时,有时会出现错检或漏检的情况,使一些不合格商品按合格商品交货。

货物验收的过程中要遵循一定的原则:① 在商品入库凭证未到或未齐之前不得正式验收;② 发现商品数量或质量不符合规定,要会同有关人员当场作出详细记录,交接双方在记录上签字;③ 在数量验收中,计件商品应及时验收,发现问题要按规定的手续,在规定的期限内向有关部门提出索赔要求。

一、验收准备

验收准备是货物入库验收的第一道程序。仓库接到到货通知后，应根据货物的性质和批量提前做好验收的准备工作，包括以下内容：

（1）全面了解验收货物的性能、特点和数量，根据其需求确定存放地点、垛形和保管方法。

（2）准备堆码苫垫所需材料和装卸搬运机械、设备及人力，以便使验收后的货物能及时入库保管存放，减少货物停顿时间，若是危险品则需要准备防护设施。

（3）准备相应的检验工具，并做好事前检查，以便保证验收数量的准确性和质量的可靠性。

（4）收集和熟悉验收凭证及有关资料。

（5）进口货物或上级业务主管部门指定需要检验质量者，应通知有关检验部门会同验收。

二、核对凭证

入库货物须具备下列凭证：

（1）货主提供的入库通知单和订货合同副本，这是仓库接收货物的凭证。

（2）供货单位提供的验收凭证，包括材质证明书、装箱单、磅码单、发货明细表、说明书、保修卡及合格证等。

（3）承运单位提供的运输单证，包括提货通知单和登记货物残损情况的货运记录、普通记录以及公路运输交接单等，作为向责任方进行交涉的依据。

核对凭证，就是将上述凭证加以整理后全面核对。入库通知单、订货合同要与供货单位提供的所有凭证逐一核对，相符后才可以进入下一步的实物检验；如果发现有证件不齐或不符等情况，要与存货、供货单位及承运单位和有关业务部门及时联系解决。

三、检验货物

检验货物是仓储业务中的一个重要环节，包括检验数量、检验外观质量和检验包装 3 方面的内容，即复核货物数量是否与入库凭证相符，货物质量是否符合规定的要求，货物包装能否保证在储存和运输过程中的安全。

1. 数量检验

数量检验是保证货物数量准确不可缺少的措施。要求货物入库时一次进行完毕。一般在质量验收之前，由仓库保管职能机构组织进行。按货物性质和包装情况，数量检验分为 3 种形式，即计件、检斤、检尺求积。

（1）计件法：计件是按件数供货或以件数为计量单位的货物，在做数量验收时的清点件数。计件货物应全部清查件数（带有附件和成套的机电设备须清查主件、部件、零件和工具等）。固定包装的小件货物，如包装完好，打开包装对保管不利，国内货物可采用抽验法，按一定比例开箱点件验收，可抽验内包装 5%—15%。其他只检查外包装，不拆包检查；贵重物品应酌情提高检验比例或全部检验；进口货物则按合同或惯例办理。

(2) 检斤法：检斤是对按重量供货或以重量为计量单位的货物，做数量验收时的称重。货物的重量一般有毛重、皮重、净重之分。毛重是指货物重量包括包装重量在内的实重；净重是指商品本身的重量，即毛重减去皮重。我们通常所说的货物重量多是指货物的净重。金属材料、某些化工产品多半是检斤验收。按理论换算重量供应的货物，先要通过检尺，例如金属材料中的板材、型材等，然后，按规定的换算方法换算成重量验收。对于进口货物，原则上应全部检斤，但如果订货合同规定按理论换算重量交货，则按合同规定办理。所有检斤的货物，都应填写磅码单。

(3) 检尺求积法：检尺求积是对以体积为计量单位的货物，例如木材、竹材、沙石等，先检尺，后求体积所做的数量验收。

凡是经过数量检验的货物，都应该填写磅码单。在做数量验收之前，还应根据货物来源、包装好坏或有关部门规定，确定对到库货物是采取抽验还是全验方式。

2. 质量检验

质量检验包括外观检验、尺寸检验、机械物理性能检验和化学成分检验四种形式。仓库一般只作外观检验和尺寸精度检验，后两种检验如果有必要，则由仓库技术管理职能机构取样，委托专门检验机构检验。以外观质量检验为例说明。外观检验是指通过人的感觉器官检查货物外观质量的检查过程。主要检查货物的自然属性是否因物理及化学反应而造成负面的改变。是否受潮、沾污、腐蚀、霉烂等；检查货物包装的牢固程度；检查货物有无损伤，例如撞击，变形，破碎等。对外观检验有严重缺陷的货物，要单独存放，防止混杂，等待处理。凡经过外观检验的货物，都应该填写"检验记录单"。

外观检验的基本要求是：凡是通过人的感觉器官检验货物后，就可决定货物质量的，由仓储业务部门自行组织检验，检验后做好货物的检验记录；对于一些特殊货物，则由专门的检验部门进行化验和技术测定。验收完毕后，应尽快签返验收入库凭证，不能无故积压单据。

3. 包装检验

货物包装的好坏、干潮直接关系着货物的安全储存和运输。所以对货物的包装要进行严格验收，凡是产品合同对包装有具体规定的要严格按规定验收，如箱板的厚度，纸箱、麻包的质量等。对于包装的干潮程度，一般是用眼看、手摸方法进行检查验收。

此外，还要对货物的标签、标志进行检验，主要查一查货物的标签和标志是否具备、完整、清晰等，标签、标志与货物内容是否一致等。

4. 货物验收的程度

入库货物的验收程度是指对入库货物实施数量和质量检验的数量。分为全查和抽查，原则上应采用全查的方式，对于大批量、同包装、同规格、较难损坏、质量较高、可信赖的货物可以采用抽查的方式检验。但是在抽查中发现不符合要求较多时，应扩大抽查范围，甚至全查。

1) 数量检验的范围

(1) 不带包装的(散装)货物的检斤率为100%，不清点件数；有包装的毛检斤率为100%，回皮率为5%—10%，清点件数为100%。

(2) 定尺钢材检尺率为10%—20%；非定尺钢材检尺率为100%。

(3) 贵重金属材料100%过净重。

(4) 有标量或者标准定量的化工产品,按标量计算,核定总重量。

(5) 同一包装、规格整齐、大批量的货物,包装严密、符合国家标准且有合格证的货物采取抽查的方式验量。抽查率为10%—20%。

2) 质量检验的范围

(1) 带包装的金属材料,抽验5%—10%;无包装的金属材料全部目测查验。

(2) 入库量10台以内的机电设备,验收率为100%;100台以内,验收不少于10%;运输、起重设备100%查验。

(3) 仪器仪表外观质量缺陷查验率为100%。

(4) 易于发霉、变质、受潮、变色、污染、虫蛀、机械性损伤的货物,抽验率为5%—10%。

(5) 外包装质量缺陷检验率为100%。

(6) 对于供货稳定,信誉、质量较好的厂家产品,特大批量货物可以采用抽查的方式检验质量。

(7) 进口货物原则上100%逐件检验。

上述验收工作完成后,要填写货物入库验收单。

四、验收中发现问题的处理

1. 变质

(1) 生产或保管不善、存期过长等原因导致货物变质。如责任在供货方,可退货、换货或索赔。保管员在签收时应详细说明数量和变质程度。

(2) 承运中因受污染、水渍等原因导致货物变质,责任在承运方。保管员在签收时应索取有关记录,交货主处理。

(3) 提运中,因货物混放、雨淋等原因造成变质的,是接运人员的责任。

2. 破损

(1) 货物本身的破损,影响其价值或使用价值,甚至导致货物报废。

(2) 包装的破损,影响货物的储存保管。造成破损的原因主要是接运前和接运中的责任。破损责任如属于生产厂商、发货单位或承运单位的责任,提运员或接运员应向承运部门索取有关的事故记录,并交给保管员,作为向供应商或承运单位进行索赔的依据。破损责任如因接运过程中的装卸不当等原因造成的破损,签收时应写明原因、数量等,报仓库主管处理,一般由责任方负责赔偿。

3. 盈余和短少

对于数量溢余较大的情况,可选择商品退回或补发货款的方式解决。短少也分接运前和接运中两种情况。因接运前短少的,可按上述办法处理。如因接运中的装载不牢而导致货物丢失的,或无人押运被窃等原因造成的,在签收时应报告保卫部门进行追查处理。

4. 错到

(1) 因发运方的责任,如错发、错装等导致错到,应通知发运方处理。

(2) 因提运、接运中的责任,如错卸、错装等导致错到,保管员在签收时应详细注明,并报仓库主管负责追查处理。

(3) 因承运方责任,如错运、错送等导致错到,应索取承运方记录,交货主交涉处理。

(4) 对于无合同、无计划的到货,应及时通知货主查询,经批准后,才能办理入库手续。同时,货主要及时将订货合同、到货计划送交仓库。

5. 单货不符或单证不全问题

证件未到之前,不能验收,不能入库,更不能发货。货到后,要及时向供应商索取证件,到库商品应作为待检验品堆放在待验区,待证件到齐后再进行验收。送货方由于某种原因造成的送货单据与实物不符、单证不全,或分批到货等情况,仓库应及时查明原因,采取相应的对策。

任务五　货物交接与入库

一、货物交接

入库货物在经过检查验收后,仓库管理员应立即与送货人办理交接手续。交接手续就是仓库对收到的货物向送货人进行确认,表示已经接受货物的手续。办理完交接手续,意味着划清了运输送货部门和仓库的责任。完整的交接手续如下:

1. 接收货物

仓库通过理货、查验货物,将不良的货物剔除、退回或者编制残损单证等明确责任,确定收到货物的确切数量、货物表面状态良好。

2. 接收文件

接收送货人送交的货物资料、运输的货运记录、普通记录等,以及在运输单据上注明的随货同行的相应文件,如图纸、准运证等。

3. 签署单证

仓库与送货人或承运人共同在送货人交来的送货单、交接清单上签字,并留存相应单证。提供相应的入库、查验、理货和残损单证,事故报告由送货人或承运人签署。

二、办理入库手续

办理完交接手续后,仓库管理员应及时办理货物入库手续,具体包括登账、立卡、建档、上架 4 个步骤。

1. 登账

货物入库,仓库应建立"实物保管明细账",登记货物进库、出库、结存的详细情况,以记录库存货物动态和出入库过程。

登账的主要内容有物资名称、规格、数量、累计数或结存数、存货人或提货人、批次、金额、注明货位号或运输工具,接(发)货经办人。在账页上要注明货位号和档案号,以便查对。实物账必须严格按照物品的入、出库凭证及时登记,填写清楚、准确。记账发生错误时,要按"划红线更正法"更正。账页记完后,应将结存数结转新账页,旧账页应保存备查。登账凭证要妥善保管,装订成册,不得遗失。实物保管要经常核对,保证账、卡、物相符。

2. 立卡

货物入库堆码完毕，应立即建立货卡，将货物名称、规格、数量或出入状态等内容填在货卡上，一垛一卡，能够直接反映该垛货物品名、型号、规格、数量、单位及进出动态和积存数。

对于此卡片的处理，通常有 2 种方式：一是由保管员集中保存管理。这种方法有利于责任制的贯彻，即专人专责管理。但是如果有进出业务而该保管员缺勤时就难以及时进行。二是将填制的料卡直接挂在货物垛位上。挂放位置要明显、牢固。这种方法的优点是便于随时与实物核对，有利于货物进、出业务的及时进行，可以提高保管人员作业活动的工作效率。

3. 建档

建档，将物资入库业务作业全过程的有关资料证件进行整理、核对，建立资料档案，以便货物管理和保持客户联系，不仅有助于总结和积累企管经验，为物资的保管、出库业务活动创造良好的条件，也为将来发生争议时提供凭据。

1）档案的资料范围

(1) 货物出厂时的各种凭证、技术资料。

(2) 货物到达仓库前的各种凭证、运输资料。

(3) 货物入库验收时的各种凭证、资料。

(4) 货物保管期间的各种业务技术资料。

(5) 货物出库和托运时的各种业务凭证、资料。

2）档案编号

建好档案后，还需要对档案进行编号。

(1) 档号

① 档号由全宗号、分类号、类别号、案卷号、件号五部分组成。

② 全宗号：指定给立档单位的编号。

③ 分类号：企业根据本单位档案的分类。

④ 类别号：要求归档范围与分类中给出的类别代字或代号。

⑤ 案卷号：档案排列的顺序号。

⑥ 件号：档案内文件的顺序号。

⑦ 档号的结构：全宗号－分类号.类别号－案卷号－件号。

(2) 电子档案号

电子档案号是整理电子文件时赋予的一组符号代码。电子档案号可与对应的档号相同。其结构为：全宗号－分类号、类别号—案卷号—件号。

(3) 载体编号

载体编号是对光盘等载体排列顺序的编号。当多个案卷在一个载体上存储时，采用载体编号排架。其结构为：类别号—年—顺序号。

4. 上架

入库上架是入库的最后一个环节，是实现对货物保管的必须环节。上架员将入库商品根据仓储管理信息系统推荐的货位，确认上架货位、商品和数量信息，无误后，实施上架。

三、签单

1. 货物到库接收的凭证签发

货物验收后，应及时按照“仓库货物检验记录”的要求签发单据。签单有两个作用：一是向供货单位和存货人表明收到货物的情况;二是如有短缺等情况可作为存货人向供货单位交涉的依据。

2. 货物入库后的凭证签发

办妥货物接受业务的签证手续的主要作用在于对外分清送货单位同仓库的责任,而对内划分收货人员同保管员之间责任的签章交接的凭证,则是货物入库单有关各联的签章。入库单有4联:

(1) 送货回单,签给送货单位。

(2) 货卡,挂在货垛上。

(3) 账页,留在仓库。

(4) 储存凭证,通过业务会计给货主(存货人)。仓储人员应在货物入库业务的各个操作环节上加快签单。通常要求做到每批入库货物到齐后,1个工作日之内,签发储存凭证。

3. 仓单的签发

根据我国《合同法》的规定,存货人交付仓储物的,保管人应当给付仓单,并应在仓单上签字或盖章。仓单是保管人向存货人填发的表明仓储保管关系的存在,以及保管人愿意向仓单持有人履行交付仓储物的义务。仓单是一种要式证券,因此,其填发须遵循法律特别规定的形式。根据此规定,仓库业务部门可以凭储存凭证向存货人签发仓单。

任务六 物料编号与分配货位

一、物料编号

所谓物料编号,就是将物料按其分类内容,加以有次序的编排,用简明的文字、符号或数字,以代替货品的"名称""类别"及其他有关资料的一种方式。仓库在进货后,商品本身大部分都已有商品号码及条码,但有时为了方便管理及存货控制,配合企业的仓储作业信息系统,而将商品编号,以方便货位管理系统的应用,并能掌握货物的动向。

1. 物料编号的作用

(1) 增加货物资料的准确性

货物的领用、发放、请购、跟催、盘点、储存、保管、账目等一切物料管理事务性的工作均由编号可以查核,货物管理较容易,准确率高。

(2) 提高物料控制的效率

有物料编号代替文字的记录,各种物料控制事务简单省事,效率增高。

(3) 有利于进行计算机管理

有了良好的物料编号,再配合计算机的使用,对物料进行记录、统计、核算等能大大提高工作效率。

(4) 有利于防止各种物料舞弊事件的发生

物料编号后,物料收支两条线管理,对物料进出容易跟踪,物料记录准确,物料储存保管有序,可以减少或防止物料舞弊事件的发生。

(5) 减少物料库存、降低成本。

物料编号有利于物料存量的控制,有利于防止呆滞废料,并提高物料活动的工作效率,节省人力、减少资金的积压，降低成本。

（6）有利于压缩物料的品种、规格

在对物料进行编号时，可以对某些性能相近或相同的物料进行必要的统一、合并和简化，合理压缩物料的品种、规格，用尽可能少的品种、规格在保证产品质量的前提下满足生产各种不同产品的需要，以达到节约物料、避免浪费、提高经济效益的目的。

2. 物料编号的原则

合理的货品编号，必须具备下列10条基本原则。

（1）简单性原则

物料编号有的目的在于将物料种类化繁为简，便于管理。在分类和扩展的原则下越简单越好。因此物料编号使用各种文字、符号、字母、数字时尽量简明，利于记忆、查询、阅读、抄写等各种工作，并能减少错误的机会。

（2）分类性原则

对于种类繁多的物料必须按一定的标准分成不同的类别，使同一类物料在某一方面具有相同或相近的性质，这样便于管理和查询。同时，对于复杂的物料，进行大分类后还要进行细分类。

（3）充足性原则

对现有物料编号时，还必须对未来可能出现的物料进行考虑，有必要在现分类的基础上留有足够的空位，便于未来穿插增新物料，否则将来遇上特殊物料时无号可编，使电脑化的物料管理系统陷于瘫痪。

（4）完整性原则

在物料编号时，所有的物料都应有对应的物料编号，新物料的产生也应赋予新的料号，不能遗漏。

（5）对应性原则

一个物料编号只能代表一项物料，不能一个物料编号代表数个物料，或数个物料编号代表一个物料，即物料编号应具备唯一性，一一对应。

（6）一致性原则

物料编号要统一，分类要具规律性。所采用的方法、尺寸、性质要一直使用下去，中途不要更改，避免造成混乱。

（7）有序性原则

物料编号应有顺序，以便可以从物料编号查询某项物料的资料，物料编号有组织性和顺序性，可为物料管理增加不少的顺利和方便。

（8）伸缩性原则

物料编号要考虑到未来新产品新材料发展扩充的情况，要预留一定的余地，新材料的产生也应有对应的唯一的料号，否则新物料就无料号可用了。

（9）适应机器性原则

电脑的应用对于物料管理起了非常方便的作用，现代的公司大部分使用了电脑网络化的物料管理系统，如MRPⅡ/ERP等。因此物料编号应适应电脑的需要，在电脑系统上查询方便、输入方便、检索方便等。

(10) 易记性原则

在字符选用上,物料编号最好采用一些通常用的、方便记忆的、富有某一特定意义的数字或数字组合或符号,这样便于记录。

3. 物料编号的方法

货品编号大致可分为下列7种方法。

(1) 数字顺序编号法

将物料进行分类,按一定的规律先后排列,然后从1号起依顺序编排流水号。如:以1代表原料类;以2代表五金类;以3代表电子类;以4代表包装材料类……

(2) 数字分段编号法

该方法是前一方法的改变,即把数字分段,每一段代表一类货品的共同特性,见表4-1。

表4-1　数字分段编号法

类别	塑胶类	五金类	电子类	包材类	化工类	其他类
分配号码	01—15	16—30	31—45	46—60	61—75	76—90

(3) 分组编号法

这种编号法把货品的特性分成4个数字组,见表4-2。

表4-2　分组编号法

	货品的类型	形　状	材质/成分	大　小	意　义
编号	06				饮料
	易拉罐		4		
			061		乌龙茶
				092	350c. c.

(4) 实际意义编号法

在编号时,用部分或全部编号代表货品的重量、尺寸、距离或其他特性。根据编号即能了解货品的内容,见表4-3。

表4-3　实际意义编号法

编号	意义
TT670 15 B1	TT 表示管状(Tube Type)
	670 15 表示 670×15 mm,是尺寸大小
	B 表示产品是黑色(Black)
	1 表示第一生产线

(5) 后数位编号法

用编号最后的数字,对同类货品作进一步的细分,见表4-4。

表 4-4　后数位编号法

编　号	货　品
520	饮　料
530	食　品
531	休闲食品
531.1	箱装休闲食品
531.11	洋芋片
531.12	鱿鱼丝

(6) 暗示编号法

该方法是指用数字与文字的组合来编号，编号本身暗示货品的内容，这种方法的优点是容易记忆，见表 4-5。

编号：BY010 RB01

表 4-5　暗示编号法

材料名称	大小	颜色与型式	制造商
BY	010	RB	01

BY——脚踏车(Bicycle)；010——10；
R——红色(Red)；
B——小孩型(Boys)；
01——制造商名称。

(7) 混合编号法

该方法是指联合使用英文字母与阿拉伯数字来做货品编号，而多以英文字母代表货品之类别和名称，其后再用十进位或其他方式编阿拉伯数字号码。

二、货位分配

根据仓库内货位的分配原则和货物的属性特征，为其安排合理的存放位置。合理的分配和使用货位可以减少货物搬运的成本，降低货物在存储过程及搬运过程中的损耗，从而降低物流业务本身的成本，提高收益。这也是仓储企业工作的重点。

1. 货位安排应遵循的原则

货位选择是最实际的保管业务，也是仓储管理人员必须掌握的、最基本的保管业务知识。

(1) 确保商品安全：货位的安排，首先要符合安全的原则。

(2) 方便吞吐发运：货位的安排，应符合方便吞吐的原则，即要方便货物的进出库，尽可能缩短收、发货作业时间。因此，在近厂近储、近运近储的要求下，还应兼顾以下 3 个方面：发货方式，操作条件，吞吐快慢。

(3) 力求节约仓容：货位的安排，还要符合节约的原则，以最小的仓容储存最大限量的货物。

除了上述方法之外，在货位的安排和具体使用时，还可根据仓储货物具有吞吐快慢不一的规律，针对操作难易不一的特点，把热销和久储、操作困难和省力的货物，搭配在同一货区储存，这样，不仅能充分发挥仓容使用的效能，而且还能克服各个储存区域之间忙闲不均的现象。

2. 货位安排的方式

货位安排的方式可分为人工安排货位、计算机辅助安排及计算机全自动安排货位3种方式。

(1) 人工安排货位

人工安排货位,就是由仓储管理人员凭借其知识和经验,依据仓库使用情况报表,为准备储存的货物安排合适的储位。这一方式要求仓储管理人员必须熟记储位分配原则,并且灵活运用。将货物存放在指定的储位上后,要及时更新储位信息。每完成一个储位分配的内容后,就必须把这个储位内容准确记录在表格中。同样,货物因补货或拣货从储位移出后也必须登录消除。这一方式工作效率和准确度不是很高。人工安排货位的作业流程如图4-2所示。

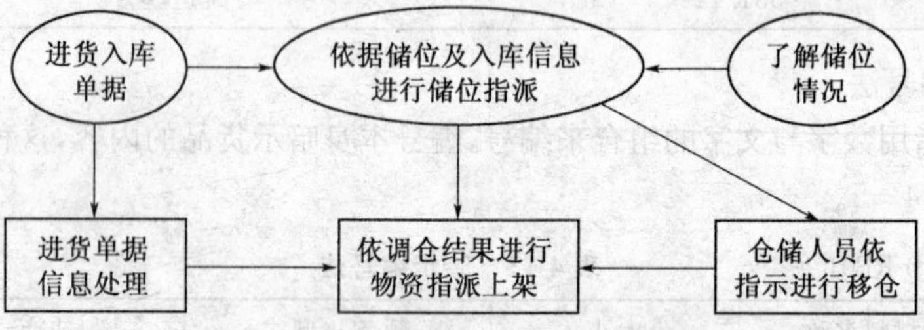

图4-2 人工安排货位的作业流程图

(2) 计算机辅助安排货位

计算机辅助安排货位,就是利用自动读取或辨识设备来读取资料,通过无线电或网络,再配合储位监控或储位管理软件来控制储位分配,这两种方式由于其中的资料输入/输出(I/O)均由条码扫描读取机扫入,故错误率低,均为实时控制。资料录入后,通过无线电或网络把信息传回。其中储位移动位置用软件明确指定,不会有人为主观影响,因此,在执行上效率高于人工分配方式。但由于还是由人工下达储位分配指示,所以仍需调仓作业。计算机辅助安排货位的作业流程如图4-3所示。

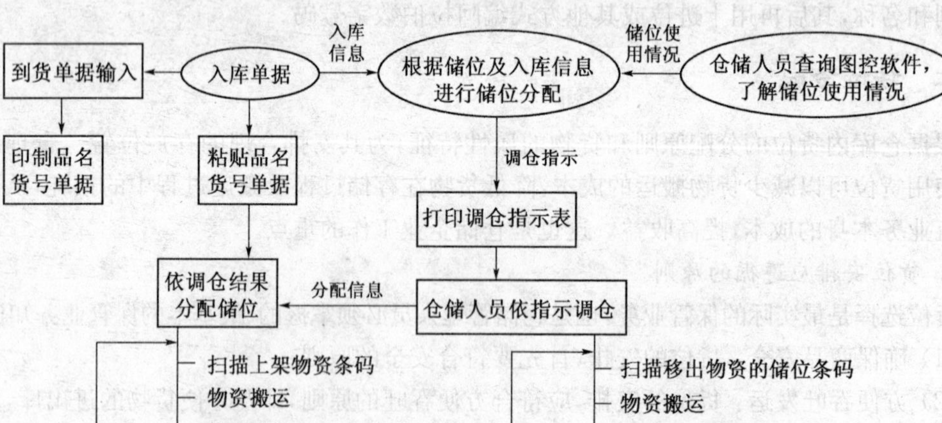

图4-3 计算机辅助安排货位的作业流程图

(3) 计算机全自动安排货位

计算机全自动安排货位，就是利用一些图形监控及储位管理软件，经收集在库储位信息及其他入库指示后，再经计算机运算来下达储位分配指示。由计算机自动下达储位分配指示，任何时段都可以保持储位处于合理分配中，所以不需调仓。计算机全自动安排货位的作业流程如图 4－4 所示。

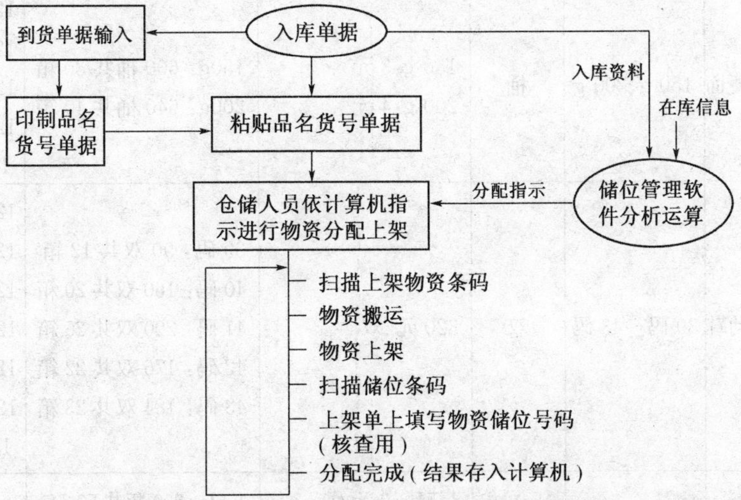

图 4－4 计算机全自动安排货位的作业流程图

技能训练 4－1：办理入库手续

【训练目标】

通过训练，使学生能办理货物入库手续。

【训练准备】

(1) 了解训练目的。

(2) 将学生分成若干组，各组选出一个组长，组内分工合作完成任务。

(3) 掌握入库流程。

【训练任务及内容】

南京宁储仓储有限公司为南京东升商贸有限公司存储了一批货物(见表 4－6)，假定这批货物已通过验收，入库的各项工作已完成，请为该笔存储业务办理入库手续(填写相关表单与账页，为这笔存储业务建立保管档案)。

表 4－6 南京东升商贸有限公司存储货物一览表

序号	品 名	规格/型号	单 位	单 价	数 量	货 位
1	红豆牌男西服	M、L、XL	套	800 元/套	M：80 套共 8 箱 L：120 套共 12 箱 XL：100 套共 10 箱	1211/6—12116/6 1211/7—12114/7

序号	品　名	规格/型号	单　位	单　价	数　量	货　位
2	意林牌女衬衫	S、M、L、XL	套	600元/套	M：130套共13箱 L：150套共15箱 XL：120套共12箱	1211/2—12116/2 1211/3—12116/3 1211/4—1214/4
3	康师傅方便面	150 g、200 g	桶	150 g:3元 200 g:4元	150g：600桶共30箱 200g：640桶共40箱	1221/1—12216/1 1221/2—12216/2 1221/3—12216/3 1221/4—12216/4 1221/5—1226/5
4	阿迪男运动鞋	39码～43码	双	820元/双	39码：90双共12箱 40码：160双共20箱 41码：200双共25箱 42码：176双共22箱 43码：184双共23箱	1231/1—12316/1 1231/2—12316/2 1231/3—12316/3 1231/4—12316/4 1231/5—12316/5 1231/6—12316/6 1231/7—1236/7
5	果粒橙	1.5L、2L	瓶	1.5L：3元/瓶 2L：4元/瓶	1.5L：300瓶共50箱 2L：360瓶共60箱	111饮1
6	百事可乐	1.5L、2L	瓶	1.5L：4元/瓶 2L：5元/瓶	1.5L：240瓶共40箱 2L：300瓶共50箱	111饮4
7	熊猫液晶彩色电视机	36寸、42寸	台	36寸：3850元/台 42寸：4560元/台	36寸：60台 42寸：100台	112家电5
8	福临门色拉油	1.5L、5L	桶	1.5L：16元/桶 5L：48元/桶	1.5L：100桶 5L：200桶	111油6

【提交成果】

每组提交一份报告，报告包括如下内容：

(1) 入库的各项表单与账页。

(2) 建成的档案。

技能训练4-2：入库接运与验收

【训练目标】

通过训练，使学生能进行入库接运及验收工作，会填制相关表单。

【训练准备】

(1) 了解训练目的。

(2) 将学生分成若干组，各组选出一个组长，组内分工合作完成任务。

(3) 掌握各种入库接运方式和验收内容。

【训练任务及内容】

南京苏佳仓储有限公司接到南京栖霞医疗器械有限公司的一笔储存业务，该公司计划在2013年9月10日将一批货物存储在苏佳公司，货物详细情况如表4-7所示，假设客户储存货物中有少部分外包装箱受了潮，某种货物开箱检查时发现少了几个(具体多少只外包装受潮、哪几种货物少了、少了多少，由学生自由设定)，请完成该笔业务的入库接运与验收工作，并填写有关表单。

建议采用角色扮演法完成，角色可分为车站货运部工作人员、提货员、送货员、接收员、验收员、收货员、账务员等，储存货物可用空纸箱代替，扮演前要设计好台词。

表4-7 南京栖霞医疗器械有限公司存储货物一览表

序号	品 名	数量	重 量	包 装	生产日期
1	一次性使用输液器	30箱	20.5 kg/箱	1只/袋，10袋/盒，20盒/纸箱 纸箱尺寸：$(80\times55\times40)cm^3$	2013.8.23
2	一次性无菌医用口罩	25箱	4kg/箱	1只/袋，60只/纸箱 纸箱尺寸：$(55\times35\times30)cm^3$	2013.8.29
3	一次性使用无菌注射器	30箱	15 kg/箱	1只/袋，60只/纸箱 纸箱尺寸：$(50\times35\times30)cm^3$	2013.8.20
4	高频电刀	30箱	25 kg/箱	1只/盒，30只/箱 纸箱尺寸：$(48\times36\times40)cm^3$	2013.8.29
5	制氧机	20台	65 kg/箱	1台/箱 纸箱尺寸：$(150\times775\times60)cm^3$	2013.8.20
6	血压仪	25箱	6 kg/箱	1只/盒，40只/箱 纸箱尺寸：$(50\times35\times30)cm^3$	2013.8.24
7	血糖仪	30箱	12 kg/箱	1只/盒，10盒/箱 纸箱尺寸：$(50\times35\times30)cm^3$	2013.8.18
8	无菌导尿包	15箱	7 kg/箱	1只/包，36包/箱 纸箱尺寸：$(55\times35\times30)cm^3$	2013.8.16

【提交成果】

每组以角色扮演的形式完成此次任务，最后提交各项表单。

模块五

货物在库管理

学习目标

1. 知识目标

了解堆码、苫垫、养护、盘点的基本要求，熟悉在不同的条件下如何采用正确的方法进行养护和保管，掌握物品堆码、苫垫的作业方法。

2. 技能目标

能够运用堆码、苫垫方法进行作业；会进行在库物品的盘点，能够正确使用仓储设施设备对物品进行保管。

3. 素质目标

培养学生具有团队合作的职业素养，能够与相关工作人员协作，有负责的工作态度；培养学生具有一般的管理素质。

任务一　堆码

堆码是指将物品整齐成货垛的作业。根据物品的包装、形状、性质、重量等特点，结合地面负荷、仓库层高、储存时间、货物承重等因素，将物品堆码成不同形状的货垛。合理的堆码，不仅便于库存物品的管理，还能确保其安全性，不发生变质、变形等异常情况。

一、堆码的要求

1. 对商品的要求

在堆码操作之前，必须彻底查清商品的数量、质量，确保包装完好。

2. 对场地的要求

货垛可以根据需要，放置在库内，也可以放置于货棚或露天场地。但不同堆垛场地应达到的储存要求各有区别。

库内堆垛的，货垛应该在墙基线和柱基线以外，垛底需要垫高。

货棚内堆垛的，货棚需要防止雨雪渗透，货棚内的两侧或者四周必须有排水沟或管道，货棚内的地坪应该高于货棚外的地面，最好铺垫沙石并夯实。堆垛时要垫垛，一般应该垫高30—40 cm。

露天堆垛的，堆垛场地应该坚实、平坦、干燥、无积水以及杂草，场地必须高于四周地面，垛底还应该垫高 40 cm，四周必须排水畅通。

3. 堆码作业的要求

(1) 合理。垛形必须适合商品的性能特点，不同品种、型号、规格、牌号、等级、批次、产地、单价的商品，均应该分开堆垛，以便合理保管。货垛形式要适应货物的性质，有利于货物的保管，能充分利用仓容和空间；货垛间距应符合作业要求以及防火安全要求，并要合理地确定堆垛之间的距离和走道宽度，便于装卸、搬运和检查，主要通道约为 2.5—4 m；大不压小，重不压轻，缓不压急，确保货物质量和货物的“先进先出”。

(2) 牢固。货物堆放稳定结实，货垛牢固，不偏不斜，必要时采用衬垫物将其固定。

(3) 定量。每行每层的数量力求成整数，便于货物的清点。一般采用固定的长度和宽度，且为整数，如 50 袋成行，每层货量相同或成固定比例递减，能做到过目知数。

(4) 整齐。货垛堆放整齐，垛形、垛高、垛距标准化和统一化，货垛上每件货物都排放整齐、垛边横竖成列，垛不压线；货物外包装的标记和标志一律朝垛外。

(5) 节约。尽可能堆高，避免少量货物占用一个货位，以节约仓容，提高仓库利用率；妥善组织安排，做到一次作业到位，避免重复搬动，节约劳动消耗；合理使用苫垫材料，避免浪费。

(6) 方便。选用的垛形、尺度、堆垛方法，应便于堆垛作业、搬运装卸作业，提高作业效率；垛形方便理数、查验货物，便于通风、苫盖等保管作业。

二、堆码前的准备工作

堆码前的准备工作主要有：

(1) 按进货的数量、体积、重量和形状，计算货垛的占地面积、垛高以及计划好垛形。

(2) 做好机械、人力、材料准备。垛底应该打扫干净，放上必备的垫墩、垫木等垫垛材料，如果需要密封货垛，还需要准备密封货垛的材料等。

三、货物堆码原则与货垛设计

1. 货物堆码的原则

(1) 面向通道进行保管。

(2) 尽可能地向高处码放，提高保管效率。

(3) 重下轻上原则。

(4) 根据出库频率选定位置。

(5) 同一品种在同一地方保管。

(6) 便于识别原则。

(7) 便于点数原则。

(8) 依据形状安排保管方法。

2. 货垛的“五距”

货垛的“五距”指的是垛距、墙距、柱距、顶距和灯距。堆垛货垛时，不能依墙、靠柱、碰顶、贴灯；不能紧挨旁边的货垛，必须留有一定的间距。无论采用哪一种垛型，库房内必须留出相应的走道，方便商品的进出和消防用途。

(1) 顶距：平顶库房顶距为 50 cm 以上，人字形屋顶以不超过横梁为准。

(2) 灯距：库内照明灯要求安装防爆灯，灯头与商品的平行距离不少于 50 cm。

(3) 墙距：外墙距 50 cm，内墙距 30 cm。

(4) 柱距：一般留 10—20 cm 的柱距。

(5) 垛距：垛距通常不小于 10 cm。

3. 货垛的设计

1) 垛基

(1) 将整垛货物的重量均匀地传递给地坪。

(2) 保证良好的防潮和通风。

(3) 保证垛基上存放的物品不发生变形。

2) 垛形

它是指货垛的横截面图形，见图 5-1。

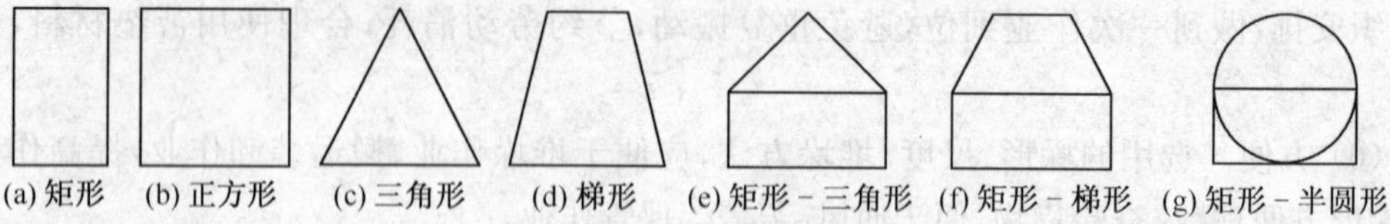

图 5-1　垛形图

3) 货垛参数

货垛参数是指货垛的长、宽、高，即货垛的外形尺寸。

四、货物堆码的基本方法

物品堆码存放的基本方法

1. 散堆法

该法的示意见图 5-2。

图 5-2　散堆法示意图

2. 堆垛法

(1) 重叠式堆码

该堆码的示图见图 5－3。

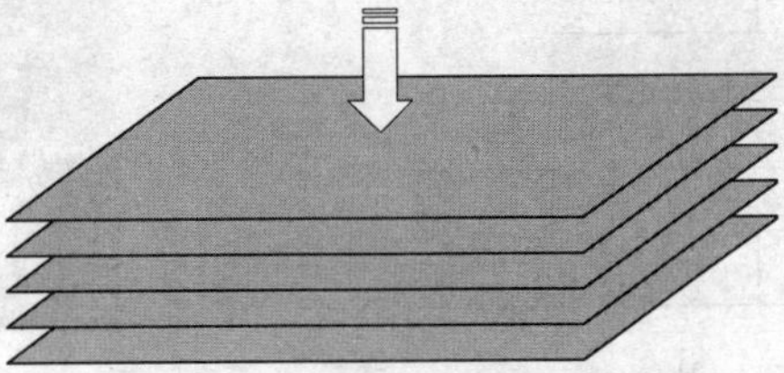

图 5－3 重叠式堆码示意图

（2）纵横交错式堆码。

该堆码的示图见图 5－4。

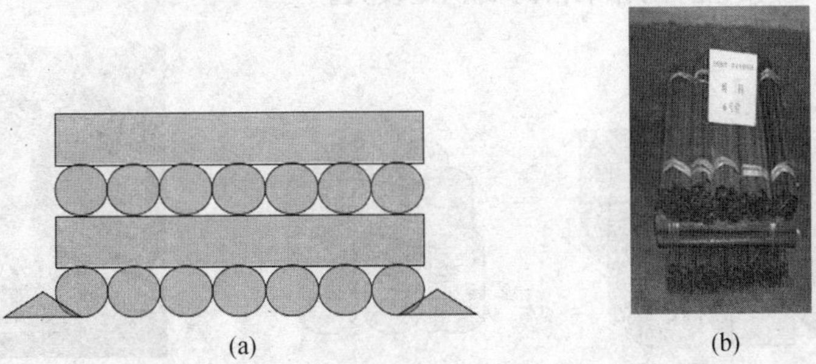

图 5－4 纵横交错式堆码示意图

（3）仰伏相间式堆码

该方法是指对上下两面有大小差别或凹凸的物品，如槽钢、钢轨等，将物品仰放一层，在反一面伏放一层，仰伏相向相扣的堆码，见图 5－5。

图 5－5 仰伏相间式堆码示意图

（4）压缝式堆码

压缝式堆码是指将底层并排摆放，上层放在下层的两件货物之间，见图 5－6。如果每层货物都不改变方向，则形成梯形形状；如果每层都改变方向，则形成类似于纵横交错式的形状。这种方法垛堆比较稳固，不易倒塌，但每层堆码的数量不一致，不易计数，比较适用于圆筒形、圆管形的货物。

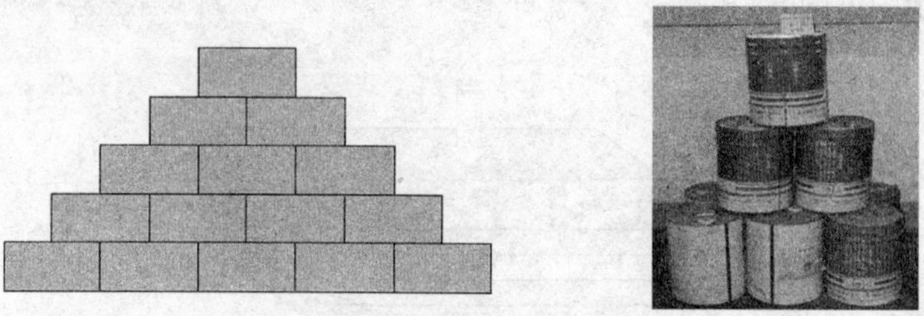

(a)　　　　　　　　　　　　　　(b)

图 5-6　压缝式堆码示意图

(5) 通风式堆码

通风式堆码是在货物堆码时，每件相邻的货物之间都留有空隙，以便通风，见图 5-7。这种方式有利于通风散热，但垛堆占的面积比较大。

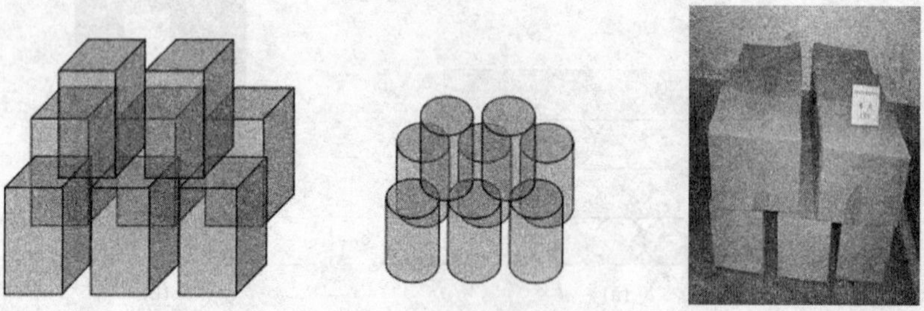

(a)　　　　　　(b)　　　　　　(c)

图 5-7　通风式堆码示意图

(6) 栽柱式堆码

栽柱式堆码是指码放货物前在货垛两侧栽上木桩或者钢棒，然后将货物平码在桩与桩之间，几层后用铁丝将相对两边的桩拴链，再往上摆放货物。这种方法适用于棒材、管材等长条形货物，如图 5-8。

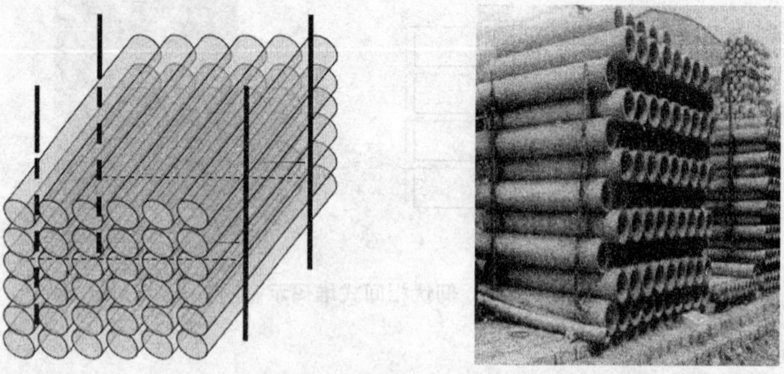

(a)　　　　　　　　　　　　　　(b)

图 5-8　栽柱式堆码示意图

(7) 衬垫式堆码

这种方式指的是码垛时，隔层或隔几层铺放衬垫物，衬垫物平整牢靠后，再往上码，见图 5-9。

图 5-9 衬垫式堆码示意图

(8) 鱼鳞式堆码

鱼鳞式堆码是将环形货物半卧，其一小半压在另一件货物上依次排列，见图 5-10。第一件和最后一件直立堆成柱形，码第二层时的方法与第一层相同，但排列方向相反。此法对轮胎、钢圈、电缆等非常适用。

图 5-10 鱼鳞式堆码示意图

3. 托盘上存放物品

(1) 硬质直方体物品在托盘上存放物品如图 5-11 所示。

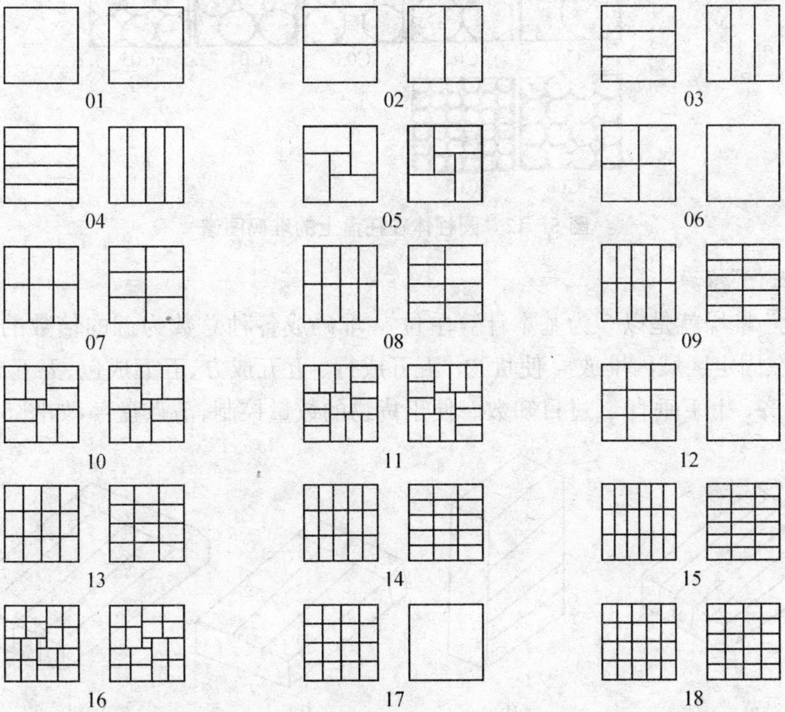

图 5-11 硬质直方体在 1 140 mm×1 140 mm 托盘上的堆码图谱

(2) 圆柱体物品在不同尺寸托盘上堆码如图 5-12 所示。

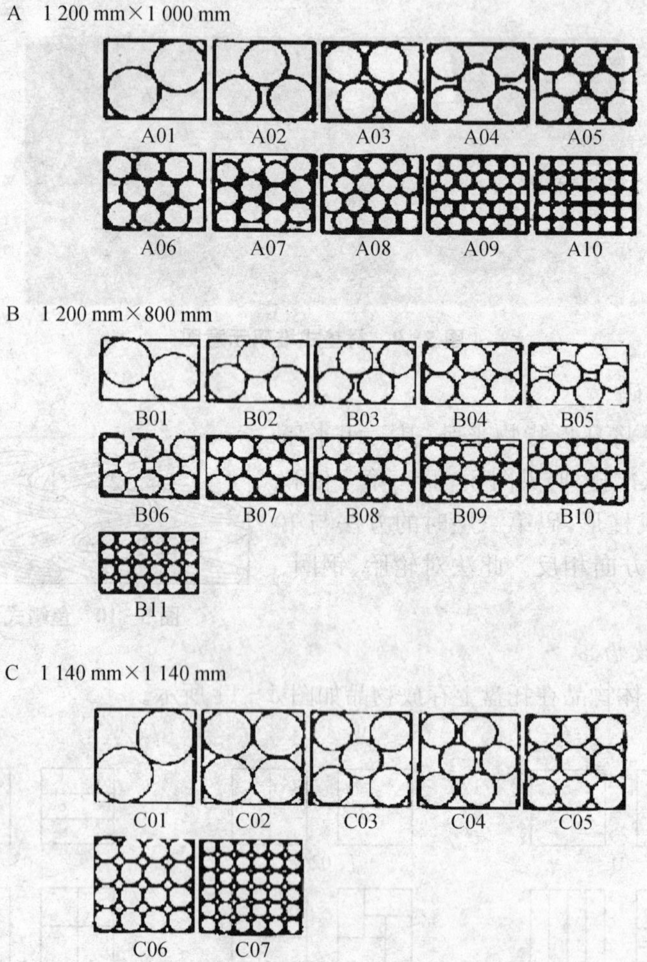

图 5－12 圆柱体在托盘上的堆码图谱

4．“五五化”堆垛

“五五化”堆垛就是以 5 为基本计算单位，堆码成各种总数为五的倍数的货垛，以 5 或 5 的倍数在固定区域内堆放，使货物“五五成行、五五成方、五五成包、五五成堆、五五成层”，堆放整齐，上下垂直，过目知数。便于货物的数量控制、清点盘存，如图 5－13 所示。

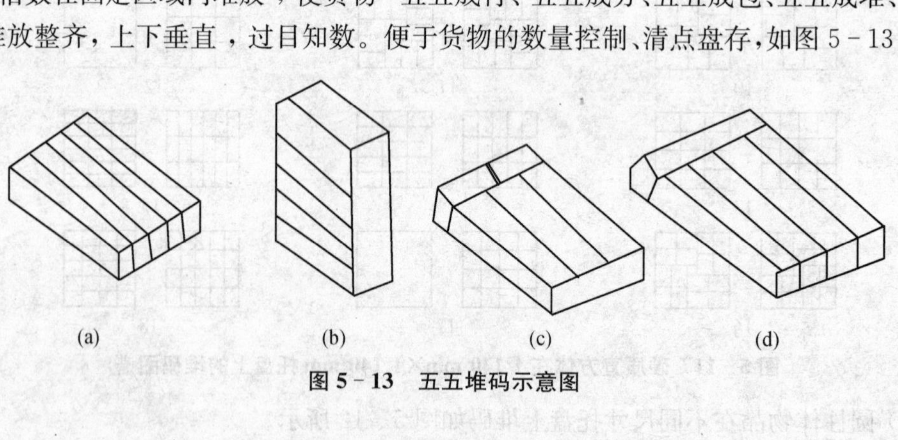

图 5－13 五五堆码示意图

五、垛型

垛型是指货物在库场码放的立体形状。

1. 平台垛

平台垛是先在底层以同一个方向平铺摆放一层货物，然后垂直继续向上堆积，每层货物的件数、方向相同，垛顶呈平面，垛形呈长方体，见图 5-14。

平台垛具有整齐，便于清点，占地面积小，堆垛作业方便的优点。但该垛型的稳定性较差，特别是小包装、硬包装的货物有货垛端头倒塌的危险，所以在必要时（如太高、长期堆存、端头位于主要通道等）要在两端采取稳定的加固措施。

图 5-14　仓库物品平台垛储存示图

标准平台垛的货物件数为：

$$A=LBh$$

其中 A 为总件数；L 为长度方向件数；B 为宽度方向件数；h 为层数。

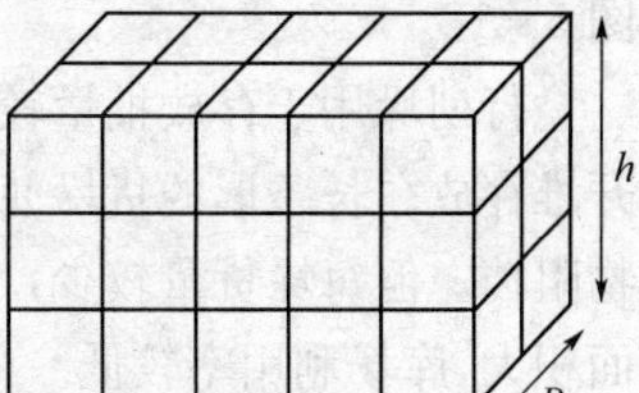

图 5-15　平台垛示意图

【例】　现仓库存储 5 000 箱商品，每箱尺寸为 50 cm×50 cm×20 cm，限高 10 层，某货位长 10 m，需多宽？多高的货位？

解：10/0.5=20（箱）

5 000=20×B×10

B=25（箱）

25×0.5=12.5 m

0.2×10=2 m

则此货位长为 10 m，宽为 12.5 m，高 2 m 的货位。

2. 起脊垛

起脊垛先按平台垛的方法码垛到一定的高度，以卡缝的方式逐层收小，将顶部收尖成屋脊形。起脊垛用于堆场场地堆货的主要垛型，货垛表面的防雨遮盖从中间起向下倾斜，便于雨水排泄，防止水湿货物。有些仓库由于陈旧或建筑简陋有漏水现象，仓内的怕水货物也采用起脊垛堆垛并遮盖。

起脊垛的货物件数为：

$$A=LBh+\text{起脊件数}$$

其中 A 为总件数；L 为长度方向件数；B 为宽度方向件数；h 为未起脊层数。

3．立体梯形垛

立体梯形垛是在最底层以同一方向排放货物的基础上，向上逐层同方向减数压缝堆码，垛顶呈平面，整个货垛呈下大上小的立体梯形形状，见图 5－16。立体梯形垛用于包装松软的袋装货物和上层面非平面而无法垂直叠码的货物的堆码，如横放的桶装、卷形、捆包货物。立体梯形垛极为稳固，可以堆放得较高，仓容利用率较高。

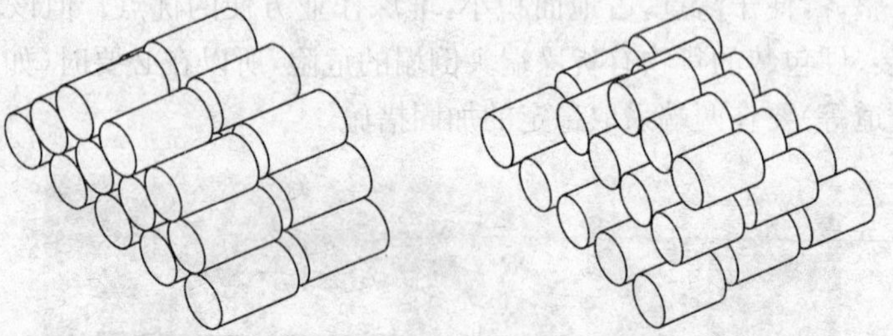

(a)　　(b)

图 5－16　立体梯形堆放图

依据图 5－17 可计算出每层两侧面（长度方向）收半件（压缝）的立体梯形垛件数：

$$A=\frac{(2L-h+1)hB}{2}$$

其中，A 为总件数；L 为长度方向件数；B 为宽度方向件数；h 为层数。

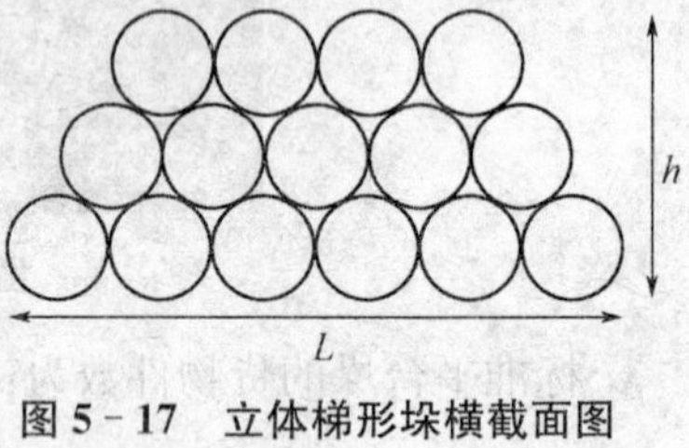

图 5－17　立体梯形垛横截面图

4．行列垛

行列垛是将每票货物按件排成行或列排放，每行或列一层或数层高。垛形呈长条形，见图 5－18。

行列垛用于存放批量较小货物的库场码垛使用，如零担货物。为了避免混货，每批独立开堆存放。长条形的货垛使每个货垛的端头都延伸到通道边，可以直接作业而不受其他货物阻挡。但每垛货量较少，垛与垛之间都需留空，垛基小而不能堆高，使得行列垛占用库场面积大，库场利用率较低。

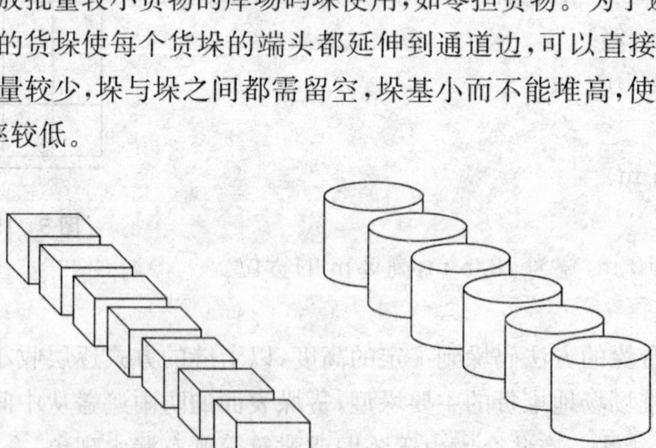

(a)　　(b)

图 5－18　行列垛示意图

5. 井型垛

井型垛可用于长形的钢材、钢管及木方的堆码，见图 5－19。它是在以一个方向铺放一层货物后，再以垂直的方向铺放第二层货物，货物横竖隔层交错逐层堆放。垛顶呈平面。井型垛垛型稳固，但层边货物容易滚落，需要捆绑或者收紧。井型垛的作业较为不便，需要不断改变作业方向。

井型垛货量计算：

$$A=\frac{(L+B)h}{2}$$

其中 A 为总件数；L 为纵向方向件数；B 为横向方向件数；h 为层数。

(a)　　(b)

图 5－19　井型垛示意图

6. 梅花型垛

对于需要立直存放的大桶装货物，将第一排(列)货物排成单排(列)，第二排(列)的每件靠在第一排(列)的两件之间卡位，第三排(列)同第一排(列)一样，尔后每排(列)依次卡缝排放，形成梅花型垛，如图 5－20 所示。梅花型垛货物摆放紧凑，充分利用了货件之间的空隙，节约库场面积。

对于能够多层堆码的桶装货物，在堆放第二层以上时，将每件货物压放在下层的 3 件货物之间，四边各收半件，形成立体梅花型垛。

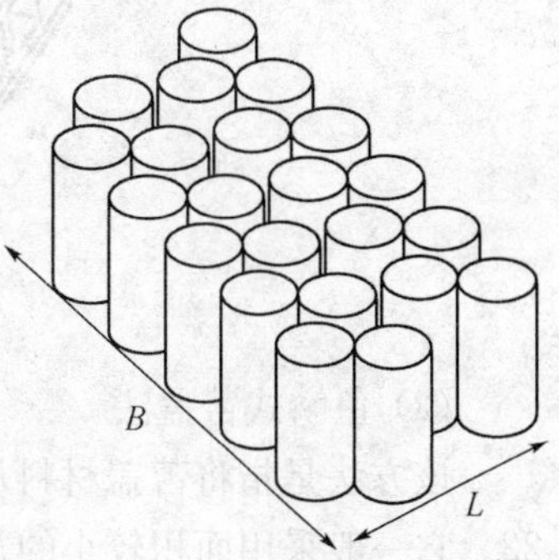

图 5－20　梅花型垛示意图

单层梅花型货垛货量计算：

$$A=\frac{(2B-1)L}{2}$$

其中 A 为总件数，L 为长度方向件数；B 为宽度方向件数。

任务二　苫　垫

“苫”是指在货垛上加上遮盖物，“垫”指在商品垛底加衬垫物。许多商品在堆垛时都需要苫垫，即把货垛垫高。露天货物还需进行苫盖，只有这样才能使商品避免受潮、淋雨、暴晒等，保证储存养护商品的质量。

一、苫盖

苫盖是指采用专用苫盖材料对货垛进行遮盖。在露天货场存放的商品，一般应苫盖，以防止商品直接受雨、露、雪、风、沙及阳光的侵蚀。

常用的苫盖材料有：帆布、芦席、竹席、塑料膜（布）、油毡纸、铁皮铁瓦、玻璃钢瓦、塑料瓦等。

1. 苫盖的基本要求

(1) 选择合适的苫盖材料。

(2) 苫盖牢固：苫盖的接口要有一定深度的互相叠盖，不能迎风叠口或留空隙，苫盖必须拉挺、平整，不得有折叠和凹陷，防止积水。

(3) 苫盖的底部与垫垛齐平，不腾空或拖地，并牢固地绑扎在垫垛外侧或地面的绳桩上，衬垫材料不露出垛外，以防雨水顺延渗入垛内。

(4) 使用旧的苫盖物或在雨水丰沛季节，垛顶或者风口需要加层苫盖，确保雨淋不透。

2. 苫盖方法

(1) 屋脊式苫盖法

该方法是指将苫盖物直接覆盖在货垛上的苫盖法，形成屋脊形货垛，见图 5－21。

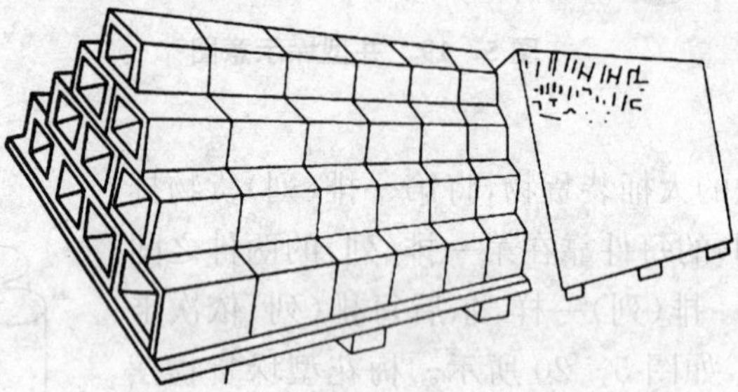

图 5－21　屋脊式苫盖法示意图

(2) 鱼鳞式苫盖法

该方法是指将苫盖材料从货垛的底部开始，自下而上呈鱼鳞式逐层交叠围盖，见图 5－22。它一般采用面积较小的瓦、席等材料苫盖。鱼鳞式苫盖法则具有较好的通风条件，但每件苫盖材料都需要固定，操作比较繁琐复杂。

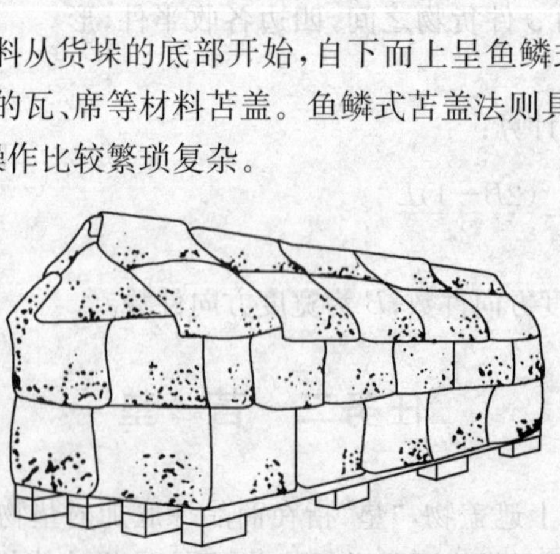

图 5－22　鱼鳞式苫盖法示意图

(3) 隔离式苫盖法

该方法是指将苫盖物覆盖在预先制作的三脚架上，使苫盖物与货物保持一定空隙，见图5-23。这种方法主要适用于怕热、怕潮货物。操作时，货垛与苫盖物之间可用席片、竹片隔离。

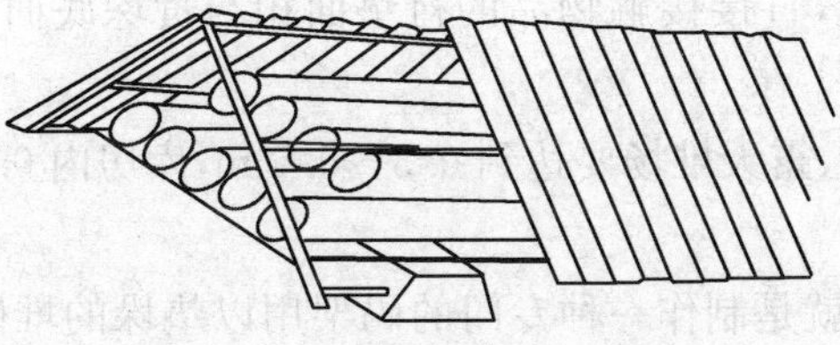

图5-23　隔离式苫盖法示意图

(4) 活动棚苫盖法

该方法是指将苫盖物料制作成一定形状的棚架，在物品堆垛完毕后，移动棚架到货垛加以遮盖；或者采用即时安装活动棚架的方式苫盖，见图5-24。此法较为快捷，具有良好的通风条件，但活动棚本身需要占用仓库空间，也需要较高的购置成本。

图5-24　活动棚苫盖法示意图

二、垫垛

垫垛是商品在堆垛前，按垛形的大小和负重，在预定的货位地面位置，使用衬垫材料进行铺垫。常见的衬垫物有：枕木、水泥墩或石墩、废钢轨、货架板、木板、钢板、防潮纸等。

由于垫垛是一项重复而又繁重的劳动，所以现在正在逐步推行固定式的垛基，如用水泥预制件代替枕木，可以不移动地重复使用，节省劳动力，提高作业效率。

1. 垫垛的目的

(1) 使地面平整。

(2) 使堆垛物品与地面隔开，防止地面潮气和积水浸湿物品。

(3) 通过强度较大的衬垫物使重物的压力分散，避免损害地坪。

(4) 使地面杂物、尘土与物品隔开。

(5) 形成垛底通风层，有利于货垛通风排湿。

(6) 使物品的泄漏物留存在衬垫之内,防止流动扩散,以便于收集和处理。

2. 垫垛的基本要求

(1) 所使用的衬垫物与拟存物品不会发生不良影响,并具有足够的抗压强度。

(2) 地面要平整坚实、衬垫物要摆放平整,并保持同一方向。

(3) 衬垫物间距适当,直接接触物品的衬垫面积与货垛底面积相同,衬垫物不伸出货垛外。

(4) 要有足够的高度,露天堆场要达到 0.3—0.5 m,库房内 0.2 m 即可。

3. 垫垛的方法

(1) 码架式垫垛法:就是制作一种专门的码架用以垫垛的堆码方式。码架式垫垛方法既可以隔潮,又可以通风,见图 5-25。

(a)

(b)

图 5-25 码架式垫垛法

(2) 垫木式垫垛法:就是利用枕木、垫石等物料作为垛垫进行垫垛的堆码方式,见图 5-26。垫垛的材料可以根据企业实际情况灵活选择。

(a)

(b)

图 5-26 垫木式垫垛法

(3) 防潮纸式垫垛法:防潮纸式垫垛是在垛底铺防潮纸作为垛垫。防潮纸式垛垫适用于地面干燥的库房,且储存的商品对通风要求又不高。

任务三 养护

商品养护是指商品在储存过程中,采取科学手段对商品进行保养和维护,防止和延缓货物质量变化的行为。从广义上说,商品从离开生产领域而未进入消费领域之前这段时间的保养与维护工作,都称为商品养护。

一、商品养护的目的

(1) 研究商品在储存过程中受内外因素的影响,质量发生变化的规律。

(2) 研究安全储存商品的科学养护方法,以保证商品的质量,避免和减少商品损失。

二、商品养护的任务

(1) 建立健全必要的规章制度。
(2) 加强商品的入库验收。
(3) 适当安排储存场所。
(4) 有效地苫垫堆码。
(5) 加强仓库温湿度的管理。
(6) 搞好环境卫生。
(7) 做好在库商品的检验工作。

三、影响库存商品质量变化的因素

1. 影响商品质量变化的内因

商品在储存期间发生各种变化,起决定作用的是商品本身的内在因素。如化学成分、结构形态、物理化学性质、机械及工艺性质等。

2. 影响商品质量变化的外因

影响库存商品变化的外界因素很多,从大的方面可分为自然因素和社会因素两大类。这里主要介绍自然因素。

(1) 温度

温度是指空气的冷热程度,又称气温。仓库温度的控制既要注意库房内外的温度,也要注意储存物资本身的温度。空气中的热量主要来自于太阳的热量。因为空气的导热性很小,所以只有接近地面的气层温度较高;通过冷热空气的对流,使整个大气层的温度发生变化。一般地说,距地面越近气温越高,距地面越远气温越低。

(2) 湿度

空气湿度指空气中水蒸气含量的多少,通常以绝对湿度、饱和湿度和相对湿度来表示。绝对湿度是指单位体积空气中,实际所含水蒸气的重量,即每立方米的空气中,含多少克的水汽量。

饱和湿度指在一定气压、气温的条件下,单位体积空气中所能含有的最大水蒸气重量。其单位与绝对湿度的单位相同。空气中的水蒸气超过饱和湿度时,剩余的水蒸气即凝成水珠附在冷物体上,这种现象称为“水淞”。饱和湿度随温度升高而增加,因为气温高,空气中能够容纳的水蒸气量就多,故饱和湿度就大。

相对湿度指空气中实际含有水蒸气量与当时温度下饱和水蒸气量的百分比,即绝对湿度与饱和湿度的百分比,它表示在一定温度下,空气中的水蒸气距离该温度时的饱和水蒸气量的程度。相对湿度愈大,说明空气越潮湿,反之,则越干燥。在仓库温湿度管理中,检查库房的湿度大小,主要是观测相对湿度的大小。

绝对湿度、饱和湿度和相对湿度三者的关系，可用下式表示：

$$相对湿度=(绝对湿度/饱和湿度)\times 100\%$$

在温度不变的情况下，空气绝对湿度愈大，相对湿度愈高；绝对湿度愈小，相对湿度愈低。在空气中水蒸气含量不变的情况下，温度愈高，相对湿度愈小；温度愈低，相对湿度愈高。

在绝对湿度和气压不变的情况下，若气温降低，空气中容纳不了原气温时所含的水蒸气量，使空气中的水蒸气达到饱和状态，此时的温度称为露点。必须指出在气压一定时，露点的高低只与空气中的水蒸气含量有关，水蒸气含量越多露点也越高。当含有水蒸气的热空气进入库房，遇到冷的物体，使冷物体周围的湿空气温度降到露点，则空气中的水蒸气就会凝结在冷物体表面，这对商品保管是不利的。

(3) 日光

日光实际上是太阳辐射的电磁波，按其波长，可分为紫外线、可见光和红外线。紫外线能量最强，对商品的影响最大，它可促使高分子材料老化、油脂酸败、着色物质褪色等。可见光与红外线能量较弱，它被物质吸收后变为热能，加速商品发生物理化学变化。

(4) 大气

大气是由干洁空气、水汽、固体杂质组成的。空气中的氧、二氧化碳、二氧化硫等，对商品都会产生不良影响，大气中的水汽会使湿度增大；大气中的固体杂质、特别是其中的烟尘危害也很大。

(5) 生物及微生物

影响商品变化的生物，主要是指仓库害虫、白蚁、老鼠、鸟类等，其中以虫蚀鼠咬危害最大。微生物主要是指霉菌、木腐菌、酵母菌、细菌等，如霉菌会使很多有机物质发霉，木腐菌使木材、木制品腐朽。

四、商品养护的措施

1. 仓库的温湿度控制方法

影响仓储商品质量变化的环境因素有很多，其中最重要的是仓储的温湿度。商品在仓库储存过程中的各种变质现象，几乎都与空气温湿度有密切关系，仓储商品保管的中心环节就是控制好仓库的温湿度。由于商品的性质不同，其所适应的温湿度也不同。仓库温湿度的变化对储存商品的质量安全影响很大，而仓库温湿度往往又受自然气候变化的影响，这就需要仓库管理人员正确地控制和调节仓库温湿度，以确保储存商品的安全。控制温湿度最常用的方法有密封、通风和吸湿。

1) 仓库温湿度的测定

测定空气温湿度通常使用干湿球温度表。在库外设置干湿表，为避免阳光、雨水、灰尘的侵袭，应将干湿表放在百叶箱内。百叶箱中温度表的球部离地面高度为 2 m，百叶箱的门应朝北安放，以防观察时受阳光直接照射。箱内应保持清洁，不放杂物，以免造成空气不流通。在库内，干湿表应安置在空气流通、不受阳光照射的地方，不要挂在墙上，挂置高度与人眼平，约 1.5 m 处。每日必须定时对库内的温湿度进行观测记录，一般在上午 8—10 h，下午 2—4 h 各观测 1 次。记录资料要妥善保存，定期分析，摸出规律，以便掌握商品保管的主动权。

2) 空气温湿度变化对商品质量产生的影响

大多数商品都含有水分，它们对温湿度的适应性是有一定限度的，如果长期超过或低于这个限度，商品质量就会发生变化。因此我们必须首先研究商品中的水分与空气温湿度的相互关系，并应用这些关系，做好商品养护工作，维护商品质量的安全。

(1) 商品的吸湿性

吸湿性指商品吸着和放出水分的性质，它与商品养护有着密切关系。商品吸湿性的大小以及吸湿速度的快慢，都直接影响该商品含水量的增减，对商品质量的影响极大。

商品从空气中吸收水分，叫做吸湿；水分从商品体内向空间散发，叫做散湿。具有吸湿性能的商品，叫做吸湿性商品。商品吸湿性的大小，集中体现在吸湿点的高低。当空气相对湿度高于商品的吸湿点时，商品便开始吸湿；低于吸湿点时，商品便开始散湿。不同商品，在同一温度下，吸湿点也不一样。吸湿点愈低的商品，吸湿性愈强，愈易吸湿；同一商品，在不同温度下，吸湿点也不相同。一般地说，温度愈高，吸湿点愈低；反之，吸湿点愈高。商品的吸湿点，是安全保管易吸湿商品的重要依据。只要储存环境的温湿度条件不超过商品的吸湿点，商品就不会因吸湿而发生变化，这对防止商品变质损失，具有重要的意义。

(2) 商品的安全水分

商品的安全水分是指吸湿性商品可以安全储存的最高含水量(也叫临界含水量)。商品在储存保管期间的含水量是有一定幅度要求的，如果超过了安全水分，就会影响商品质量。因此，在商品养护工作中，应该掌握各种商品的安全水分，要经常注意商品本身的实际含水量是否超过了这个安全界限。如果发现问题，就应采取措施，以保证商品质量的安全。

商品的安全水分，通常是指商品含水量的最高界限。如果超过这个界限，商品就不能保证安全。但是，在实际工作中，有些商品，由于含水量过低，也会引起质量变化，如干缩、脆裂、风化、变形等。因此，商品的安全水分，还应该有一个最低临界限，当商品中的水分降低到最低临界限以下时，也不能保证商品的安全。不同商品的安全水分不同，这是由各种商品的不同性质所决定的，而每种商品的安全水分，也是随着气温的变化而变化。气温高，安全水分就低；气温低，安全水分就高。

(3) 商品的安全相对湿度与安全温度

吸湿性商品的含水量是随着空气温、湿度的变化而变化。商品在储存中，为了保证其质量的安全，都要求空气温湿度条件与之相适应，使商品的含水量不超过临界水分。

为了保证商品含水量在安全临界之内，就要控制储存环境的空气相对湿度在一定范围内，这个范围就是商品的安全相对湿度。各种商品的安全相对湿度，不是固定不变的，而是随着温度的变化而变化。在空气相对湿度高于商品安全相对湿度时，并不意味着商品会立即变质，但可以说已经超过了安全储存界限。长时间的持续，则容易引起商品质量的变化。所以库存管理中要控制相对湿度在安全范围之内。

商品在保管中为了其质量安全，对储存环境所要求的温度界限，就是商品的安全温度，有最高界限与最低界限之分。但对一般商品只要求最高温度界限，而对于怕冻商品要求最低温度界限。商品的安全温度是指空气温度，它是从仓储工作实践摸索出来的一个温度范围的数据。在实际养护中，要掌握物品的安全温度，就要综合考虑商品及其包装等各方面因素，以此来加以确定。

3）温湿度控制的方法

（1）密封

密封是利用一些不透气、能隔热隔潮的材料，把商品严密地封闭起来，以隔绝空气，降低或减少空气温湿度变化对商品的影响。此方法常与通风、吸潮结合运用。

密封前要检查商品含水量、温度、湿度，选择绝热防潮材料（沥青纸、塑料薄膜、芦席等），确定密封时间，封后加强管理。

① 密封的形式

a. 整库密封：对储存量大，出入库动态不大的商品宜于采取整库密封。即将门窗缝隙用毡条或棉布条堵严，留做出入的门应加装隔潮门，门上要挂棉门帘。若密封库有易霉、怕虫蛀的商品，可在库内定期用药剂进行杀菌消毒，以防霉菌虫害孳生。

b. 按垛密封：对于一些怕潮易霉或易干裂的商品，可以用防潮效果好的材料，将货垛上下四周围起，进行整垛密封，以减少气候变化时对商品的影响。

c. 货架/柜/橱密封：对出入库频繁，零星而又怕潮易霉、易干裂、易生虫、易锈蚀的商品，可以采用货架密封法。在储存时可在货架内放一容器，内装硅胶或氯化钙等吸湿剂，以保持架内干燥；若要防虫，还应在货架内放入适量的驱虫剂。

d. 按件/箱密封：主要是将商品的包装严密地进行封闭，一般适应于数量少、体积小的易霉、易锈蚀商品；多数易潮、生霉、溶化、生锈的商品，都适宜先用塑料袋按件包装，加热封口，或放在包装箱、包装桶或包装袋内。总之，要根据商品养护的需要，结合气候情况与储存条件，因地制宜，就地取材，灵活运用。

② 密封储存时应注意的事项

a. 检查。密封前要检查商品质量、温度和含水量是否正常，如发现生霉、生虫、发热、水淞等现象就不能进行密封。发现商品含水量超过安全范围及包装材料过潮，也不宜密封。

b. 时间。密封的时间要根据商品的性能和气候情况来决定。怕潮、怕溶化、怕霉的商品，应选择在相对湿度较低的时节进行密封。

c. 材料。密封材料，常用的有塑料薄膜、防潮纸、油毡纸、芦席等。密封材料必须干燥清洁、无异味。选用何种材料应根据商品的性质和密封的目的，合理选择。

（2）通风

就是利用库内外空气温度不同而形成的气压差使库内外空气对流，达到调节库内温湿度的目的。通风既能起到降温、降潮和升温的作用，又可排除库内的污浊空气，使库内空气适宜于储存商品的要求。

空气是从压力大的地方向压力小的地方流动，气压差越大，空气流动就越快。通风就是利用库内外空气温度不同而形成的气压差，使库内外空气形成对流，以达到调节库内温湿度的目的。当库内外温度差距越大时，空气流动就越快；若库外有风，借风的压力更能加速库内外空气的对流，但风力亦不能过大（风力超过 5 级灰尘较多）。正确地进行通风，不仅可以调节与改善库内的温湿度，还能及时地散发商品及包装的多余水分。

① 通风的形式

按通风的目的不同，可分为利用通风降温、增温和利用通风散潮两种：

a. 通风降温、增温：主要指对空气湿度要求不高，而对温度要求比较严格的一些怕热商品，如玻璃瓶或铁桶装的易挥发的化工原料、化学试剂和医药等的液体商品。这类商品在气温高的季节，只要库外温度低于库内时，就可以通风。对于一些怕冻商品，在冬季，只要库外温度高于库内也可以进行通风，以提高库内温度。

b. 通风散湿：是指对易霉腐、溶化、锈蚀等的库存商品的通风。利用通风散潮，来降低库内的相对湿度，首先应该对比库内外绝对湿度的高低，然后再考虑气温与相对湿度的高低。在分析研究比较复杂的库内外温湿度变化情况下，决定是否通风：

a. 当库外空气的相对湿度和绝对湿度都低于库内时，可以通风。

b. 当库外温度和绝对湿度都低于库内，而相对湿度稍高时，也可以通风。

c. 库内外温度接近，库外相对湿度比库内低，或库内外的相对湿度接近而库外温度较库内低时，都可以通风。因为在这两种情况下，库外的绝对湿度都比库内低。

② 通风的方法：通风有自然通风和机械通风两种。

a. 自然通风。开启库房门窗和通风口，让库房内外空气自然交换。当库外无风时，气流的自然交换，主要靠库内外温差而产生的气压差进行的，需要开启上部和下部的通风口、门窗，进行空气的自然交换；当库外有风时，库内外空气的交换主要靠风的压力，此时应关闭库房迎风面上部出气口，开启背风面上部出气口。

b. 机械通风。利用通风机械，如排气扇等产生的退压力或吸引力，使库内外空气形成压力差，从而强迫库内外空气发生流动和置换，有的还在进风处安装空气过滤设备，以提高空气的洁净程度和降低空气的湿度或温度。

(3) 吸湿

吸湿是利用物理或化学的方法，将库内潮湿的空气中的部分水汽除去，以降低空气湿度。在梅雨季节或阴雨天，当库内湿度过高，不适宜商品保管，而库外湿度也过大，不适宜进行通风、散潮时，可以在密封库内用吸潮的办法降低库内湿度。

吸潮剂的种类很多，常用的有生石灰、氯化钙、硅胶，除了以上几种吸潮剂外，还可以因地制宜，就地取材，如使用木炭、炉灰和干谷壳等进行吸潮。

近年仓库普遍使用空气去湿机吸潮，利用机械吸潮的方法来降低空气的相对湿度。去湿机的工作原理是室内潮湿空气经过滤器(吸尘泡沫塑料或金属网)到蒸发器，由于蒸发器的表面温度低于空气露点温度，空气中的水分就会凝结成水滴，流入接水盘，经水管排出，使空气中的含水量降低；被冷却的干燥空气，经加热后，使其相对湿度降低，再由离心机送入室内，室内空气相对湿度便不断地下降，当达到所要求的相对湿度时，即可停机。空气去湿机吸潮，在温度 27 ℃，相对湿度为 70%时，一般 1 h 可吸水 3—4 kg。使用空气去湿机吸潮，不仅效率高，降湿快，而且体积小，重量轻，不污染商品。

2. 防霉防腐措施

商品的霉腐是由于霉腐微生物在商品上进行新陈代谢作用，将商品中的营养物质转变成各种代谢物，引起商品生霉、腐烂、产生异味等质量变化的现象。对商品影响较大的霉腐微生物主要有：细菌、霉菌、酵母菌。

1) 商品霉腐的条件

(1) 物料受到霉腐微生物污染。

(2) 物料中含有可供霉腐微生物利用的营养成分(如有机物构成的商品)。

(3) 物料处在适合霉腐微生物生长繁殖的环境条件下。

2) 霉腐微生物的生长条件

(1) 水分和空气湿度

多数霉菌生长的最低相对湿度为80%—90%。在相对湿度低于75%的条件下,多数霉菌不能正常发育。

(2) 温度

微生物分成3个类型:低温性(嗜冷性)微生物,中温性(嗜温性)微生物,高温性(嗜热性)微生物。霉腐微生物中大部分是中温性微生物,其最适宜的生长温度为20—30 ℃,在10℃摄氏度以下不易生长,在45℃摄氏度以上停止生长。

(3) 光线

日光中的紫外线能强烈破坏微生物细胞和酶。多数霉腐微生物日光直射4 h就能大部分死亡。

(4) 空气成分

好氧性微生物,如多数霉菌;厌氧微生物,如乳酸菌等;需氧类型微生物,如绝大多数霉腐微生物。

3) 预防商品霉腐的方法

商品的霉腐的防治工作,必须贯彻“以防为主,防治结合”的方针;必须根据微生物的生理特点,采取最适宜的措施进行防治。

(1) 化学药剂防霉腐

化学药剂防霉腐主要是使用防霉防腐化学药剂。防霉防腐化学药剂的基本原理是使微生物菌体蛋白凝固、沉淀、变性;或是用防霉防腐剂与菌体酶系统结合,使酶失去活性,影响菌体的呼吸或代谢;或降低菌体表面张力,改变细胞膜的通透性,使霉腐微生物发生细胞破裂或溶解。

① 这种方法的特点是:

a. 具有高效、低毒、使用简便、价廉、易购等特点。

b. 不影响商品的性能和质量,对金属无腐蚀作用。

c. 无色、无臭、挥发性低、无腐蚀性等。

d. 较好的稳定性、耐热性与持久性。

② 在使用化学药剂防霉腐时可采取下列方法:

a. 可将防霉剂溶成溶液,喷洒或涂布在产品表面。

b. 将产品浸泡在一定浓度的防霉腐溶液中。

c. 可在生产包装材料时添加防霉剂,再用这种防霉包装材料包装产品,或者直接将一定比例的防霉腐药剂直接加到制品中去。

常用的防霉剂有:百菌清、多菌灵、灭菌丹、菌霉净、苯甲酸及其钠盐、山梨酸及其钾盐等。苯甲酸及其钠盐、山梨酸及其钾盐是国家标准规定的食品防腐剂;托布津对水果、蔬菜有明显的防腐保鲜作用;水杨酰苯胺及五氯酚钠等对各类日用工业品及纺织品、服装鞋帽等有防腐的作用。

(2) 气相防霉腐

气相防霉腐是通过药剂挥发出来的气体渗透到商品中，杀死霉菌或抑制其生长和繁殖的方法，以达到商品防霉腐的目的。而且，由于气相防霉腐是气相分子直接作用于商品上，对其外观和质量不会产生不良影响。

气相防霉腐剂包括多聚甲醛和环氧乙烷等。多聚甲醛防霉腐剂通过其发出的气体使菌体蛋白质凝固，从而杀死或抑制霉腐微生物。但是，多聚甲醛升华出来的甲醛气体在高温高湿条件下可能与空气中的水蒸气结合形成甲酸，对金属有腐蚀作用，因此有金属附件的商品不可以使用。

(3) 气调防霉腐

气调防霉腐是根据好氧性微生物需氧代谢的特性，通过调节密封环境(如气调库、商品包装等)中气体的组成成分，降低氧气浓度，抑制霉腐微生物的生理活动、酶的活性和鲜活食品的呼吸强度，达到防霉腐和保鲜目的的一种方法。

当空气中二氧化碳浓度为10%—14%时，对霉菌有抑制作用，若浓度超过40%时，即可杀死多数霉菌。

① 靠生鲜活食品本身的呼吸作用释放的二氧化碳来降低塑料膜罩内的氧气含量，从而起到气调作用，叫自发气调。

② 将塑料薄膜罩内的空气抽至一定的真空度或者充入一定气体(主要是二氧化碳和氮)的气调方法，叫机械气调；

③ 采用脱氧剂来使包装内氧的浓度下降的方法，叫化学降氧。

(4) 低温防霉腐

低温防霉腐是通过控制商品本身的温度，使其低于霉腐微生物生长繁殖的最低界限，控制酶的活性。它一方面抑制了生物性商品的呼吸氧化过程，使其自身分解受阻，一旦温度恢复，仍可保持其原有的品质；另一方面抑制霉腐微生物的代谢与生长繁殖来达到防霉腐的目的。

含水量大的商品，尤其是生鲜食品，如鲜肉、鲜鱼、水果和蔬菜等，多利用低温抑制霉腐微生物繁殖和酶的活性，以达到防霉腐的目的。一般情况下，温度越低、持续时间越长，霉腐微生物的死亡率就越高。按温度的高低和时间的长短不同可将冷藏分为冷却和冷冻两种。

冷却储藏(又称冷藏)：储藏温度一般在食品冰点以上。由于引起食品变质的嗜温性微生物，处于10 ℃以下的低温就难以繁殖，所以，温度为10—0 ℃。

冷冻储藏(又称冻藏)：它是先将食品在低于冰冻点以下冻结，然后在高于冻结温度的低温条件下储藏的方法。食品冷冻温度和冷冻速度，对于冷冻食品的质量关系极大。通常有缓冻和速冻两种方法。

(5) 干燥(低湿)防霉腐

干燥防霉腐是通过各种措施降低商品的含水量，使其水分含量在安全储运标准之下，从而抑制霉腐微生物的生命活动。干燥可使微生物细胞蛋白质变性并使盐类浓度增高，从而抑制微生物生长或促使其死亡。

干燥防霉腐有自然干燥法和人工干燥法两种。自然干燥法是利用自然界的能量，如日晒、风吹等方法使商品干燥。该法经济方便，广泛用于干果、干菜、水产海味干制品和某些粉类制品。人工干燥法是在人工控制环境的条件下对商品进行脱水干燥，比较常用的方法有热风干燥、喷雾干燥、真空干燥、冷冻干燥及红外线和微波干燥等。

(6) 电离辐射防霉腐

能量通过空间传递称为辐射。射线使被照射的物质产生电离作用，称为电离辐射。电离辐射的直接作用是当辐射线通过微生物时能使微生物内部成分分解而引起诱变或死亡。

电离辐射一般是利用放射性同位素放出的 α、β、γ 射线，它们都能使微生物细胞结构与代谢的某些环节受损。α 射线在照射时被空气吸收，几乎不能到达目的物上。β 射线穿透力弱，只限于物体表面杀菌。γ 射线穿透作用强，可用于食品内部杀菌。射线可杀菌杀虫，照射不会引起物体升温，故可称其为冷杀菌。但有的食品经照射后品质可能变劣或得以改善。

(7) 微波辐射防霉腐

微波是指频率为 300—300 000 MHz 的高频电磁波。含水和脂肪成分多的物体易吸收微波的能量，然后将其能量转变为热能。微波的杀菌机理是：微生物在高频电磁场的作用下，吸收微波能量后，一方面转变为热量而杀菌；另一方面，菌体的水分和脂肪等物质受到微波的作用后，它们的分子间发生振动摩擦，从而使细胞内部受损并产生热能，促使菌体死亡。微波产生的热能在内部，所以热能利用率高，加热时间短，加热均匀。

(8) 远红外线辐射防霉腐

远红外线是频率高于 300 000 MHz 的电磁波，其作用与微波相似。远红外线的杀菌机理主要是其光辐射和产生的高温使菌体迅速脱水干燥而死亡。

(9) 紫外线辐射防霉腐

紫外线也是一种射线，有杀菌作用，是日光杀菌的主要因素。紫外线的波长范围为 100—400 nm，其中，波长为 200—300 nm 的紫外线具有杀菌作用，尤以 265—266 nm 的杀菌力最强。紫外线穿透力很弱，所以只能杀死商品表面的霉腐微生物。此外，含有脂肪或蛋白质的食品经紫外线照射后会产生臭味或变色，不宜用紫外线照射杀菌。

(10) 高频电场脉冲防霉腐

高频电场的杀菌机理是含水分高的商品和微生物能"吸收"高频电能转变为热能而杀菌。只要商品和商品上的微生物有足够的水分，同时又有一定强度的高频电场，消毒瞬间即可完成。

3. 防虫害措施

商品在储存过程中，常常受到各种害虫的侵袭，不仅能蛀食、污染动植物性商品，有时还会危害塑料、化学纤维等高分子商品，直接威胁着商品的安全，甚至使商品完全失去使用价值。

仓库害虫大多数来源于农作物，其食性广泛，为多食性昆虫。仓库害虫的种类很多，世界上已定名的有 500 多种。在我国发现有近 200 种，在仓储部门已发现危害商品的就有 60 多种，严重危害商品的达 38 种。

虫害的防治工作首先是杜绝仓库害虫的来源，即要做好日常的清洁卫生，铲除库区周围的杂草，清除附近沟渠污水，同时辅以药剂进行空库消毒，在库房四周 1 m 范围用药剂喷洒防虫线，以有效杜绝害虫的来源。另外就是要做物理防治和化学防治。常见的害虫感染途径和预防方法如表 5 - 1 所示。

表 5-1 常见害虫感染途径及预防方法

感染途径	途径说明	预防方法
货物内潜伏	货物在入库前已有害虫潜伏其中,如农产品一般均含有害虫或虫卵,在加工的过程中,如果没有进行彻底的杀虫处理,成品中就会出现害虫	做好货物入库前的检疫工作,确保入库货物不携带害虫及虫卵
包装内隐藏	仓库包装物内有害虫,入库货物放入包装后,害虫即可以危害货物	对可重复利用的包装物进行定期消毒,杀死其中隐藏的害虫
运输工具感染	运输工具如果装运过带有害虫的货物,害虫就可能潜伏在运输工具中,进而感染其他商品	注意运输工具的消毒,运输时严格区分已感染货物与未感染货物
仓库内隐藏	害虫还可能潜藏在仓库建筑的缝隙以及仓库内的各种备用器具中,或者在仓库周围生长,并最终进入仓库	做好库房内、外环境的清洁工作,对库房内用具进行定期消毒,防止害虫滋生
邻垛之间相互感染	当某一货垛感染了害虫后,害虫有可能爬到邻近的货垛	对已经感染了害虫的货垛及时隔离,并对其相邻货垛进行严密监控

4. 防锈措施

金属制品锈蚀是指金属制品表面在环境介质的作用下,发生化学与电化学作用,从而发生质量的变化。按介质不同,分为大气腐蚀、土壤腐蚀、海水腐蚀、细菌腐蚀等。其中大气腐蚀最为普遍,因为金属制品无论在加工、运输和储存保管过程中,都与大气接触,时刻都有产生大气腐蚀的条件。金属制品生锈后,轻者影响外观质量,严重的则影响使用,甚至造成报废,所以金属制品在保管中,一定要妥善保管,注意防锈。

1) 防锈措施

防锈方法是针对金属锈蚀原因采取预防措施。既然金属锈蚀是因为潮湿、高温、氧气、二氧化硫、氯化物、尘埃等因素造成的,所以防锈就要避免或减缓这些因素所引起的金属锈蚀作用。

目前采用的防锈方法有:

(1) 在金属冶炼时加入某些元素,提高金属抵抗外部介质侵蚀的能力。

(2) 涂油防锈法(在金属表面涂刷一层油脂,使金属表面与空气和水隔绝),即对金属制品进行耐腐蚀表面处理,使之形成表面转化层或加制表面覆层。

(3) 气相防锈法(利用挥发性缓蚀剂,在常温下挥发出的缓蚀气体,阻隔腐蚀介质的腐蚀作用),即利用防锈剂、气相缓蚀剂、可剥塑料、密封等办法使金属表面与外界环境暂时隔离(属暂时性防锈方法),在金属制品使用时也可以顺利除去这些防锈材料。这种方法的防锈期可达几个月到几年,应用比较普遍。

(4) 控制环境法:① 选择适宜的保管场所。金属材料存放的场所,不论库内库外均应清洁干燥,远离产生有害气体和粉尘的工厂车间,不与酸、碱、盐类及气体、粉末等物质混杂存放,要分类立点,分批存放;不同种类的金属器材存放在同一地点时,需有明显的间隔距离,防止发生接触腐蚀。一般热轧钢材等可以存入货棚或加苫垫;所有铁合金、小型钢材、薄板、钢带、精密器材、金属制品及有色金属材料都应存放入库房内，有条件的可存放在专用专库。② 保持库房干燥。保证库房相对湿度在临界湿度以下，一般应将相对湿度控制在70%左右。管理好仓库的温湿度，随时掌握天气变化，避免台风、暴雨侵袭，利用通风办法降温、降潮。库内放置干燥剂也能起降潮作用。保持库房干燥是保障入库五金商品防止或减轻锈蚀的重要条件。③ 妥善的码垛、苫垫和密封。妥善的码垛和苫垫也是五金商品防潮、防损的环节之一。码垛要求做到合理、牢固、定量、整齐、节约仓位。密封使金属材料和外界空气隔离，以减少潮气对锈蚀的影响。被密封保存的金属材料，必须在密封前未受过潮，且质量是完好的。

2）除锈措施

（1）手工除锈，是指用简单的除锈工具，通过手工擦、刷、磨等操作，将金属商品上的锈斑、锈痕除去的一种方法，见表5－2。

表5－2　常见手工除锈方法

除锈工具	操作方法	除锈范围
钢丝刷	先用钢丝刷或铜丝刷打锈，再用废布将商品擦拭干净	各种铜管、水暖器材、铁板等
砂　布	用砂布直接擦拭，再蘸取去污粉、煤油擦拭，最后再用干抹布擦拭一次	各种小五金工具、配件及一般精密仪器。如钢珠、轴承、天平等
木　屑	把清洁干燥的木屑撒在板材上，然后用旧布盖住进行擦拭，最后将木屑扫净，并用干抹布再擦拭一次	钢板上的轻、中度锈蚀

（2）机械除锈，是通过专用机械设备进行除锈的一种方法 。最大特点是：除锈速度快，效果好，除锈成本低，在除锈的同时，还能消除表面的毛刺、杂物，对表面有一定的美化作用。可控制性高。特别针对大型钢板，钢筋，钢材，钢结构除锈。用机械除锈，一般有抛光法、钢丝轮除锈法和喷射法3种。抛光法是用软质的棉布、帆布等制成抛光轮，利用电机带动，在高速旋转下将锈除去。钢丝轮除锈法是用金属制成的轮刷，在电动机的带动下，高速旋转去锈。喷射法是将砂粒等强力喷射到金属表面，借其冲击与摩擦的作用将锈去除。

（3）化学除锈，是利用能够溶解锈蚀物的化学品，除去金属制品表面上锈迹的方法。它具有操作方便、设备简单、效率高、效果好等优点，特别适用于形状复杂的商品。

5．仓库安全管理措施

仓库安全管理主要包括治安保卫管理、作业安全管理、防台风防汛管理、防雷防震防静电、消防安全管理等方面的内容。

1）仓库治安保卫管理

仓库的治安保卫工作主要有防火、防盗、防破坏、防抢、防骗、员工人身安全保护、保密等工作。

2）仓库安全作业

（1）人力安全操作基本要求

① 人力操作仅限制在轻负荷的作业。

② 尽可能采用人力机械作业。

③ 只在适合作业的安全环境进行作业。作业人员按要求穿戴相应的安全防护用具，使用合适的作业工具进行作业。

④ 合理安排工间休息。

⑤ 必须有专人在现场指挥和安全指导，严格按照安全规范进行作业指挥。

（2）机械安全作业要求

① 使用合适的机械、设备进行作业。

② 所使用的设备具有良好的工况。

③ 设备作业要有专人进行指挥。

④ 汽车装卸时，注意保持安全间距。

⑤ 载货移动设备上不得载人运行。

⑥ 移动吊车必须在停放稳定后方可作业。

（3）安全技术

① 装卸搬运机械的作业安全：要经常定期地对职工进行安全技术教育，从思想认识上提高其对安全技术的认识；组织职工不断学习普及仓储作业技术知识；各项安全操作规程是防止事故的有效方法。

② 仓库储备物资保管保养作业的安全：作业前要做好准备工作，检查所用工具是否完好；作业人员应根据危险特性的不同，穿戴相应的防护服装；作业时要轻吊稳放，防止撞击、摩擦和震动，不得饮食和吸烟；工作完毕后要根据危险品的性质和工作情况，及时洗手、洗脸、漱口或淋浴。

③ 仓库电器设备的安全：电器设备在使用过程中应有可熔保险器和自动开关；电动工具必须有良好的绝缘装置，使用前必须使用保护性接地；高压线经过的地方，必须有安全措施和警告标志；电工操作时，必须严格遵守安全操作规程；高大建筑物和危险品库房，要有避雷装置。

④ 仓库建筑物和其他设施的安全：对于装有起重行车的大型库房、储备化工材料和危险物品的库房，都要经常检查维护，各种建筑物都得有防火的安全设施，并按国家规定的建筑安全标准和防火间距严格执行。

3）防台风

我国所濒临的西北太平洋是热带气旋生成最多的地区，年平均约有 30 个，其中 7—10 月份最多，其他月份较少，因而我国将此段时间称为台风季节。台风有一部分在我国登陆，主要分布在 5—10 月份，12—4 月份基本上不在我国登陆。在我国登陆的地点主要集中在华南、华东地区，华北、东北极少。西北路径的台风经常在华东登陆后又回到东海，成为转向路径，这种台风的危害较大。一般台风在登陆后会迅速地转为热带低气压或者温带低气压，风力减弱，但是仍然还会随气流向内陆移动。

在华南、华东沿海地区的仓库，都会受到台风的危害。处在这些地区的仓库要高度重视防台工作，避免这种灾难性天气对仓储造成严重的危害。仓库应设置专门的防台办公室或专门人员，负责研究仓库的防台工作，制定防范工作计划，接收天气预报和台风警报，与当地气象部门保持联系，组织防台检查，管理相关文件，承担台汛期间防台联络组织工作。在台汛期间，建立通讯联络、物资供应、紧急抢救、机修、排水、堵漏、消防等临时专业小组。

对于台风，应做好以下几方面的预备措施：

(1) 积极防范

台风并不是年年都在一个地区登陆，防台工作是一项防患未然、有备无患的工作。企业要对员工，特别是领导干部进行防台宣传和教育，促使保持警惕、不能麻痹。

(2) 全员参与

台风可以造成仓库的损害不仅是仓储物质，还包括仓库建筑、设备、设施、场地、树木，以及物料备料、办公设施等一切财产和生命安全，还会造成环境污染危害。防台抗台工作是所有员工的工作，需要全员参与。

(3) 不断改善仓库条件

为了使防台抗台取得胜利，需要有较好的硬件设施和条件，提高仓库设施设备的抗风、防雨、排水防水浸的能力；减少使用简易建筑，及时拆除危房危建和及时维修加固老旧建筑、围墙；提高仓库、货场的排水能力，注意协调仓库外围避免对排水的阻碍；购置和妥善维修水泵等排水设备，备置堵水物料；牢固设置仓库、场地的绑扎固定绳桩。

4) 防汛

洪水和雨水虽然是一种自然现象，但时常会对货物的安全仓储带来不利影响。所以应认真做好仓库防汛工作。

(1) 建立组织

汛期到来之前，要成立临时性的短期工作机构，在仓库领导者的领导下，具体组织防汛工作。

(2) 积极防范

平时要加强宣传教育，提高职工对自然灾害的认识；在汛期职工轮流守库，职能机构定员驻库值班，领导现场坐镇，以便在必要时，统一指挥，积极组织抢救。

(3) 加强联系仓库防汛组织要主动争取上级主管部门的领导，并与气象电台联系了解汛情动态，预见汛情发展，克服盲目性，增强主动性。

除此之外，还要注意对陈旧的仓库改造排水设施，提高货位，新建仓库应考虑历年汛情的影响，使库场设施能抵御雨汛的影响。

5) 防雷

仓储企业应在每年雷雨季节来临之前，对防雷措施进行全面检查。主要应检查的项目有：

(1) 建筑物维修或改造后是否改变了防雷装置的保护情况。

(2) 有无因挖土方、铺设管线或种植树木而挖断接地装置。

(3) 各处明装导体有无开焊、锈蚀后截面过小而导致损坏折断等情况。

(4) 接闪器有无因接受雷击而熔化或折断。

(5) 避雷器磁套有无裂缝、碰伤、污染、烧伤等。

(6) 引下线距地 2 m 一段的绝缘保护处理有无破坏。

(7) 支持物是否牢固，有无歪斜、松动。

(8) 引下线与支持物的固定是否可靠。

(9) 断接卡子有无接触不良。

(10) 木结构接闪器支柱或支架有无腐蚀。

(11) 接地装置周围土壤有无塌陷。

(12) 测量全部接地装置的流散电流。

6) 防震

为搞好仓库防震,首先在仓库建筑上,要以储存物资的价值大小为依据,审视其建筑物的结构、质量状况,从保存物资的实际需要出发,合理使用物力财力,进行相应的加固。新建的仓库,特别是多层建筑,现代化立体仓库,更要结合当地地质结构类型,预见地震的可能性,在投资上予以考虑,做到有所准备。其次,在情报信息上,要密切注意毗邻地区及地震部门预测和预报资料。再次,在组织抢救上,要作充分的准备。当接到有关部门地震预报时,要建立必要的值班制度和相应的组织机构,当进入临震时,仓库领导要通盘考虑,全面安排,合理分工,各负其责,做好宣传教育工作,动员职工全力以赴,做好防震工作。

7) 防静电

爆炸物和油品应采取防静电措施。静电的安全应设懂有关技术的专人管理。并配备必要的检测仪器,发现问题及时采取措施。

所有防静电设施都应保持干净,防止化学腐蚀、油垢玷污和机械碰撞损坏。每年应对防静电设施进行1—2次的全面检查,测试应当在干燥的气候条件下进行。

8) 消防安全管理

凡有热和光一起放出的氧化反应,称为燃烧。燃烧是空气中的氧和可燃物质的一种强烈的化学反应,也就是可燃物的激烈氧化。在这种化学反应中,通常要发出光和火焰,并放出大量的热。燃烧三要素有具有可燃物质;具有助燃物质;具有着火源。

直接火源主要有3种:明火、电火花、雷击。

间接火源主要有两种:加热自燃起火、商品本身。

火灾发生后,除了造成人身伤亡外,还会给仓库建筑、储存的商品和周围的单位带来巨大损失。因此,为了加强仓库消防安全管理,保护仓库免受火灾危害,必须贯彻“预防为主、防消结合”的方针,实行谁主管谁负责的原则。

(1) 仓库火灾的成因

火源管理不善;易燃、易爆炸性物资由于保管方法不当,搬运装卸中的事故而引起火灾;仓库建筑及平面布局不合理;防火制度、措施不健全、思想麻痹大意。

(2) 仓库防火方法

控制可燃物;隔绝助燃物;消除着火源。

(3) 仓库消防设备及设置

用于仓库库场消防安全的设备主要有:消防水系统;消防设备和器材。

(4) 消防安全管理措施

火源管理措施:严格把关,严禁火种带入仓库;严格管理库区明火。

(5) 货物储存管理措施:安全选择货位,保留足够安全间距。

(6) 电器管理措施:防止因线路故障引起火灾,防止常用电器设备火灾。

(7) 建立健全防火组织和消防制度措施。

(8) 仓库灭火方法：隔离法；窒息法；冷却法。常用的灭火剂有水、泡沫、不燃气体和干粉等。

9) 仓库现场的5S管理

5S活动起源于日本，5S活动的对象是现场的环境。“5S”是指整理(SEIRI)、整顿(SEITON)、清扫(SEISO)、清洁(SEIKETSU)、素养(SHITSUKE)。

(1) 整理

整理是将工作现场内的物品进行分类，并把不要的物品坚决清理掉。

(2) 整顿

整顿是把有用的物品按规定分类摆好，并做好相应的标识，不要乱堆乱放，防止诸如“该找的东西找不到”等无序的状况发生。

(3) 清扫

清扫的意思很容易理解，就是把工作现场所有的地方以及工作时使用的工具、仪器、设备、材料等打扫干净，使工作现场干净、宽敞、明亮。

(4) 清洁

“清洁”主要是指维持和巩固整理、整顿和清扫的效果，保持生产现场任何时候都处于整齐、干净的状态。

(5) 素养

“素养”的活动是指培养人达到整洁有序、自觉执行工厂的规定和规则，养成良好的习惯。

任务四 盘 点

一、盘点的概念

在仓储作业过程中，商品处于不断地进库和出库，在作业过程中产生的误差经过一段时间的积累会使库存资料反映的数据与实际数量不相符。为了对库存商品的数量进行有效控制，并查清商品在库房中的质量状况，必须定期对各储存场所进行清点作业，这一过程我们称为盘点作业。

盘点的结果经常会出现较大的盈亏，因此，通过盘点可以查出作业和管理中存在的问题，并通过解决问题提高管理水平，减少损失。

二、盘点的目的

1. 查清实际库存数量

盘点可以查清实际库存数量，并通过盈亏调整使库存账面数量与实际库存数量一致。账面库存数量与实际存货数量不符的主要原因通常是收发作业中产生的误差，如记录库存数量时多记、误记、漏记；作业中导致的损失、遗失；验收与出货时清点有误；盘点时误盘、重盘、漏盘等。通过盘点清查实际库存数量与账面库存数量，发现问题并查明原因，及时调整。

2. 帮助企业计算资产损益

对货主企业来讲，库存商品总金额直接反映企业流动资产的使用情况，库存量过高，流动资金的正常运转将受到威胁。而库存金额又与库存量及其单价成正比,因此为了能准确地计算出企业实际损益,必须通过盘点。

3. 发现仓库管理中存在的问题

通过盘点查明盈亏的原因,发现作业与管理中存在的问题,并通过解决问题来改善作业流程和作业方式,提高人员素质和企业的管理水平。

三、盘点的作业内容

1. 查数量

通过点数计数查明在库物品的实际数量,核对库存账面资料与实际库存数量是否一致。

2. 查质量

检查在库物品质量有无变化,有无超过有效期和保质期,有无长期积压等现象,必要时还必须对其进行技术检验。

3. 查保管条件

检查保管条件是否与各种物品的保管要求相符合。如堆码是否合理稳固,库内温度是否符合要求,各类计量器具是否准确等。检查各项设备使用和养护是否合理;是否定期保养;储位、货架标志是否清楚明确,有无混乱;储位或货架是否充分利用;检查计量器具和工具,如皮尺、磅秤以及其他自动装置等是否准确,使用与保管是否合理,检查时要用标准件校验。

4. 查安全

检查各种安全措施和消防设备、器材是否符合安全要求,建筑物和设备是否处于安全状态。检查各种药剂是否有效;商品堆放是否安全,有无倾斜;货架头尾防撞杆有无损坏变形;检查建筑物是否损坏而影响商品储存;对于地震、水灾、台风等自然灾害有无紧急处理对策等。

四、盘点的程序

盘点作业的程序如图 5－27 所示。

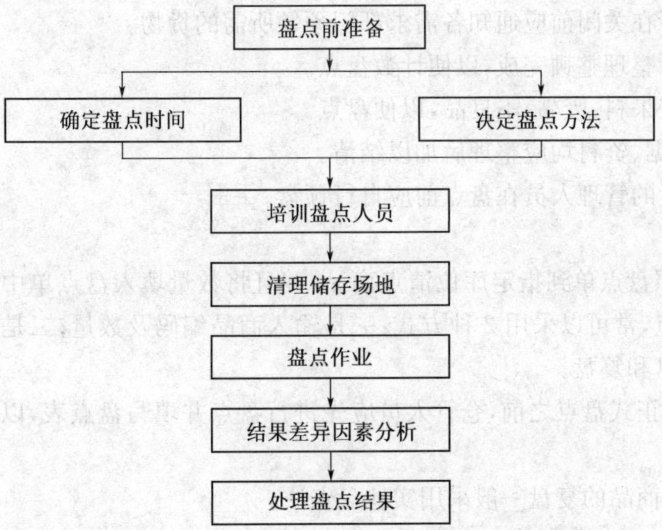

图 5－27 盘点作业流程图

通常情况下,盘点工作可按下列程序进行:

1. 盘点前的准备工作

盘点前的准备工作是否充分,关系到盘点作业能否顺利进行。准备工作主要包括:

(1) 确定盘点的程序和具体方法。

(2) 配合会计人员做好盘点准备。

(3) 设计、印制盘点用的各种表格。

(4) 准备盘点使用的基本器具。

2. 确定盘点时间

一般性货品就账物相符的目标而言盘点次数愈多愈好,但因每次实施盘点必须投入大量的人力、物力、财力,故也很难经常为之。一般而言,半年至一年实施一次盘点即可。但在仓储中心货物流动速度较快的情况下,我们既要防止过久盘点对公司造成的损失,又碍于可用资源的限制,因而最好能视仓储中心各货物的性质制定不同的盘点时间。

3. 确定盘点方法

不同的储存场所对盘点的要求不尽相同,盘点方法也会有所差异,为尽可能快速、准确地完成盘点作业,必须根据实际需要确定盘点的方法。

4. 培训盘点人员

盘点的结果如何取决于作业人员的认真程度和程序的合理性。为保证盘点作业顺利进行,必须对参与盘点的所有人员进行集中培训。培训的主要内容是盘点的方法及盘点作业的基本流程和要求。通过培训使盘点工作人员对盘点的基本要领、表格及单据的填写十分清楚。另外要针对复盘与监盘人员进行认识货品的训练。因为复盘和监盘人员对货品不太熟悉,故应加强货品的认识,以利于盘点工作的顺利进行。

5. 清理储存场所

(1) 在盘点前,对厂商交来的货物必须明确其所有数,如已验收完成,属本仓储公司的应及时整理归库,若尚未完成验收程序,同厂商应划分清楚,避免混淆。

(2) 储存场所在关闭前应通知各需求部门预领所需的货物。

(3) 储存场所整理整顿完成,以便计数盘点。

(4) 预先鉴定呆料、废品、不良品,以便盘点。

(5) 账卡、单据、资料均应整理后加以结清。

(6) 储存场所的管理人员在盘点前应自行预盘。

6. 盘点作业

盘点人员按照盘点单到指定库位清点商品,并且将数量填入盘点单中实盘数量处。使用盘点机进行盘点,常可以采用 2 种方式:一是输入商品编码及数量;二是逐个扫描商品条码。盘点分为初盘和复盘。

(1) 初盘:在正式盘点之前,仓管人员应先进行盘点并填写盘点表,以便于正式盘点的工作顺利进行。

(2) 复盘:对商品的复盘一般采用实地盘点法。

7. 盘点结果的分析与评价

1) 盘点分析的思路是:

(1) 通过盘点，实际库存量与账面库存量的差异有多大？

(2) 这些差异主要集中在哪些品种上？

(3) 这些差异对公司的损益造成多大影响？

(4) 平均每个品种的货物发生误差的次数情况如何？

(5) 当发现所得数据与账簿资料不符时，还应追查产生差异的原因是什么？

2) 盘点结果的评价指标

(1) 盘点数量误差

其计算公式为：

$$盘点数量误差=实际库存数-账面库存数$$

(2) 盘点数量误差率

其计算公式为：

$$盘点数量误差率=盘点数量误差\div 实际库存数$$

(3) 盘点品项误差率

其计算公式为：

$$盘点品项误差率=盘点误差品项数\div 盘点实际品项数$$

(4) 平均每件差品金额

其计算公式为：

$$平均每件差品金额=盘点误差金额\div 盘点误差量$$

(5) 盘点次数比率

其计算公式为：

$$盘点次数比率=盘点误差次数\div 盘点执行次数$$

(6) 平均每品项盘差次数率

其计算公式为：

$$平均每品项盘差次数率=盘差次数\div 盘差品项数$$

8. 盘点结果处理

盘点结果有 3 个：账实相符，或者盘盈，或者盘亏。

盘点通过盘点、分析和总结，应找出在管理流程、管理方式、作业程序、人员素质等方面需要改进的地方，进而改善货物管理的现状，降低货物损耗，提高经营管理水平。

【思考题】

某公司在南京宁德仓储有限公司储存了 6 342 件货物，现已在宁德仓储有限公司的仓库中存放了 60 天，宁德公司共进行 7 次盘点，每 12 天一次，由于货物特性，每次盘点需废弃已损货物，只对余货计数。已知每次盘点剩余量分别是：6 202、6 150、6 116、6 031、5 923、5 887、5 845 。

试分析其盘差率，并分析对该批货物的保管，宁德仓储有限公司存在哪些问题。

五、盘点的方法

1. 按照商品盘点的种类

商品盘点分为账面盘点及现货盘点两种。

(1) 账面盘点法是将每一种商品分别设立"存货账卡",然后将每一种商品的出入库数量及有关信息记录在账面上或电脑里,逐笔汇总出账面库存结余数,这样随时可以从电脑或账册上查悉商品的出入库信息及库存结余量。

(2) 现货盘点法是实际去库内查清数量,再依商品单价计算出实际库存金额的方法。

2. 商品盘点的方法

(1) 动态盘点法(又叫永续盘点)是指对有动态变化的商品即发生过收、发的商品,即时核对该批商品的余额是否与账、卡相符的一种盘点方法。动态盘店法有利于及时发现差错和及时处理。

(2) 重点盘点法是指对商品进出动态频率高的,或者是易损耗的 ,或者是昂贵商品的一种盘点方法。

(3) 全面盘点法是指对在库商品进行全面的盘点清查的一种方法。通常多用于清仓查库或年终盘点。盘点的工作量大,检查的内容多,把数量盘点,质量检查,安全检查结合在一起进行。

(4) 循环盘点法是在每天、每周按顺序一部分一部分地进行盘点,到了月末或期末则每项商品至少完成一次盘点的方法。此方法按照商品入库的前后顺序,不论是否发生过进出业务,有计划地循环进行盘点的方法。通常对价值高或重要的商品检查的次数多,而且监督也严密一些。

(5) 定期盘点法,又称期末盘点,是指在期末一起清点所有商品数量的方法。在会计计算期末将所有商品一次点完。分区分组进行,一个小组通常至少需要 3 人分别负责清点数量并填写盘存单,复查数量并登记复查结果,第三人核对前两次盘点数量是否一致,对不一致的结果进行检查。

任务五　库存控制

组织物资储存对生产和流通领域是非常重要的。对生产部门来说,就是要有足够的生产资料储备,以保证生产的连续进行。对流通部门来说,就是要适当储备一些商品,以保证市场供应不致中断,以及满足人们的生活需要。储存应以保证商品流通和社会再生产的需要为限度,只有这样,储存才是正常的。储存量不是越多越好,也不是越少越好,多了会造成积压,少了又会脱销,影响生产和人们生活,因此要求进行合理储存。

一、合理储存的内容

1. 合理储存量

合理储存量是指在新的商品或生产资料到来之前,能保证在此期间商品或生产资料正常供应的数量。合理储存必须以保证商品流通正常进行为前提。影响合理储存量的因素有以下几个方面：

(1) 社会需求量。储存量和市场需求有直接关系，为了满足消费的需要，要求有相应的数量的商品，随时可投放市场。在其他条件不变的情况下，储存量与市场需求量成正比。

(2) 商品再生产时间。储存量必须与再生产时间相适应。在其他条件不变的情况下，储存量的大小与再生产周期的长短成正比。

(3) 交通运输条件。商品从生产领域进入消费领域，需要运输工具和运输时间，交通运输发达的地区和不发达的地区，其在途中的时间是不同的。

(4) 管理水平和设备条件。储存量的大小也受企业本身条件的限制。如仓库设备、进货渠道、中间环节、进货时间等，都会影响储存量。

2. 合理储存结构

合理储存结构是指商品的不同品种、规格之间储存量的比例关系。社会对商品的需要既要求供应总量的满足，又要有品种、规格的选择，而且要求的结构也在不断变化，所以，确定合理储存数量的同时，还必须考虑不同商品及其品种、规格在储存中的合理比例关系，以及市场变化情况，以便确定正确的商品储存结构。

3. 合理储存时间

合理储存时间是指：(1) 储存时间受商品销售时间的影响。商品销得快，储存时间就短；商品销得慢，储存时间就长，甚至积压在库。所以，物流部门要随时了解生产、销售情况，促进生产、扩大销售，加速周转。(2) 储存时间受客观存在物品的物理、化学、生物性能的影响。超过物品本身自然属性所允许的储存时限，物品会逐渐失去其使用价值。因此，储存时间还必须以保证物品安全、减少损失、损耗为前提。

4. 合理储存网络

仓库网点的合理布局，也是合理储存的一个重要条件。就流通领域而言，在商品流通过程中，商品批发企业和零售企业为了完成销售任务，分别进行一定数量的商品储存。由于批发和零售企业的经营特点和供应范围不同，对批发环节和零售环节的储存要求也有所不同。批发企业，一般担负着经济区的供应任务，它要一定量的储存来调剂市场，起"蓄水池"的作用。所以，在批发环节，储存量要大，要合理设置储存网点。零售企业是流通渠道末端，网点分散，销售量小，因而，在零售环节，一般附设小型仓库，储存量小，应勤进且快销，加速周转。就生产领域而言，物资主要是分散储存在各工厂的仓库里，储存应适量，不宜过多，以免原材料大量积压。

二、组织合理储存的重要意义

(1) 组织合理储存可以减少国家财富的占用。用于储存过程的物资是不增加价值的，相反，它是用于生产的财富的一种扣除。这种储存过程占用的物资越多，用于生产的财富就越少。所以，进行合理储存，可以相对地减少储存过程中资金积压，而增加用于生产的资金。

(2) 组织合理储存，可以缩短物资流通的周期，从而加速再生产过程。由于流通时间是社会再生产总时间的一个组成部分，而社会再生产时间等于生产时间和流通时间之和，所以，组织合理储存能够相对缩短物资在流通领域内停滞的时间，加快物资周转，从而加速整个社会再生产的过程。

(3) 组织合理库存,可以减少费用支出,为国家积累资金。合理储存可以加快物资周转速度,减少流通资金占用,从而节约银行利息支出;可以减少物资储存数量和时间,降低储存过程中的保管费和损耗费,有利于降低物流费用,提高经济效益。

(4) 组织合理储存,可以减少不必要的中转环节,避免迂回倒流运输,节约运力。

三、库存管理方法

库存管理的目的是在满足顾客服务要求的前提下,通过对企业的库存水平进行控制,尽可能降低库存水平,提高物流系统的效率,以强化企业的竞争力。库存管理基于两点考虑,一个是用户服务水平,即在正确的地点、正确的时间,有足够数量的合适商品;另一个则是订货成本与库存持有成本。库存管理的总目标是在库存成本的合理范围内达到满意的顾客服务水平。为达到该目标,使库存保持平衡,库存管理人员必须做出两项基本决策:订货时机与订货批量。

进行库存控制和管理就要回答这些问题:如何优化库存成本?怎样平衡生产与销售计划,以满足一定的交货要求?怎样避免浪费,避免不必要的库存?怎样避免需求损失和利润损失?归根到底,库存控制要解决3个主要问题:一是确定库存检查周期;二是确定订货量;3是确定订货点(即何时订货)。

1. 影响库存管理决策的因素

1) 需求的性质

需求性质的不同对库存管理决策有着决定性的影响。它们表现为如下几种情况:

(1) 需求确定或不确定。若需求是确定而已知的,则可只在需求发生时准备库存,库存的数量根据给定的计划确定;若需求是不确定的,则需要保持经常储备量,以供应随时发生的需求。

(2) 需求有规律变化或随机变动。需求虽有变动但其变动存在着规律性,如季节性变动,则有计划地根据变动规律,在旺季到来之前准备较多的库存储备以备销售增长的需要。若需求变动没有一定的规律,呈现为随机性变化,就需要设置经常性库存,甚至准备一定的保险储备量来预防突然发生的需求。

(3) 独立性需求或相关性需求。需求的独立性或相关性是指某种物品的需求与其他物品的需求互不相关或相互依赖。相关性需求一般根据某项相关需求计划直接推算该物品的供货数量和时间。独立性需求是企业所不能控制的,它们随机发生,只能用预测的方法而无法精确计算。在确定供货数量和时间上主要考虑成本上的经济性。本章讨论的库存物品主要是独立性需求的物品。

(4) 需求的可替代性。有些物品可由其他物品替代,它们的库存量就可以定得少些,万一发生缺货也能用替代品来满足需要。对于没有替代品的物品,则必须保持较多的库存才能保证预期的供应需求。

2) 提前期

提前期是指从订购或下达生产指令时间开始,到物品入库的时间周期。提前期是确定订购的时间或下达生产指令时间的主要考虑因素。在库存控制中,都是根据库存量将要消耗完的时间,提前一个提前期提出订货,以避免在订货到达之前发生缺货。显然这与订单处理时间、物品在途时间以及该物品的日常用量有关。

3）自制或外购

所需要的物品是自制还是外购，也影响对库存的决策。若从外部采购，应着重从经济性，即节约成本的要求来确定它们的供货数量和供货次数。若属于本厂自制，则不但要考虑成本的经济，还需要考虑生产能力的约束、生产各阶段的节奏性等因素来确定供货的数量和时间。

4）服务水平

服务水平指的是由库存满足用户需求的百分比。如果库存能够满足全部用户的全部订货需要，则其服务水平为100%。若100次订货，只能满足90次，则服务水平为90%，这时的缺货概率为10%。服务水平一般是由企业领导部门根据经营的目标和战略而规定的。服务水平的高低影响到库存水平的选择。服务水平要求高，就需要较多的储备来保证。

2. ABC分析法（ABC分类法）

ABC分析法是由意大利经济学家帕累托首创，又称帕累托分析法。1879年帕累托在研究个人收入的分布状态时，发现少数人的收入占全部人收入的大部分，而多数人的收入占全部人收入的小部分，他将这一关系用图示表示出来，就是著名的帕累托图。该分析法的核心思想是在决定一个事物的众多因素中分清主次，识别出少数的但对事物起决定作用的关键因素和多数的但对事物影响较少的次要因素。后来，帕累托法不断用于管理的各方面。

ABC分析法是储存管理中常用的分析方法，也是经济工作中的一种基本工作和认识方法。ABC分析的应用，在储存管理中比较容易取得的成效主要包括：① 压缩了总库存量；② 解放了被占压的资金；第三，使库存结构合理化；第四，节约了管理力量。

1）ABC分析的理论基础

社会上任何复杂事物，都存在着“关键的少数和一般的多数”这样一种规律。事物越是复杂，这一规律便越是显著。“关键的少数和一般的多数”是普遍存在的。例如，在社会结构上，少数人领导多数人；在市场上，少数人进行大量购买；几百种商品中，少数商品是大量生产的；成千上万种商品中，少数几种取得大部分利润；在工厂方面，少数品种占生产量的大部分；成千上万种库存物资中，少数几种库存量占大部分，少数几种占用了大部分资金；在成本方面，少数因素占成本的大部分等。

一个系统中，少数事物具有决定性的影响。很明显，如果将有限的力量主要（重点）用于解决这具有决定性影响的少数事物上，和将有限力量平均分摊在全部事物上，两者比较，当然是前者可以取得较好的成效，而后者成效较差。ABC分析便是在这一思想的指导下，通过分析，将“关键的少数”找出来，并确定与之适应的管理方法，这便形成了要进行重点管理的A类事物。

2）ABC分类法的基本原理

ABC库存分类法的基本原理是：由于各种库存品的需求量和单价各不相同，其年耗用金额也各不相同。那些年耗用金额大的库存品，由于其占压企业的资金较大，对企业经营的影响也较大，因此需要进行特别的重视和管理。ABC库存分类法就是根据库存品的年耗用金额的大小，把库存品划分为A，B，C三类。A类库存品：其年耗用金额占总库存金额的75%—80%，其品种数却只占总库存数的10%—20%；B类库存品：其年耗用金额占总库存金额的10%—15%，其品种数占库存品种数的20%—25%；C类库存品：其年耗用金额占总库存金额的5%—10%，其品种数却占总库存品种数的60%—70%。

3）ABC库存分类法的一般步骤

此处仅以库存的ABC分析及重点管理方法为例。一般说来，企业的库存反映着企业的水平，调查企业的库存，可以大体查清该企业的经营状况。虽然ABC分析法已经成为企业的基础管理方法，有广泛的适用性，但目前应用较广的，还是在库存分析中。

ABC分析的一般步骤是：

(1) 搜集数据。按分析对象和分析内容，搜集有关数据。例如，打算分析产品成本，则应搜集产品成本因素、产品成本构成等方面的数据；打算分析针对某一系统搞价值工程，则应搜集系统中各局部功能、各局部成本等数据。

(2) 处理数据。利用搜集到的年需求量、单价，计算出各种库存品的年耗用金额。

(3) 编制ABC分析表。根据已计算出的各种库存品的年耗用金额，把库存品按照年耗用金额从大到小进行排列，并计算累计百分比。

(4) 根据ABC分析表确定分类。根据已计算的年耗用金额的累计百分比，按照ABC分类的基本原理，对库存品进行分类。

(5) 绘制ABC分析图。以库存品种数百分比为横坐标，以累计耗用金额百分比为纵坐标，在坐标图上取点，并联结各点，则绘成如图所示的ABC曲线。按ABC分析曲线对应的数据，以ABC分析表确定A、B、C三个类别的方法，在图上标明A、B、C三类，则制成ABC分析图(如图5-28所示)。

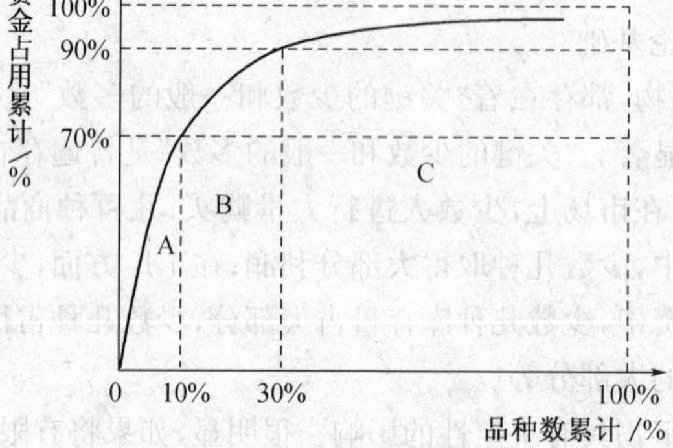

图5-28 ABC分析图

4）管理方式

ABC分析的结果，只是理顺了复杂事物，搞清了各局部的地位，明确了重点。但是，ABC分析主要目的在于解决困难，它是一种解决困难的技巧，因此，在分析的基础上必须提出解决的办法，才真正达到ABC分析的目的。按ABC分析结果，再权衡管理力量与经济效果，对三类库存物品进行有区别的管理，具体方法如下：

(1) A类库存品：这类库存品品种虽然较少，但其耗用的金额较大，对组织最重要，因此需要最严格的管理。组织必须对这类库存品保持完整的库存记录，严格控制库存水平，防止缺货。对A类库存品，通常采用连续库存管理系统。

(2) B类库存品：这类库存品属于一般的品种，对它的管理的严格程度介于A类和C

类之间。通常的做法是将若干物品合并一起订购。对B类库存品，非强制库存系统较合适。

(3) C类库存品：这类库存品数量虽多，但耗用的金额较少，对组织的重要性最低，对其管理也最不严格。对这类的库存品通常订购6个月或1年的需求量，期间不需要保持完整的库存记录。由于这类库存的投资较少，所以往往把它的服务水准定得很高。对C类库存品，双堆库存管理系统通常被采用。

3. EOQ库存控制模型

EOQ(Economic Order Quality)称为经济订购批量，即通过费用分析求得在库存总费用为最小时的每次订购批量，用以解决独立需求物品的库存控制问题。

EOQ库存控制模型中的费用主要包括：

(1) 存储费，包括货物占有资金应付的利息以及使用仓库、保管货物、货物损坏变质等支出的费用。

(2) 订货费，包括手续费、电话往来、派人员外出采购等费用。

(3) 缺货费，是指当存储供不应求时引起的损失，如失去销售机会的损失、停工待料的损失以及不能履行合同而缴纳的罚款等。在不允许缺货的条件下，在费用上处理的方式是缺货费为无穷大。

EOQ库存控制的原理就在于控制订货量，使总库存费用最小。其计算公式：

库存总成本＝储存成本＋订货成本

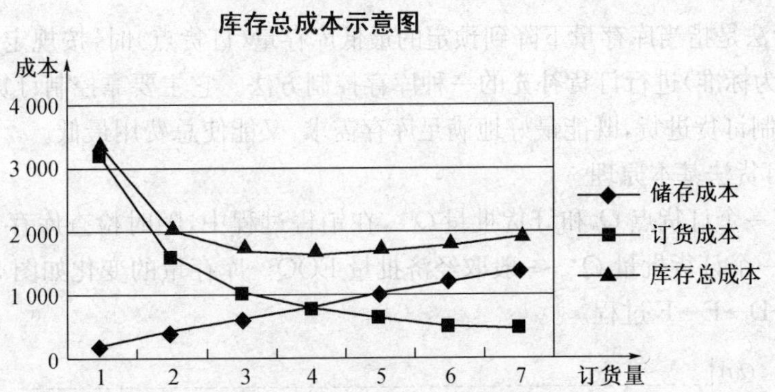

图5-29　库存总成本示意图

经济订货批量计算公式如下：

$$Q^{*}=\sqrt{\frac{2DS}{C_i}}$$

式中：Q^{*}——经济订货批量(箱)；

D——商品年需求量(箱)；

S——每次订货成本(元)；

C_i——单位商品年保管费(元)。

【例1】　某仓库某种商品年需求量为16 000箱，单位商品年保管费2元，每次订货成本为40元，求经济订货批量Q^{*}。

解：
$$Q^* = \sqrt{\frac{2 \times 16\ 000 \times 40}{2}} = 800(\text{箱})$$

EOQ 模型的运用虽可帮助企业控制其存货成本，加强资金的规划，从而进一步增强企业在市场上的竞争地位，但是，随着企业所面临的经济环境发生绝大的变化，EOQ 模型的一些假设与市场环境已不符合，比如模型中假设物料需求是稳定连续的，因此，每次物料的需求量都小于订货总数。在传统的生产方式下，企业按照计划生产，生产数量一般不会有大的波动，因而，对物料的需求量是均匀的。而在现代制造业中，企业面对市场、面对客户，生产数量是变化多端的，对物料的需求也是不均匀的、不稳定的，对库存的需求是间断性发生的，实际上，采用传统订货法的系统下达订货的实际常常偏早，从而造成物料积压，既导致资金大量无效地占用，又引起库存费用的增加。同时，又由于生产需求的不均衡，会造成库存短缺，从而给企业生产造成严重损失。

另外，在 EOQ 库存管理中，库存一旦低于订货点或消耗时，就立即订货，以保证一定的存货。这种不依需求而定的做法非但没有必要，也很不合理，在需求间断的条件下，必然造成大量的库存积压。

总之，任何一个因素的变化都会影响 EOQ 模型确定的最佳批量的结果。仍然采用 EOQ 模型不仅不能帮助企业提供可靠的数据，相反会使企业的管理出现许多问题，例如，原材料不能及时供应，零部件不能正确配备，库存积压，资金周转期长。

4. 定量订货法

定量订货法是指当库存量下降到预定的最低库存量（订货点）时，按规定数量（一般以经济批量 EOQ 为标准）进行订货补充的一种库存控制方法。它主要靠控制订货点和订货批量 2 个参数来控制订货进货，既能最好地满足库存需求，又能使总费用最低。

1）定量订货法基本原理

预先确定一个订货点 Q_k 和订货批量 Q^*，在销售过程中，随时检查库存，当库存下降到 Q_k 时，就发出一个订货批量 Q^*，一般取经济批量 EOQ。库存量的变化如图 5－30 所示的 S→A→B→C→D→E→F 过程。

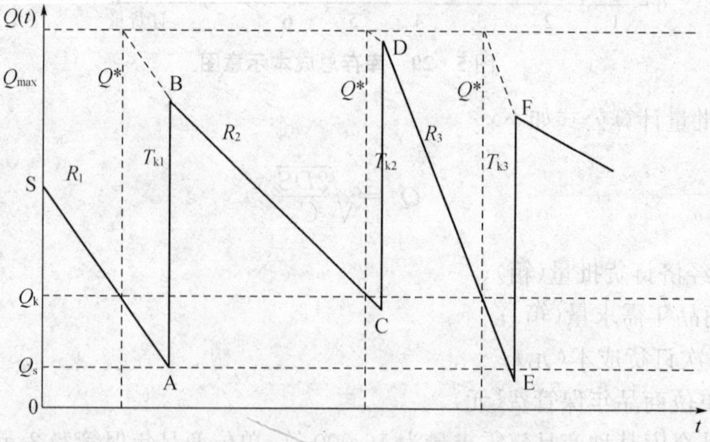

图 5－30　定量订货法原理

图中是库存量变化的一般情况，每一阶段库存下降速率 R 和订货点的时间间隔都是随机变量，即 $R_1 \neq R_2 \neq R_3 \neq \cdots \neq R_n$，$T_{k1} \neq T_{k2} \neq T_{k3} \neq \cdots \neq T_{kn}$。第一阶段，库存以 R_1 的速率下降，当库存降到 Q_k 时就发出一个订货批量 Q^*，这时，"名义库存"升高了 Q^*，达到 $Q_{max}=Q_k+Q^*$，进入第一个订货提前期 T_{k1}，在 T_{k1} 内库存继续以 R_1 的速率下降至 A 点（如图 5-30 中等于 Q_s，在 Q_s 线上），新订货物到达，T_{k1} 结束，实际库存为 $Q_B=Q_s+Q^*$。进入第二出库阶段，库存以 R_2 的速率下降，假设 $R_2<R_1$，所以库存消耗周期较第一阶段要长，当库存下降到 Q_k 时，又发出一个订货批量 Q^*，"名义库存"又升到 $Q_{max}=Q_{k}+Q^*$，进入第二个订货提前期 T_{k2}，在 T_{k2} 内库存继续以 R_2 的速率下降至 C 点，第二批订货到达，T_{k2} 结束，实际库存又升高了 Q^* 到达 D 点，实际库存为 $Q_D=Q_C+Q^*$，由于 $R_2<R_1$，所以 $T_{k2}<T_{k1}$。之后进入第三个出货阶段，库存以 R_3 的速率下降，$R_3>R_1>R_2$，因此 $T_{k3}>T_{k1}>T_{k2}$，当 T_{k3} 结束时库存量下降到 E 点，且动用了安全库存 Q_s，新的订货到达时实际库存上升到 $Q_F=Q_E+Q^*$，比 B 点和 D 点的实际库存都低，然后进入到下一个出库周期，如此反复循环下去。

2）参数的确定

从图 5-30 中的库存量变化过程可以看出，定量订货法的实施主要取决于 2 个控制参数，即订货点 Q_k 和订货批量 Q^*，根据 2 个参数 Q_k，Q^* 开始运作，随时检查库存，库存下降到 Q_k 就发出订货批量 Q^*。

(1) 订货点 Q_k 的确定

在定量订货法中，发出订货时仓库里该品种保有的实际库存量叫做订货点。它是直接控制库存水平的关键。

在需求量和订货提前期都确定的情况下，不需要设置安全库存，可直接求出订货点。其求解公式为：

订货点＝订货提前期的平均需求量
＝每个订货提前期的需求量
＝每天需求量×订货提前期(d)
＝(全年需求量/360)×订货提前期(d)

在实际工作中，常常会遇到各种波动的情况，如需求发生变化，交货期因某种原因而延长等，在需求和订货提前期都不确定的情况下，安全库存的设置是非常必要的。其求解公式如下：

订货点＝ 订货提前期的平均需求量＋安全库存
＝(单位时间的平均需求量×最大订货提前期)＋安全库存

在这里，安全库存需要用概率统计的方法求出，其算式为：

$$安全库存=安全系数\times\sqrt{最大订货提前期}\times需求变动值$$

式中，安全系数可根据缺货概率查表 5-3 安全系数表得到；最大订货提前期根据以往数据得到；需求变动值可用下列方法求得：

$$需求变动值=\sqrt{\frac{\sum(y_i-y_A)^2}{n}}$$

式中：y_i——各期需求量实际值(箱)；y_A——各期需求量实际均值(箱)。

【例 2】 某商品在过去 3 个月中的实际需求量分别为：1 月份 126 箱，2 月份 110 箱，3 月份 127 箱，求该商品需求变动值。

解：$y_A=(126+110+127)\div 3=121$(箱)，$n=3$

$$需求变动值=\sqrt{\frac{\sum(y_i-y_A)^2}{n}}=\sqrt{\frac{(126-121)^2+(110-121)^2+(127-121)^2}{3}}=7.79$$

表 5-3 安全系数表

缺货概率(%)	30.6	27.4	24.2	21.2	18.4	15.9	13.6	11.5	9.7	8.1
安全系数值	0.5	0.6	0.7	0.8	0.9	1.0	1.1	1.2	1.3	1.4
缺货概率(%)	6.7	5.5	5.0	4.5	3.6	2.9	2.3	1.8	1.4	0.8
安全系数值	1.5	1.6	1.65	1.7	1.8	1.9	2.0	2.1	2.2	2.3

(2) 订货批量的确定

订货批量就是一次订货的数量。它直接影响库存量的高低，同时也直接影响物资供应的满足程度。在定量订货中，对每一个具体的品种而言，每次订货批量都是相同的，通常是以经济批量 Q^* 作为订货批量。

可按照公式 $Q^*=\sqrt{\frac{2DS}{C_i}}$ 进行实际计算。其中，D 为商品年需求量(箱)，S 为每次订货成本(元)，C_i 为单位商品年保管费(元)。

5. 定期订货法

定期订货法是按预先确定的订货时间间隔进行订货补充的库存管理方法。

1) 定期订货法基本原理：

预先确定一个订货周期 T 和最高库存量 Q_{max}，周期性的检查库存，根据最高库存量、实际库存、在途订货量和待出库商品数量，计算出每次订货批量，发出订货指令，组织订货。

其库存的变化如图 5-31 所示。

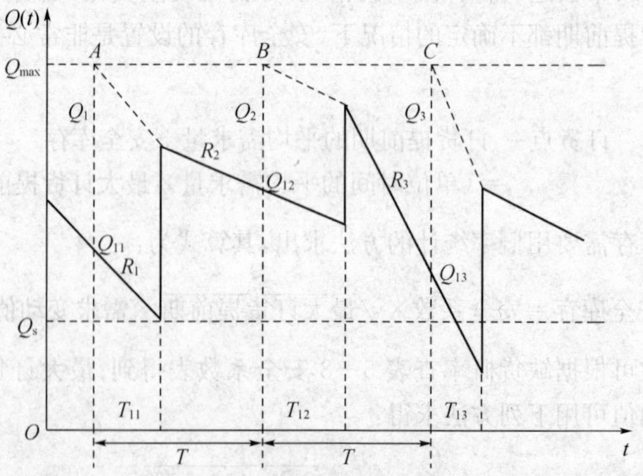

图 5-31 定期订货法原理

图 5－31 中表示的是定期订货法一般情况下的库存量变化：$R_1 \neq R_2 \neq R_3$，$T_{k1} \neq T_{k2} \neq T_{k3}$。在第一个周期，库存以 R_1 的速率下降，因预先确定了订货周期 T，也就是规定了订货时间，到了订货时间，不论库存还有多少，都要发出订货，所以当到了第一次订货时间 A 时，检查库存，求出实际库存量 Q_{k1}，结合在途货物和待出货物，发出一个订货批量 Q_1，使名义库存上升到 Q_{max}。然后进入第二个周期，经过 T 时间又检查库存得到此时的库存量 Q_{k2}，并发出一个订货批量 Q_2，使名义库存又回到 Q_{max}。

2）参数的确定

定期订货法的实施主要取决于 3 个控制参数：订货周期、最高库存量和订货批量。因为定期订货法是以满足整个订货提前周期内的库存需求，即从本次发出订货指令到下次订货到达即（$T+T_k$）这一期间的库存需求为目的。由于在（$T+T_k$）此期间的库存需求量是随机变化的，因此根据（$T+T_k$）期间的库存需求量确定的 Q_{max}（最高库存量）也是随机变量，它包括期间的库存平均需求量和防止需求波动或不确定因素而设置的 Q_s（安全库存）。

（1）订货周期 T 的确定

在定期订货法中，订货点实际上就是订货周期，其间隔时间总是相等的。它直接决定最高库存量的大小，即库存水平的高低，进而也决定了库存成本的多少。所以，订货周期不能太大，太大了就会使库存水平过高，也不能太小，太小了则订货批次太多，就会增加订货费用。从费用角度出发，如果要使总费用达到最小，我们可以采用经济订货周期的方法来确定。

$$T^* = \sqrt{\frac{2S}{C_i R}}$$

式中：T^*——经济订货周期；

S——单次订货成本（元）；

C_i——单位商品年储存成本（元）；

R——单位时间内库存商品需求量（销售量）。

在实际操作中，经常结合供应商的生产周期或供应周期来调整经济订货周期，从而确定一个合理可行的订货周期。当然也可以结合人们比较习惯的时间单位，如周、旬、月、季、年等来确定经济订货周期，从而与企业的生产计划、工作计划相吻合。

（2）最高库存量 Q_{max} 的确定

定期订货法的最高库存量是用以满足（$T+T_k$）期间内的库存需求的，所以我们可以用（$T+T_k$）期间的库存需求量为基础。考虑到为随机发生的不确定库存需求，再设置一定的安全库存。其算式如下：

$$Q_{max} = \bar{R}(T+\bar{T}_k)+Q_s$$

式中：Q_{max}——最高库存量；

$\bar{R}$——（$T+\bar{T}_k$）期间的库存需求量平均值；

T——订货周期；

$\bar{T}_k$——平均订货提前期；

Q_s——安全库存量。

(3) 订货批量的确定

定期订货法每次的订货数量是不固定的，订货批量的多少都是由当时的实际库存量的大小决定的，考虑到订货点时的在途到货量和已发出出货指令尚未出货的待出货数量，则每次订货的订货量的计算式为：

$$Q_i = Q_{max} - Q_{Ni} - Q_{Ki} + Q_{Mi}$$

式中：Q_i——第 i 次订货的订货量；

Q_{max}——最高库存量；

Q_{Ni}——第 i 次订货点的在途到货量；

Q_{Ki}——第 i 次订货点的实际库存量；

Q_{Mi}——第 i 次订货点的待出库货物数量。

3) 定期订货法的应用

(1) 定期订货法直接运用只适用于单一品种的订货，但是稍加处理，也可以用于几个品种的联合订货。

(2) 定期订货法不但适用于随机型需求，也适用于确定型需求。对于不同的需求类型，可以导出具体的运用形式，但它们的应用原理都是相同的。

(3) 定期订货法适用于品种数量大，占用资金较少的 C 类库存和 B 类库存。

技能训练 5-1：托盘货物码垛

【训练目标】

掌握托盘货物码垛方法。

【训练内容】

托盘装盘码垛方法训练。

【训练要求】

应用重叠式；纵横交错式；旋转交错式；正反交错式码垛方法训练。

【训练组织】

2 人一组，4 种方法轮训。

【训练时间】

限 10 min 完成。

技能训练 5-2：货物的堆码

【训练目标】

通过训练，使学生能运用各种堆垛方法完成货物的堆垛作业。

【训练准备】

(1) 了解训练目的。

(2) 将学生分成若干组，各组选出一个组长，组内分工合作完成任务。

(3) 掌握各种堆垛方法。

【训练任务及内容】

南京东方仓储有限公司为南京宁然商贸有限公司存储一批货物(见表 5-3)，东方公司仓库地坪单位面积技术定额为 1 000 kg/m^2，库房高度为 5.6 m，底层货物允许承载的最大重量分别为 120 kg、90 kg、50 kg。

(1) 分别用重叠式、纵横交错式、仰伏相间式、压缝式、通风式、栽柱式完成上述货物的堆垛作业，并计算这三种货物的可堆高层数(货垛底面积大致为 4 m×4 m)。

(2) 分别用重叠式、纵横交错式、正反交错式、旋转交错式完成电饭锅的托盘堆垛作业(采用的托盘规格为：1.140 m×1.140 m，电饭锅用空纸盒代替)。

表 5-4　南京宁然商贸有限公司存储货物一览表

序号	品　名	数　量	包　装	毛　重
1	洗衣机	80 台	1 台/箱；(100×85×120)cm^3	16 kg/箱
2	电视机	60 台	1 台/箱；(98×67×25)cm^3	8.2 kg/箱
3	电饭锅	70 只	1 只/箱；(58×45×36)cm^3	2.3 kg/箱

技能训练 5-3：货物的苫盖

南京红太阳仓储有限公司为一客户存储水泥 100 袋(100 kg/袋)、建筑五金扣件 80 箱(150 kg/箱)、木门 60 张(20 kg/张)、铁丝 30 卷(95 kg/卷)，钢材 50 卷(200 kg/卷)，请分别用垛形苫盖法、鱼鳞式苫盖法、棚架苫盖法、隔离苫盖法进行苫盖，并请提交报告分别说明垫垛的要求。

技能训练 5-4：库存控制方法(计算题)

(1) 某仓库 A 商品(360 天)需求量为 36 000 件，单位商品的年保管费是 40 元，每次订货成本为 800 元，

求：① 经济订货批量；

② 如果订货提前期为 10 d，安全库存为 200 件，那么订货点是?

(2) 某配送中心，某商品年需求量为 360 000 箱，单位商品年平均储存费用为 4 元，订货费用为每次 50 元，订货提前期为 5 d，求经济订货批量、总成本、订货点。

模块六

货物出库作业

学习目标

1. 知识目标

了解出库作业的依据，熟悉出库作业的操作流程；掌握货物出库作业的工作内容，熟悉货物出库作业中可能发生的问题。

2. 技能目标

能够运用出库作业理论进行出库操作，会填制出库过程中需要的各种单证。

3. 素质目标

培养学生踏实的工作态度和团队合作意识。

任务一 初识出库作业

出库作业是指仓库按照货主的调拨出库凭证或发货凭证（提货单、调拨单）所注明的货物名称、型号、规格、数量、收货单位、接货方式等条件，进行的核对凭证、备料、复核、点交、发放等一系列作业和业务管理活动。

一、货物出库的依据

货物出库要求：要求做到"三不、三核、五检查"。"三不"：未接单据不翻账，未经审核不备库，未经复核不出库。"三核"：在发货时，要核实凭证、核对账卡、核对实物。"五检查"：对单据和实物要进行品名检查、规格检查、包装检查、件数检查、重量检查。具体通过以下内容得以体现：

（1）货物出库，必须凭出库凭证、物资领用单办理，不得白条出库。

（2）品名、产地、规格、数量是否清楚，发现问题及时与有关部门联系，妥善解决。

（3）贯彻先进先出，推陈储新的原则。

（4）验单合格后，应进行销账再出库。

（5）货物出库时，必须有编号，以单对账、以账对卡、以卡对物。

（6）货物出库时，出库管理人员要仔细清点出库数量，做到"人不离垛、件件过目、动碰复核、监搬监运”，对搬运不符合要求的动作，要及时纠正，防止货物损坏。

(7) 货物出库时，要严把“货票审核关”“动碰制度关”“加盖货已付讫章关”。

(8) 在下列情况下，出库管理人员可以拒付货物：白条出库，任何人开的白条都不能视作货物的出库凭证；货物出库凭证字迹不清，单货型号不符或发生涂改；领料人与货物出库凭证所列部门不符；货物领用单盖章不全。

二、出库前的准备工作

货物经过多次装卸、堆码和拆检，会使部分包装受损，不符合运输的要求。因此，仓库管理员必须视情况事先进行整理、加固或改换包装。

1. 零星货物的组配、分装

根据货物的特性及实际使用要求，有些货物需要拆零后出库。因此仓库管理员要事先做好准备，备足零散货物，避免因临时拆零而延误发货时间。对于需要拼箱的货物，仓库管理员应做好挑选、分类、整理和配套准备工作。

2. 包装材料、工具、用品的准备

对于集装箱、拼箱或改装的货物，仓库管理员应根据货物的性质和运输的要求准备各种包装材料、相应的衬垫物以及包装标志所需的用具、标签、颜料和钉箱、打包等工具。

3. 待运货物的仓容及装卸机具的安排调配

货物出库前，应留出必要的理货场地，并准备必要的装卸搬运设备，以方便运输人员的提货发运或装箱送箱，加快发送速度。

4. 出库作业的合理组织

由于出库作业是一项涉及人员多、处理时间紧、琐碎复杂、工作量大的工作，仓储部应事先对出库作业合理地加以组织，安排、协调好作业人员和机械，保证各个环节的紧密衔接。

5. 出库凭证的准备

货物出库一律要凭盖有财务专用章和有关部门签章的“领料表”(一式四联，一联存领用部门，一联交财务部，一联交仓库作为出库依据，一联交统计)办理手续。仓库出库管理人员在发货时，应根据“领料表”填写货物的“出库单”。

任务二 出库作业流程

不同仓库在商品出库的操作程序上会有所不同，操作人员的分工也有粗有细，但就整个发货作业的过程而言，一般都是跟随着商品在库内的流向或出库单的流转而构成各工种的衔接。出库基本流程包括出库凭证审核→备货→理货→复核→包装→点交→现场和档案的清理7个方面。

一、出库凭证审核

货物如若出库，必须有正式的出库凭证，且凭证上均应有使用部门主管人员、仓储部经理的签章。出库凭证主要包括：经物资领用部门主管签名的“物资领用单”；经仓储部经理签章的“出库单”；物资检验合格报告书、合格证等。

出库管理人员接到出库凭证后，首先要审核提货单的合法性和真实性或审核领料单上是否有其部门主管或指定的专人签章，手续不全不予出库，如遇特殊情况（如救灾抢险），则需经有关部门负责人同意后方可出库，出库后需补办手续。然后要认真核对货物的编号、规格、品名、数量有无差错和涂改，这个环节的核对非常重要，由于数据多，需要耐心和细致。最后核对收货单位、到货站、开户行和账号是否齐全和准确，如属收货人自提出库，则要核查提货单有无财务部门准许发货的签章。提货单必须是符合财务制度要求的具有法律效力的凭证。

出库凭证审核无误后，要按出库凭证所列项目要求和数量进行备货。

二、备　货

出库凭证经复核无误后，出库管理人员按其所列的项目内容和凭证上的批注，与编号货物进行核对，核实后核销"物资明细卡"上的存量，按规定的批次备货。由于仓库中配送功能创造的价值越来越大，在备货过程中，需要完成拣选、补货、配货、加工等具体的作业内容。

在备货的过程中，还需要对即将出库的货物进行验收。包括"品质的检验"和"数量的点收"双重任务。在对货物验收核对时主要是核对商品条码（或物流条码）、核对货物的件数、核对货物包装上品名、规格、件数。只有这样，才能达到品类相符、件数准确。有的货物即使进行了验收核对，也可能仍会产生一些规格或等级上的差错，如品种繁多的小物品，对这类物品则要采取全核对的方法，要以单对物，核对所有项目，即品名、规格、颜色、等级、标准等，以确保单物相符，准确无误。

在货物出库时，应先销卡后付货。根据货物的货位，按"物资领用单"的编号顺序排列，以便迅速找对货物，及时出库。按照货位找到相应的货物后，出库管理人员要"以表对卡，以卡对货"，进行单、卡、货的核对，并要仔细点清物资出库的数量，以防止出现差错。货物付讫后，出库管理人员必须逐笔在出库凭证上签名。

三、理　货

出库管理人员、领料员根据仓库场地的大小、运输车辆到库的班次，对到场货物按照车辆配载。领料部门编配分堆，然后对场地分堆的货物进行单货核对，核对工作必须逐车、逐批地进行，以确保单货数量、去向等完全相符。

为方便收货方的收转，理货员必须在应发物资的外包装上注明收货方的简称。置唛应在货物外包装的两侧，字迹应清楚，不错不漏；复用旧包装的置唛，必须消除原有标志；如粘贴标签，必须粘贴牢固，便于领料员的收转。

四、复　核

出库复核人员按照出库凭证，对出库货物的品名、规格、数量进行再次核对，以保证物资出库的准确性。

1. 复核的内容

(1) 怕震怕潮的物资，衬垫是否稳妥，密封是否严密。

(2) 每件包装是否有装箱单，装箱单上所列各项目是否和实物、凭证等相符。

(3) 领料部门、箱号、危险品或防震防潮等标志是否正确、明显。

(4) 是否便于装卸搬运作业，能否保证物资在运输装卸中不致破损。

2. 复核的方式

复核时，可以根据货物数量、种类的多少，以及作业条件的限制，选择不同的方式。常用的方式主要有以下几种：

(1) 个人复核。即由发货保管员自己发货、自己复核，并对所发货物的数量、质量负全部责任。

(2) 相互复核。又称“交叉复核”，即两名发货保管员对对方所发货物进行照单复核，复核后应在对方出库单上签名以与对方共同承担责任。

(3) 专职复核。由仓库设置的专职复核员进行复核。

(4) 环环复核。即发货过程的各环节，如查账、付货、检斤、开出门证、出库验放、销账等各环节，对所发货物的反复核对。

如经反复核对确实不符时，应立即进行调换，并将错备物品上所印刷的标记除掉，退回原库房。退回后，再次复核结余物品的数量或重量，是否与保管账目、物资保管卡片的结余数目相符，若发现不符，应立即查明原因，及时更正。

五、包　装

为了提高作业效率，一般还要对配送货物进行重新包装、打捆，以保护物品，提高运输效率。同时，包装也是产品信息的载体，通过在外包装上书写产品名称、原料成分、重量、生产日期、生产厂家、产品条码、储运说明等，可以便于客户和配送人员识别产品，进行物品的装运。通过扫描包装上的条码还可以进行货物跟踪，根据包装上的装卸搬运说明可以指导作业人员对货物进行正确操作。

六、点　交

出库货物经凭证审核、出库验收后，要向提货人员点交。同时应将出库货物及随行证件逐笔向提货人员当面点交。在点交过程中，对于有些重要物品的技术要求、使用方法、注意事项，保管员应主动向提货人员交代清楚，做好技术咨询服务工作。货物移交清楚后，提货人员应在出库凭证上签名。货物点交后，保管员应在出库凭证上填写“实发数”“发货日期”“提货单位”等内容并签名，然后将出库凭证有关联次同有关证件及时送交货主，以便办理有关款项结算。

当货物出库完毕后，仓库管理员应及时将货物从仓库保管账上核销，取下垛牌，以保证仓库账账相符、账卡相符、账实相符；并将留存的仓单（提货凭证）、其他单证、文件等存档。

七、现场和档案清理

货物出库后，有的货垛拆开，有的货位被打乱，有的现场还留有垃圾、杂物。保管员应根据储存规划要求，该并垛的并垛，该挪位的挪位，并及时清扫发货现场，保持清洁整齐，空出的货位应在仓库货位图上标注，以备新的入库货物之用；并清查发货的设备和工具有无丢失、损坏等。现场清理完毕，还要收集整理该批货物的出入库情况、保管保养及盈亏等数据情况，并将这些数据存入货物档案，妥善保管，以备查用。

任务三　出库单证

一、领料单

实样见表6-1。

表6-1　领料单

编号：　　　　　　　　　　　　领料人：

领用部门				材料用途			
领用日期				发料日期			
材料名称	编号	材料规格	单位	请领数量	实发数量	单价	备注
备注							
发料人签字				审核人			

二、提货单

实样见表6-2。

表6-2　提货单

日期：　　年　　月　　日

项目	产品	材料编号	品名规格	单位	数量	说明
						☐ 销货 ☐ 样品 ☐ 检验 ☐ 其他
厂长批示	生产部经理	质管部	仓储部	提货人		

三、出库单

实样见表6-3。

表6-3　出库单

客户：　　　　　　　　　　日期：　　年　　月　　日

序号	箱(包)号	成品类别	出库日期	净重	备注

主管：　　　　　　　　　　填表：

四、发货单

实样见表6-4。

表6-4　发货单

客户名称：　　　　　　　　　　　　　　　　发货日期：

发货仓库：　　　　　　　　　　　　　　　　仓库地址：

货号	品名	规格	牌号	国别及产地	包装及件数	单位	数量	单价	总价	金额
危险品标志章	运费					包装押金				
	金额	（大写）　佰　拾　万　仟　佰　拾　元　角　分（小写）￥：								

审核：　　　　　　　　　　　　　　　　　　制单：

五、出库复核记录表

实样见表6-5。

表6-5　出库复核记录表

编号：　　　　　　　　　　　　　　　　　　日期：　年　月　日

序号	出库日期	货物名称	货物编号	货物规格	数量	批号	提货单位	发货人	质量情况
审核人意见									

六、出库作业中发生问题的处理

1）出库凭证所列品名、规格、型号、数量等与仓库账面和库存实物不符，仓库应主动向主管业务部门反映或在出库凭证上签署意见退回用料单位，以便用料单位向主管业务部门联系。

2）在发货中遇到货物叫法不同、型号有新旧等级之差，或者规格说法不同者，应查对有关对照表或产品目录确定发货。如品名、规格、性能、用途相同，只是叫法不同，可以发货，但必须在出库凭证上给予注明。如果用货单位提出疑问时，可请示上级业务部门处理。

3）在出库凭证上有下列情况时：质量不合格、规格不符、缺件不配套、包装不牢，以及未经仓库检验点收或无技术证件等，仓库应主动向上级业务部门反映说明情况。

4）由于工作不细、业务不熟造成的差错问题，一经发现，要及时向上级业务部门报告，按有关规定进行处理，并及时向错发单位进行调换或补发。

所谓串发和错发货，主要是指发货人员由于对货物种类规格不很熟悉，或者由于工作中的疏漏把错误规格、数量的货物发出库的情况。如果货物尚未离库，应立即组织人力，重新发货。如果货物已经离开仓库，保管人员应及时向主管部门和货主通报串发和错发货的品名、规格、数量、提货单位等情况，会同货主单位和运输单位共同协商解决。一般在无直接经济损失的情况下由货主单位重新按实际发货数冲单(票)解决。如果形成直接经济损失，应按赔偿损失单据冲转调整保管账。

5）货物发运过程中差错的处理

(1) 运输途中造成的多件、少件或串件及包装破损、丢失、损坏等，应由收货单位向承运单位索取货运记录，由承运单位负责处理。

(2) 发运的货物件数相符，而重量短少；货物品类或质量与调拨单凭证不符时，应由发货单位负责处理。具体处理方法是：① 少发的货可补发实物或退回货款；② 多发的货可补收货款或回收实物；③ 错发的货可调换实物。

(3) 经双方协商确实无法解决的难题，要专题上报主管业务部门，经批准后按批准办法处理。

6）货物发出后，原则上不得退回，如经上级业务主管部门批准退货时其往返费用按下列情况办理：

(1) 属于仓库责任者，其往返费用由仓库负责。

(2) 属于用货单位责任者，其往返费用由用货单位负责。

(3) 调拨、发货、收货完全一致，因用货单位生产计划变更，其往返费用由用货单位负责。

(4) 凡经批准退库的货物，应重新进行验收，必须符合原货的数量、质量状况。

7）出库凭证(提货单)上的问题及其处理

(1) 凡出库凭证超过提货期限，用户前来提货，必须先办理手续，按规定缴足逾期仓储保管费，然后方可发货。

(2) 凡发现出库凭证有疑点，以及出库凭证发现有假冒、复制、涂改等情况时，应及时与仓库保卫部门以及出具出库单的单位或部门联系，妥善处理。

(3) 货物进库未验收，或者期货未进库的出库凭证，一般暂缓发货，并通知货主，待货到并验收后再发货，提货期顺延。

(4) 如客户因各种原因将出库凭证遗失，客户应及时与仓库发货员和账务人员联系挂失；如果挂失时货已被提走，保管人员不承担责任，但要协助货主单位找回货物；如果货还没有提走，经保管人员和账务人员查实后，做好挂失登记，将原凭证作废，缓期发货。

8）包装破漏及其处理

包装破漏是指在发货过程中，因货物外包装破损引起的渗漏等问题。这类问题主要是在储存过程中因堆垛挤压，发货装卸操作不慎等情况引起的，发货时都应经过整理或更换包装，方可出库，否则造成的损失应由仓储部门承担。

9）漏记账和错记账及其处理

漏记账是指在出库作业中，由于没有及时核销明细账而造成账面数量大于或少于实存数的现象。错记账是指在货物出库后核销明细账时没有按实际发货出库的商品名称、数量等登记，从而造成账实不相符的情况。

无论是漏记账还是错记账，一经发现，除及时向有关领导如实汇报情况外，同时还应根据原出库凭证查明原因调整保管账。使之与实际库存保持一致。如果由于漏记和错记账给货主单位、运输单位和仓储部门造成了损失，应予赔偿，同时应追究相关人员的责任。

技能训练 6-1：货物出库

【训练目标】

了解出库业务流程，会填制相关单证。

【训练准备】

(1) 了解训练目标。

(2) 将学生分成若干组，各组选出一个组长，组内明确分工，合作完成任务。

(3) 掌握出库流程及单证的处理。

【训练任务及内容】

A、B、C、D 四个客户准备于 2013 年 8 月 8 日、8 月 16 日、8 月 24 日和 8 月 30 日从南京康盛仓储有限公司提取部分储存货物，具体货物及数量见表 6-6。

任务：

(1) 请就这四笔出库业务分别填写提货单、作业通知单、出库单、发货清单和装箱单。

(2) 请分别将这四笔出库业务的操作流程用文字详细描述下来，并分别说明出库过程中应注意哪些问题。

表 6-6　南京康盛仓储有限公司储存货物一览表

客　户	提货品名	提取数量
A	过氧化氢(双氧水)	20 箱+6 瓶
	黄　磷	50 桶
	碳化钙	20 桶
	重铬酸钾	24 桶
B	血糖分析仪	50 台
	肝脏冷冻治疗仪	30 台
	益母草膏	30 箱+10 瓶
	板蓝根	25 箱
C	冻猪肉	40 袋
	冻牛肉	80 袋
	对　虾	35 箱
	鱼	28 箱
D	杏仁露	50 箱
	汇源果汁	45 箱
	康师傅方便面	100 箱
	皇冠牌地砖	25 箱

【提交成果】

每组提交一份报告，报告内容包括：

(1) 提货单、作业通知单、出库单、发货清单和装箱单。

(2) 用文字详细描述四笔出库业务的操作流程。

(3) 说明出库过程中应注意事项。

技能训练 6-2：货物出库过程中的问题处理

【训练目标】

熟悉出库业务流程及出现的相关问题，能够及时有效解决出现的问题。

【训练准备】

(1) 了解训练目标。

(2) 将学生分成若干组，各组选出一个组长，组内明确分工，合作完成任务。

(3) 掌握出库中出现问题的处理方法。

【训练任务及内容】

南京百姓大药房 2013 年 7 月 15 日到南京禄口仓储有限公司提取一批药品，仓库保管员在核对凭证时发现出库凭证已超过提货期限，且有一批药品还未验收入库，提货数比实存数多了 10%，上述情况应如何处理？

假设上述问题妥善处理好了，仓储公司同意药房提货，发货后发现，有一个药品维生素 C，药房提货单上写的是颗粒状的，而拣货员拣取的是片状的，理货员也没有发现，这一情况如何处理？

假设药房将提取的药品运回去后，发现有一箱装止咳糖浆的箱子已经潮湿了，打开纸箱后发现，有 4 瓶止咳糖浆瓶子已破碎，药房打电话来要求赔偿，这一问题又应如何处理？

【提交成果】

建议学生分组采用角色扮演的方法完成上述任务，6 人为一小组，角色可分为提货员、保管员、仓库主管、出库员、药房仓库验货员、药房经理。

每组提交一份报告，小组根据各个角色撰写相应的台词。报告内容详细阐述每种情况下处理问题的方法和过程。

模块七

配送与配送中心

学习目标

1. 知识目标

了解配送与配送中心的概念，熟悉配送中心的规划设计；熟悉配送中心选址考虑的因素，掌握配送中心选址方法，掌握配送中心的功能及业务流程

2. 技能目标

能够正确运用方法进行配送中心的选址，能清楚地理解配送作业的功能及重要性

3. 素质目标

培养学生对配送活动的管理能力；培养学生的独立思考能力和团队合作意识。

【案例导入】

家电连锁巨头竞相建物流中心，永乐2亿元赶潮流

永乐家电将在上海青浦兴建中国零售业内最大物流配送中心，该公司董事长陈晓对《第一财经日报》表示，该中心总投资为2亿元，明年2月份动工，2007年年初正式投入使用，占地面积90 000平方米，主体仓库面积达65 000平方米。

该中心投入运营后，公司原来位于上海浦东康桥的配送中心将缩减规模，承担辅助功能，原来位于上海嘉定的物流中心则将停止服务。青浦物流中心设计经理薛刚称，该中心集储存、分拣、流通、加工、配送于一体，可向上游家电厂商提供服务。承担永乐青浦物流项目中系统与设备供应的日本冈村，此次是首次与中国家电连锁企业合作，记者获悉，仅规划设计、系统与设备等前期费用就达5 000万元。

事实上，早在去年初，陈晓便对新物流中心有了详细规划，且筹建提案也已在该公司的上市招股书中作了说明。这一举动与目前几大家电连锁巨头竞相建物流中心的潮流相符。苏宁年初宣布在全国设15个物流基地，每个基地规划投资约5 000万元，区域销售额突破40亿元的地区率先设立。目前，苏宁已选定北京、南京、广州、杭州作为其首批物流基地建设城市。而国美电器则在全国30多个主要城市建立了配送中心，其仓储总面积已超过40

万平方米。"与国美、苏宁不同,永乐服务平台将采取先深耕区域、再服务全国的计划,首批配送中心建设重点区域是上海、江苏与浙江。"永乐家电市场部经理黄建平说。

思考: 为什么连锁企业如此注重配送?

任务一 初识配送

为了满足不同客户或收货人的需要,尤其是"多品种、小批量、多批次、高频率"的物流服务需要,流通企业或物流企业必须对运输资源(包括车辆运输计划、送货路线、人员)进行科学、合理地配置,以低成本满足客户的需要,从而产生了配送这一物流活动。配送包含了物流中若干功能要素,是物流中一种特殊的、综合的活动形式,是商流与物流的结合。

一、配送的概念

GB/T 18345—2001:配送(Distribution)是指在经济合理区域范围内,根据用户要求,对物品进行拣选、加工、包装、分割、组配等作业,并按时送达指定地点的物流活动。

配送作为一种特殊的物流活动方式,几乎涵盖了物流中所有的要素和功能,是物流的一个缩影或某一范围内物流全部活动的体现。

一般来说,配送是在整个物流过程中的一种既包含集货、储存、拣货、配货、装货等一系列狭义的物流活动,也包括输送、送达、验货等以送货上门为目的的商业活动,它是商流与物流紧密结合的一种综合的、特殊的综合性供应链环节,也是物流过程的关键环节。由于配送直接面对消费者,最直观地反映了供应链的服务水平,所以,配送"在恰当的时间、地点,将恰当的商品提供给恰当的消费者"的同时,也应将优质的服务传递给客户,配送作为供应链的末端环节和市场营销的辅助手段,日益受到重视。

二、配送的特点

(1) 配送是一种末端物流活动。配送的对象是零售商或客户(包括单位客户、消费者),故配送处于供应链的末端,是一种末端物流活动。

(2) 配送是"配"和"送"的有机结合。配送的主要功能是送货,科学、经济的送货以合理配货为前提。即送货达到一定的规模,可以更有效地利用运输资源,才产生了配送。少量、偶尔的送货不能说是配送。

(3) 配送是以客户的需求为出发点。配送是从客户利益出发,按客户的需求进行的一种活动,体现了配送服务性的特征。配送的时间、数量、各种规格都必须按照客户的需求进行,以客户满意为最高目标。

(4) 配送是物流活动和商流活动的结合。配送作业的起点是集货,必然包括订货、交易等商流活动。在买方市场占优势的现代社会,由于商流组织相对容易,故配送被视作一种以物流活动为主的业务形式。

(5) 配送是一种综合性物流活动。配送过程包含了采购、运输、储存、流通加工、信息处理等多项物流活动,是一种综合性很强的物流活动。

三、配送与运输、送货的区别

配送不同于运输，也不同于送货，它们的区别如表 7—1 和表 7—2 所示。配送和送货的相同点是把货物送到客户手中。

表 7－1 配送与运输的区别

项 目	配 送	运 输
运输性质	地区内的支线运输	地区间的干线运输
运输工具	汽车为主	各种交通工具
供应链位置	前端或末端运输	中间距离
距 离	短距离	中长距离
物流特点	多品种、小批量、多批次	少品种、大批量、少批次
运输周期	短周期	长周期
功能类型	综合功能，几乎包括物流的所有功能要素	单一功能，货物位置转移

表 7－2 配送与送货的区别

项 目	配 送	送 货
行为主体	配送中心(有配送能力的物流企业)	一般企业
活动特征	集成性、严密性、规模化	单一性、分散性
物流特征	综合物流活动	单一的货物短途运输
服务特征	保障性的供应服务	一般性带有促销性质的服务
管理特征	管理复杂、具有专业性	管理较简单
法律特征	应是契约活动	一般是非契约活动
设备特征	专用货车、专用分拣设备、专用集装容器	一般的货运车辆及装卸搬运机具
人员特征	接受过专门训练的专业人员	一般业务人员和运输人员
信息特征	高度依赖信息管理系统	信息依赖程度低

四、配送的分类

配送在长期的实践中以不同的运作特点和形式满足不同的顾客需求，形成不同的配送形式。

1. 按配送时间及数量分类

(1) 定时配送

定时配送即按事先约定的时间间隔进行配送，如数天、数小时一次，每次配送的品种及数量可以预先计划，也可以根据客户的需求进行调整，用商定的联络方式(电话、计算机终端联系等)通知配送品种和数量。这种方式的优点是：时间固定，易于安排工作计划，易于计划使用设备，也有利于安排接运人员和接运作业。缺点是：临时性较强，配货、配装工作紧张，难度较大，如果配送数量变化较大时也会出现配送运力的困难。

(2) 定量配送

定量配送是按规定的批量在一个指定的时间范围内进行的配送。由于数量和品种相对固定使得备货工作相对简单,而时间规定不严格,则为将不同用户所需的物品拼凑整车运输、充分提高运力利用率提供了机会,并对配送路线进行合理优化,达到节约运力降低成本的目的。此外,定量配送还有利于充分发挥集合包装运输的优越性,如使用托盘或集装箱运输,提高运送效率。

(3) 定时、定量配送

定时定量配送是在规定的时间内对规定的商品品种和数量进行配送。它兼有以上两种方式的特点,对配送企业的要求比较严格,管理和作业的难度较大。需要配送企业有较强的计划性和准确度。所以相对来说比较适用于生产和销售稳定,产品批量较大的生产制造企业和大型连锁商场的部分商品的配送及配送中心采用。

(4) 定时、定路线配送

定时定路线配送是通过对客户的分布状况进行分析,设计出合理的运输路线,根据运输路线安排到达站点的时刻表,按照时刻表,沿着规定的运行路线进行配送。用户可以按规定的路线站点及规定的时间接货以及提出配送要求。这种方式对于配送中心来说,易于安排车辆和驾驶人员及接、运货工作。对于用户来讲,可以就一定路线和时间进行选择,又可以有计划地安排接货力量,适应于消费者比较集中的地区。

(5) 即时配送

即时配送是完全按照用户突然提出的时间和数量方面的配送要求,立即将商品送达指定地点的配送方式。即时配送可以灵活高效地满足用户的临时需求,但是对配送中心的要求比较高,特别对配送速度和配送时间要求比较严格。因此,通常只有配送设施完备,具有较高的管理和服务水平,较高的组织和应变能力的专业化的配送中心才能大规模地开展即时配送业务。只有即时配送才会使用户真正实现保险储备的零库存,适应于采取"准时"生产的企业。

(6) 快递配送

快递配送是一种面向社会的快速的配送方式。这种配送方式与即时配送相比更为灵活机动。其服务对象为广大的企业和用户,覆盖范围比较广,服务时间随地域的变化而变化,配送的物品主要是小件物品,它可以快速地将物品送到所需用户手里。由于这种方式方便快捷,大受市场欢迎,发展很快。如美国的联邦快递、中国的特快专递等。

2. 按配送组织者分类

(1) 工厂或生产企业配送

一般是大批量的商品,由工厂直接运送给商业批发部门或大客户。也有小型加工厂在某城市一定范围内,每日给零售商店送货。

(2) 批发站配送

批发站配送即各商业批发站给零售商店配送。根据合同订货,或临时要货,由批发站拣选、备货、送货。

(3) 商店配送

零售商根据客户或消费者的要求,将商品备齐,按时送给客户或消费者。

（4）配送中心或物流企业配送

这是配送的主要形式，也可以说是物流服务型的综合体。配送中心专业性强，储存量大，商品比较齐全，一般都和客户建立了固定的配送关系，实行计划配送，配送对象包括工业企业、商业企业、大的个体客户等。

3. 按配送货物品种、数量分类

（1）单（少）品种大批量配送

一般来讲，对于工业企业需要量较大的商品，由于单独一个品种或几个品种就可达到较大输送量，可以实行整车运输，这种情况下就可以由专业性很强的配送中心实行配送，往往不需要再与其他商品进行搭配。由于配送量大，可使车辆满载并使用大吨位车辆。同时，由于配送中心的内部设置、组织、计划等工作也较为简单，因此配送成本较低。但是，如果可以从生产企业将这种商品直接运抵用户，同时又不至于使用户库存效益下降时，采用直送方式则往往效果更好一些。

（2）多品种、少批量配送

现代企业生产中，除了需要少数几种主要物资外，大部分属于次要的物资，品种数较多，但是由于每一品种的需要量不大，如果采取直接运送或大批量的配送方式，一次进货批量大，必然造成用户库存增大等问题。类似的情况在向零售商店补充一般生活消费品的配送中也存在，所以以上这些情况，适合采用多品种、少批量的配送方式。

多品种、少批量配送是根据用户的要求，将所需的各种物品（每种物品的需要量不大）配备齐全，凑整装车后由配送据点送达用户。这种配送作业水平要求高，配送中心设备要求复杂，配货送货计划难度大，因此需要有高水平的组织工作保证和配合。而且在实际中，多品种、少批量配送往往伴随多用户、多批次的特点，配送频度往往较高。

配送的特殊作用主要反映在多品种、少批量的配送中。因此，这种配送方式在所有配送方式中是一种高水平、高技术的方式。这种配送能满足物资品种多样化的需求，符合市场环境的主流需要，也是配送中最典型的形式。

（3）配套成套配送

这种配送方式是指根据企业的生产需要，尤其是装配型企业的生产需要，把生产每一台产品所需要的全部零部件配齐，按照生产节奏定时送达生产企业，生产企业随即可将此成套零部件送入生产线以装配产品。这种配送方式中，配送企业承担了生产企业大部分的供应工作，使生产企业可以专注于生产，它与多品种、少批量的配送效果相同。

4. 按供应主体分类

（1）供应商直接配送

供应商直接配送是指用户为了自己的供应需要所采取的配送形式。在这种配送形式下，一般来讲是由用户或用户集团组建配送据点，集中组织大批量进货（以便取得批量折扣），然后向本企业配送或向本企业集团若干企业配送。在大型企业或企业集团或联合公司中，常常采用这种配送形式组织对本企业的供应，例如商业中广泛采用的连锁商店，就常常采用这种方式。用配送方式进行供应，是保证供应水平、提高供应能力、降低供应成本的重要方式。

（2）企业自营配送

企业自营配送是目前商贸企业广泛采用的一种配送模式。商贸企业通过独立组建配送中心，实现对内部各零售店的商品供应配送。作为一种物流组织，配送中心成为企业的一个有机组成部分，其最大的优点是具有灵活性，因为企业可以对其政策和作业程序进行调整，以满足自身的需要。自营配送模式与其他模式相比，可以提供给商贸企业更多的控制权利。因为企业对所有活动拥有绝对的决策权，这种控制能使企业把配送活动与企业内部的其他物流过程结合在一起。

自营配送模式在满足大型商贸企业供应方面发挥了重要的作用。许多超市都通过组建自己的配送中心来完成对内部各门店的统一采购、统一配送和统一结算。例如，沃尔玛公司所属的自用型配送中心就是公司独资建立的，专门为公司所属连锁店提供配送服务。

同时，采用自营配送模式，还使商贸企业拥有一定的无形利益，尤其是在市场现象方面，配送车辆上冠有企业的名字，使顾客产生一种响应性和稳定性的感觉，这种感觉有时会使企业拥有优于其他企业的营销优势。

（3）社会化配送

在社会化配送模式中，商贸企业的物流活动由第三方的专业公司来承担。商贸企业可以将全部或部分物流活动委托给第三方物流公司来承担。社会化配送的优势在于专业配送公司更能够通过规模化操作带来经济利益，所以具有较低的成本。另外，专业配送公司能够通过提供更多的物流作业和物流管理方面的专门知识，使商贸企业降低经营风险。在运作中，专业配送公司对信息进行统一组合、处理后按客户订单的要求，配送到各零售店。这种配送的模式，还表现为在用户之间进行交流供应信息。从而起到调剂余缺，合理利用资源的作用。

（4）共同配送

共同配送又称协同配送。按照日本运输省的定义，共同配送是指“在城市里，为使物流合理化，在几个有定期运货需求的货主的合作下，由一个卡车运输者，使用一个运输系统的配送。”

共同配送实质上就是在同一个地区，许多企业在物流运动中互相配合、联合运作，共同进行理货、送货等活动的一种组织形式。实际操作时有两种具体做法：一是共同投资建立“共同配送中心”使装卸、保管、发送等职能全面协作化，以求更有效地完成货物分类和理货、发送等工作。二是共同(或联合)配送运输、共同发送。后者有两种类型：其一，以物流业者为主体所组织是共同运送；其二，以需要提供运输服务的厂商和批发商牵头组织的共同配送。

共同配送的目的是增大企业中有限的物流量，是寻求大量化最有效的途径。由于对共同化的对象相互补充利用，能够追求商品配送的大量化并缩短配送距离，最有效地使物流效率化和降低成本，并可能通过大量储存、大量输送、大量处理使单位物流成本大幅度下降。共同配送对社会也是有利的，首先节约了社会运力，降低了对交通道路的压力；其次减少了空气及噪声污染。

任务二　洞悉配送中心

配送中心就是从事货物配备（集货、加工、分货、拣选、配货）和组织对用户的送货，以高水平实现销售和供应服务的现代流通设施。配送中心是基于物流合理化和发展市场两个需要而发展的，是以组织配送式销售和供应，执行实物配送为主要功能的流通型物流节点。它很好地解决了用户小批量多样化需求和厂商大批量专业化生产的矛盾，因此，逐渐成为现代化物流的标志。

一、配送中心的定义

《中华人民共和国国家标准物流术语》中给出的配送中心定义为：配送中心（Distribution Center，DC）是从事配送业务的物流场所或组织，应基本符合下列要求：① 主要为特定的用户服务；② 配送功能健全；③ 完善的信息网络；④ 辐射范围小；⑤ 多品种，小批量；⑥ 以配送为主，储存为辅。

配送中心的设立主要是为了实现物流中的配送行为，因此配送中心是位于物流节点上，专门从事货物配送活动的物流设施或经营实体。在包含配送中心的配送系统中，配送中心对整个系统的效率提高起着决定性的作用。

二、配送中心的功能

配送中心具有如下的 7 个基本功能。

1. 采购功能

配送中心必须首先采购所要供应配送的商品，才能及时准确无误地为其用户供应物品。配送中心应该根据市场的供求变化情况，制定并及时调整统一的、周全的采购计划，并由专门的人员与部门组织实施。

2. 存储功能

为了做好按时、按量、按质的向生产企业和广大消费者配送货物，保证其生产和消费的需要，实现配送中心的任务和职责，要考虑合适的货物储存。配送中心应兴建现代化的仓库，并配备仓储设备和储存一定数量的货物。没有一定的储存能力，配送中心就难以顺利完成物流配送业务。

3. 配组功能

由于每个用户企业对商品的品种、规格、型号、数量、质量、送达时间和地点等要求不同，配送中心就必须按照用户的要求对商品进行分拣和配组。配送中心的这一功能是其与传统仓储企业的明显区别之一，这也是配送中心最重要的特征之一。

4. 分拣功能

作为物流节点的配送中心，在其为数众多的客户中，彼此差别很大，不仅各自的性质不同，而且经营规模也相差甚远。针对这种情况，为了有效地进行配送，即为了同时向不同的用户配送多种货物，配送中心必须采取适当的方式对组织来的货物进行拣选，并且在此基础上，按照配送计划，分装和配送货物。

5. 集散功能

凭借其特殊的地位以及所拥有的各种先进的设施和设备，配送中心能够将分散在各个生产企业的产品集中到一起，然后进行分拣、配装，再向多家用户发送。

6. 加工功能

配送中心能够按照用户提出的要求和根据合理配送商品的原则，将组织进行的货物加工成一定规格、尺寸形状,这些加工功能是现代配送中心服务职能的具体体现。加工货物是一些配送中心的重要活动,配送中心具备加工功能,积极开展加工业务,既方便了用户,省却了其繁琐劳动,又有利于提高物质资源的利用率和配送效率。

7. 信息处理与提供功能

配送中心除进销、配送、流通加工、储存保管等功能外,还能提供各种信息,为配送中心经营管理、政策制定、商品路线开发、商品销售促销政策的制定提供有用的信息。

三、配送中心的类型

配送中心是一种新兴的经营管理状态,具有满足少量多样的市场需求及降低流通成本的作用。但是,由于建造企业的背景不同,其配送中心的功能、构成和运营方式就有很大差别。

1. 配送中心的分类方式

(1) 按照专业化程度,可分为综合配送中心、专业配送中心等。其中,专业配送中心又可按配送货物种类分为食品配送中心、日用品配送中心、医院品配送中心、化妆品配送中心、家电品配送中心、电子(3C)产品配送中心、书籍产品配送中心、服饰产品配送中心、汽车零件配送中心等。

(2) 按照运营主体不同,可分为制造商运营的配送中心、批发商或代理商运营的配送中心、零售商运营的配送中心、第三方物流企业运营的配送中心、货运转运型配送中心等。

(3) 按照配送的区域大小可分为区域配送中心、城市配送中心等。

(4) 按照功能可分为储存型配送中心、流通型配送中心、加工型配送中心、分货型配送中心等。

2. 常见的配送中心

1) 按配送中心的设立者分类

(1) 制造商型配送中心,是指以制造商为主体的配送中心。这种配送中心里的物品100%是由自己生产制造,用以降低流通费用、提高售后服务质量和及时地将预先配齐的成组元器件运送到规定的加工和装配工位。从物品制造到生产出来后条码和包装的配合等多方面都较容易控制,但不具备社会化的要求。

(2) 批发商型配送中心,是指由批发商或代理商所建立的,是以批发商为主体的配送中心。批发是物品从制造者到消费者手中的传统流通环节之一,一般是按部门或物品类别的不同,把每个制造厂的物品集中起来,然后以单一品种或搭配向消费地的零售商进行配送。这种配送中心的物品来自各个制造商,它所进行的一项重要的活动是对物品进行汇总和再销售,而它的全部进货和出货都是社会配送的,社会化程度高。

(3) 零售商型配送中心,是指由零售商向上整合所成立的配送中心,是以零售业为主体的配送中心。零售商建立自己的配送中心,为专业物品零售店、超级市场、百货商店、建材商场、粮油食品商店、宾馆饭店等服务,其社会化程度介于前两者之间。

(4) 专业物流配送中心,是指以第三方物流企业(包括传统的仓储企业和运输企业)为主体的配送中心。这种配送中心有很强的运输配送能力。地理位置优越,可迅速将到达的货物配送给用户。它为制造商或供应商提供物流服务,而配送中心的货物仍属于制造商或供应商所有，配送中心只是提供仓储管理和运输配送服务。

2）按配送中心的服范围分类

（1）城市配送中心，是指以城市范围为配送范围的配送中心。由于城市范围一般处于汽车运输的经济里程，这种配送中心可直接配送到最终用户，采用汽车进行配送。所以，这种配送中心往往和零售经营相结合。由于运程短、反应能力强，因而从事多品种、少批量、多用户的配送较有优势。

（2）区域配送中心，是指以较强的辐射能力和库存准备，向省（州）际，全国乃至国际范围的用户配送的配送中心。这种配送中心配送规模较大，一般而言，用户和配送批量也比较大。而且，往往是给下一级的城市进行配送，也配送给营业所、商店、批发商和企业用户。虽然也从事零星的配送，但不是主体形式。

3）按配送中心的功能分类

（1）储存型配送中心是有很强的储存能力，例如，美国扬马克配送中心的储存区可储存16.3万托盘。我国目前建设的配送中心，多为储存型的配送中心，库存量较大。

（2）流通型配送中心，包括通过型和转运型配送中心，基本上没有长期储存的功能，仅以暂存或随进随出的方式进行配货和送货。典型方式为大量货物整批进入，按一批量零出。一般采用大型分货机，其进货时直接进入分货机传送带，分送到各用户货位或直接作业到配送汽车上。

（3）加工型配送中心，是指以流通加工为主要业务的配送中心，如食品加工配送中心，生产资料加工配送中心等。

四、配送中心的作业流程

由于配送中心的特性或规模不同，其运营涵盖的作业项目和作业流程也不完全相同，但其基本作业流程大致可归纳为如图7-1所示。

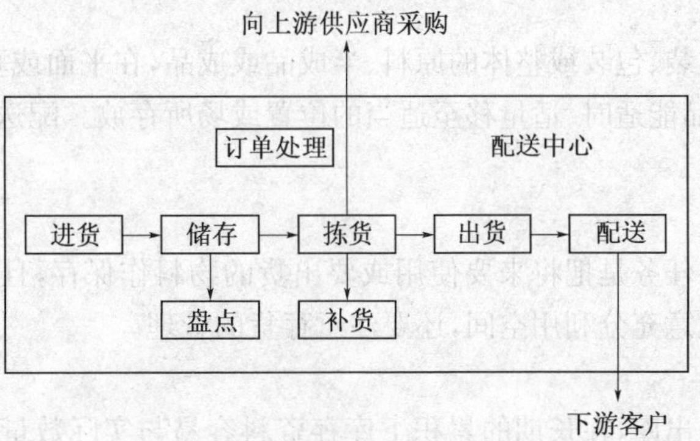

图7-1　配送中心的基本作业流程

由供货车到达站台开始，经“进货”作业确定进货品后，便依次将货品“储存”入库。为确保在库货品受到良好的保护管理，需进行定期或不定期的“盘点”检查。当接到客户订单后，先将订单依其性质作“订货处理”，之后即可按处理后的订单信息将客户订购货品从仓库中取出作“拣货”作业。拣货完成一旦发觉拣货区所剩的存量过低，则必须由存储区来“补货”。当然，若整个存储区的存量也低于标准，便应向上游采购进货。而从仓库拣出的货品经整理

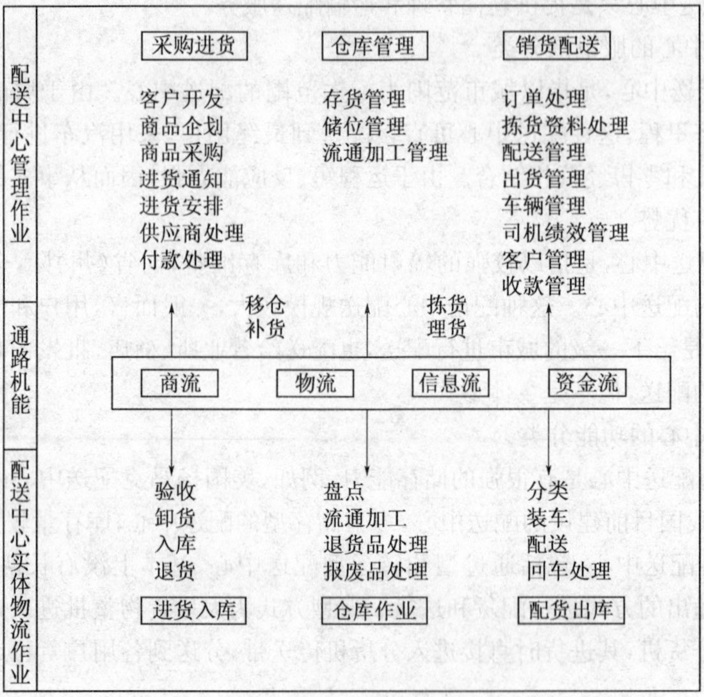

图 7－2　配送中心功能结构

后即可准备“出货”。等到一切出货作业完成后，司机便可将货品装上配送车，将其“配送”到各个客户点交货。整个作业过程包括 9 个步骤。

1. 进货

进货作业包括把货品做实体上的接收，从货车上将其货物卸下，并核对该货品的数量及状态（数量检查、品质检查、开箱等），然后记录必要信息或录入计算机。

2. 搬运

将不同形态的散装、包装或整体的原料、半成品或成品，在平面或垂直方向加以提起、放下或移动，从而使货品能适时、适量移至适当的位置或场所存放。配送中心的每个作业环节都包含搬运作业。

3. 储存

储存作业的主要任务是把将来要使用或要出货的物料作保存，且经常要做库存品的核查控制。储存时要注意充分利用空间，还要注意存货的管理。

4. 盘点

货品因不断的进出库，在长期的累积下库存资料容易与实际数量产生不符或者有些产品因存放过久，致使品质功能受影响，难以满足客户的需求。为了有效地控制货品数量，需要对储存货品进行盘点作业。

5. 订单处理

由接到客户订货开始至准备着手拣货之间的作业阶段，称为订单处理，包括有关客户和订单的资料确定、存货查询、单据处理以及出货配发等。

6. 拣货

拣货是指将每张客户的订单中至少包含一项以上的商品，并如何把这些不同种类数量的商品由配送中心中取出集中在一起的作业过程。拣货作业的目的在于正确且迅速地集合顾客所订购的商品。

7. 补货

补货作业包括从保管区域将货品移到拣货区域，并作相应的信息处理等。

8. 出货

出货是指将拣出分类完成的货品做好出货检查，装入合适的容器，做好标示，根据车辆趟次类别或厂商类别等指示将货品运至出货准备区，最后装车配送。

9. 配送作业

配送是指将订购的物品，使用卡车从配送中心送至顾客手中的活动。

五、配送中心的配送形式

物流配送中心的核心职能是配送服务，围绕着实现配送服务的作业方式，形成了不同的配送方式，如高频率、小批量配送，共同型配送，一体化配送，供应链时代的一体化配送等形式。这些配送形式的发展则与时代的经济发展密切相关。配送中心究竟选择什么样的配送形式当然要根据它的业务性质去决定，为了其事业的发展，还应结合实际业务情况特别是顾客的需求不断去进行完善、改进、发展。

1. 高频率、小批量配送

1）高频率、小批量配送的概念

批发商认为："所谓高频率、小批量配送，配送间隔较传统的配送间隔短，然而接收货物的单位小批量化，较传统的配送方式费工夫，它是要求在规定的时间内进行配送的系统。"另外，便利店总部认为："所谓高频率、小批量配送，是满足消费者的需求，得到供应上的协助，将必要的商品，在必要的时间内，按必需的数量供给零售业，是合理的、高效率的物流系统。"

这两方面的理解反映了各自对流通的态度，批发商的理解对于高频率、小批量配送是被动的，便利店的理解是主动的，不管怎么说都是正确的。

2）高频率、小批量配送的形成

即使配送对于物流企业的运营有各种各样的困难，如物流成本上升等，由于消费者需求的多样化、个性化，消费品也发生了从量到质的变化。零售业者为了及早发现滞销商品及避免库存积压，与此相对应的是商场效率化、进货小批量化。因此，零售业方面高频率、小批量配送的要求日趋高涨。例如，在日本 1982 年高频率、小批量配送开始普及。最初是大型的便利连锁业采用高频率、小批量配送系统作为开端，成为燎原之火，迅速扩展到超市业及其他零售业。其实这个系统的原型是美国的食品业和汽车运输业采用的散货出库方式，将这个散货出库方式和准时供应方式结合起来便成了独特的高频率、小批量配送系统。

3）高频率、小批量配送的分析

根据各种商品的特性、价格等因素，采用"配送频率"、"散货出库比率"、"指定时间配送件数"、"订、发货周期"4 个指标进行分析，日本流通政策研究所于 1992 年 1—2 月将加工食品、日用杂货作为主要商品对生产商、批发商、零售业（超级市场、便利店等）进行问卷调查，

其调查结果汇总如下(各项指标都是同前三年进行比较):

(1) 配送频率

从生产商到批发商的配送由 4.1 次/周,从批发商到超级市场的配送由 3.2 次/周增加到 3.5 次/周,从批发商到便利店的配送由 2.9 次/周增加到 3.2 次/周,配送频率的分布趋于高频率,平均配送频率正在提高。

(2) 散货出库比率

所谓散货出库即非运输单元(集装箱、托盘等)出库。在日本散货出库件数占出库总件数的比率根据进货单位的不同分别为:超级市场 64.9%,便利店 81.7%,一般零售业 68.7%。向便利店送货的散货出库比率显著较高。根据商品不同,日用杂货、化妆品的散货出库比率较高,一般为 70%—90%。

(3) 指定时间内的配送件数

在指定时间内配送件数增加的企业及增加的比率分别为:生产商 85.3%,批发商 68.6%,零售业仅有 48.6%。

(4) 订、发货周期

先看一下平均订、发货周期的变化,生产商和批发商之间从 24.9 小时缩短为 22 h,批发商和便利店之间从 23.9 h,批发商和一般零售店之间从 19.7 h 缩短为 18.9 h,普遍显示出周期缩短化。另外,批发商同一般零售店之间订、发货周期中不足 12 h 的企业占 42.3%,批发商同超级市场和便利店之间的订、发货周期不足 12 h 的企业分别上升为 22.2% 和 22.1%。

4) 零售业的高频率、小批量配送分析

(1) 消除脱销

高频率、小批量的配送是进行“适品、适量、适时”地配送和进货,零售业者作为一个条件要求批发商采用高频率、小批量配送使缺货率降低及消除脱销。另外,高频率、小批量配送还要求附件免费进行流通加工(例如粘贴价格、标记等)及商品陈列等服务,对于出现脱销、配送迟缓等现象强化惩罚措施。

(2) 订、发货期间缩短

零售业期待批发商高频率、小批量配送的基本要求是订、发货期间缩短,这样零售业的商品库存面积削减,能够确保商店商品陈列场地。另外一个作用是削减了库存量,解决了因陈列面积不足而不得不压缩商品数量,和因商品在商店库存而使其新鲜度降低、品质恶化等问题,进而减少了商品损失。

(3) 多样化的流通

高频率、小批量配送是以消费者需求的高档次、多样化为背景,为使零售业商店商品品种齐全、丰富而形成的物流系统。由于商品品种的不断扩大,要求商品进行分类、分装、标价、包装等流通加工的多样化。

(4) 验货成本的改善

由于 POS 信息和 EOS 的使用,新售商品可根据统计结果有选择地进行销售,使商店库存压缩,商场效率提高,对于要求批发商缩短订、发货周期,验货频率较以前增加,验货时间也比以前长,验货人员相应增加,人工费用随之增加是不可避免的。但是,如果零售业同批发商配合较好的话，验货时间就能够缩短，验货成本也可以压缩。

① 零售业如果是整包装入配货箱或货架进货时，尽可能按入库品编号顺序及货架行、列顺序进行配货，这样可以一目了然。

② 入库时间尽可能在早晨和夜间，这个时间段验货方便，避开交通堵塞，停车场紧张问题可以缓解；便于验货时间缩短，验货成本降低。

(5) 配货人员协助售货人员进行现场商品陈列

批发商配送的服务水平可以通过以下几点进行区分。

① 配送到商店货架上不需商品检验。这是最低的服务水平，主要是批发商配送到商店货架上后，由商店负责验货的方式。

② 搬运到检验场所进行检验。将商品搬运到商店某一地方，接受检验，检验后的作业由商店进行。

③ 将商品搬运到检验处，检验后再搬运到商品的售货场，由商店负责进行货架陈列。

④ 搬运到检验场所，检验后由配送人员陈列到货架上。这是最高的服务水平，搬运到检验场所检验后，再运到售货场，进而陈列在货架上的方式。

关于高频率、小批量配送的问题，有 3 种不同意见：

① 高频率、小批量配送，人工费增加，库内作业的配送费等也增加，因此带来总物流成本增加。

② 配送车装载效率低，总的运行距离长，平均装载率由原来的 89％弱一点降到 75％强一点，另外汽车数量增加，由于配送时间集中，易堵车及停车场紧张，接收货物的作业也较繁杂。

③ 带来城市交通拥挤、大气污染、噪音等公害问题。

2. 共同型配送

由于有效地进行高频率、小批量的配送，也推进了分拣等方面的机械化及物流技术的革新。为了防止配送车辆数量的增多和装载效率的下降，有必要进行车辆混载等共同搬运、共同配送。

1) 共同型配送的历史变迁

所谓共同型配送就是为了提高车辆装载率有效地进行配送，对多数企业进行共同配送。例如，多数进货业主设立共同配送中心，并从该中心进货，然后配送中心将所进商品汇总、分类后统一进行配送。这样，增加汽车装载率，多数货主的货物一次便可送达，装卸搬运作业省力方便。

较早采用共同型配送的有日本等国，20 世纪 60 年代是经济快速发展期，随着物流量的扩大，大批量运输、直达运输这类词是代表那个时代的物流关键词。但是单程运输效率低，提出了如何充分利用返程汽车问题。另外，为了缓和城市交通混乱，诞生了共同配送。但是当时实施的共同配送同现在实施的共同配送的思路有很大区别。发展到后来，只是以减少交通量，削减车辆的数量等为主要目的，而共同配送对企业的刺激越来越淡薄。再加上商业交易的传统习惯的障碍，参加共同配送企业很难达成一致意见。

但是，自进入 20 世纪 90 年代，零售业为了使供应物流效率化，向商店共同配货，特别是便利店总部向连锁店共同配送等新形态的共同配送方式开始普及。据 1996 年连锁经营协会的物流调查,大多数零售业利用共同配送方式,共同配送采用率为 55.4%,其中的 41.4% 为配送中心或物流中心进行配送。

2）对共同型配送的评价

(1) 共同型配送与高频率、小批量配送

共同型配送与高频率、小批量配送存在的问题及采取的改进措施是当前研究的新课题。共同型配送也具有实现高频率、小批量配送的可能性。如果批发业只有一家公司进行配送,零售业只能要求高频率、小批量配送。共同型配送进一步细化是实现高频率、小批量配送的重要措施。

共同型配送是物流企业使用本公司的设施及配送网络,根据零售业的需要将配送、流通加工、保管 3 个服务按“商品种类”“不同地区”“不同配送地点”捆绑在一起。

(2) 连锁店的共同进货

百货店、量贩店、自由连锁、特许连锁等,为了提高各家商店的进货效率及验收业务效率,将发货者发来的商品先集中到配送中心再共同配送各商店。这种进货物流共同化的方法,在日本大体上可以分为以下两种类型:第一种类型是以大荣集团为代表的将自已的转运中心作为物流中心。这是为了追求多商店功能性的优势,同时也追求自已公司资产增大这一财务上优势的方法。第二种类型是伊藤洋货堂为代表的共同型配送中心。这种方法构筑在本公司专用物流据点和物流系统上,是将自已掌握主动权的物流网络进行信息化,因此是一种完全统合地开展市场营销的方法,究竟选择哪一种方法为好,是目前研究的重要课题。但是,它至少是构成短期性的物流系统,而不进行设施投资,不负担运营责任,参与代行进货交易实施的方法。

3）共同型配送的主要优点及问题

(1) 共同型配送具有以下优点:

① 车辆装载率提高,单位成本降低,进而可以削减物流总成本。

② 多数企业之间不存在重复、交错运送问题,运输效率提高,单位成本下降。

③ 多企业的货物一次运达,装卸、验货等作业也是一次性进行,提高物流效率。

④ 可以缓解交通堵塞和环境污染。

⑤ 物流服务水平有所提高。

(2) 共同型配送存在以下主要问题:

① 不可避免地泄漏企业之间的商业秘密。

② 不可能完全保证货物的不破损、不丢失等安全性问题。

③ 能否适当核算运费及其他费用,也是一个值得注意的问题。

4）共同配送中心的分类

按共同配送中心的作业方式及功能不同,又分为“库存型”和“流通型”两大类。

(1) 共同配送的库存型配送中心

这是最为传统的配送中心。商品进入配送中心后,先是分类存储,再根据用户的订货要求进行分拣、验货,最后配送到商店。这种配送中心具有储存、进货、流通加工等功能,有的批发商选择这种配送中心,但是这种中心并没有明显的优势,倒是具有商品损失的危险。

(2) 共同型配送的流通型配送中心

这种配送中心不具有库存，是仅进行进货、分类、配货作业的中心。进货后迅速分类，配货并配送给用户，特别是连锁经营商店，每天都需要接纳大量的商品，这就需要快速而无差错地分类、配货作业。同库存型配送中心相比较，在业务和信息处理方面的高效化是必不可少的。商品在批发阶段，就要按不同的商店进行分拣，然后将分拣后的商品装入通用货箱内，并将到货地点等标记及条形码张贴在货箱上，再送到配送中心；在配送中心立即用皮带输送机进行输送，并由扫描仪读取到货地址、商店代码，并利用分选机按照不同商店进行自动分类。同分类平行进行的工作是利用配送中心内的计算机进行验货和配车等方面的信息处理，按不同商店集中的商品逆顺序地装入配送车内进行配送。

3. 一体化配送

一体化配送产生于20世纪90年代的日本，如今在供应链管理中发挥着重要的作用。

(1) 一体化配送的意义

一体化配送也叫“一揽子物流”，它是将货物和信息实现一元化高水平管理的物流。其目的是“降低成本”和“提高服务水平”。这里的“一揽子”可以认为是两层意思：一是“货架一揽子”，也就是某一货架群作为整体对象，不问进货地点和形态，将全部商品集中上货；另一个是“业务一揽子”，就是说不仅仅是进货业务，而且包括发货的商品完全不出现错误，商品进入商店后便于陈列，是将与进货相关的全部业务一揽子接收的系统。

具体的是将商品作为起点，把出库信息(ASN)、供应链(SCM)记录单、物流(EDI)等信息技术纳入物流系统，同样，将一次性分品种进货、定时定量配送等作业组合在一起，是一体化配送中心起着核心作用的进货机制。

(2) 从共同型配送到一体化配送

零售业的商品供应物流可以分为商店直接进货型、共同型配送、一体化配送3种类型。如果采用共同型配送，因为可以共同进货，在商店内接收商品的次数减少，与接收商品有关的作业内容没有太大的变化。接收商品的次数减少仅仅是因为作业量汇总到一起，而对于一体化配送是以与接收商品有关的作业，尽可能地在配送中心代行作业，使商店内的作业大幅度减少作为主要目的。一般情况下汽车从配送中心到达商店时，在商店进行的主要作业是验货及陈列两部分。

作为零售业极力反对“后方作业”，主张“前方作业”，商店内的职员专心从事售货及顾客服务。实际上“后方作业”需要较多的人工和时间。例如，国外某商店对职员的作业进行分析结果如下：食品类商品陈列作业占全部作业时间的五分之二以上，其他商品陈列作业占全部作业时间的四分之一以上，验货作业一次进货需要1—3 h。一体化配送，由配送中心把从批发商进来的商品全数检验，确定不存在质量和数量的问题；在商店仅仅是分类点数这一简单的验收，可将此称为按部门进货，优点是陈列作业迅速，商品很快摆放在货架上，主要区别是共同型配送是“按商店进货系统”，而一体化配送是“按货架进货系统”。

(3) 在日本一体化配送的进展

日本零售企业的商品供应系统发展到现今阶段，经历了从商店直接进货、共同型配送到现在开展一体化配送，目前在日本的企业中一体化配送的水平相当高。但是到现在为止，仍然存在商店直接进货。目前的情况是3种类型并存，但是一体化配送是当前发展的方向这一点则毫无疑问。

一体化配送从大型连锁经营企业开始，现在渗透到中型零售企业。然而一体化配送系统的构筑，不管是中型骨干企业还是大型企业，说它是开展连锁经营的重要课题并不过分。特别是消费处于疲软的今天，各公司都在为了生存而奋斗，开展一体化配送，最大的目标当然还是削减成本。更重要的是由于一体化配送提高了对于消费者的服务水平。顾客服务水平提高，成本削减这是两个必要的条件，因此零售业者为了提高供应物流的效率，需要在物流战略上下大工夫。日本零售业的供应物流经历了"商店直接配送→共同型配送→一体化配送"这一发展阶段，其作业内容的变化如表7-3所示。

从零售商店这个角度上分析一下业务的变化，由商店直接进货发展到共同配送，接收货物次数减少，直到一体化配送，接收货物的作业大幅度减轻；再从配送中心的角度上分析业务的变化，共同型配送汽车巡回送货的场所减少，汽车向各商店送货，商店内的工作量并没有变化。到了一体化配送，在配送中心进行配货时，是将商店的所有货物总量一揽子发出。逐个商店进行分拣和验货，汇总之后，送达商店的每个部门。可以使发货作业减轻，一体化配送系统是一体化配送中心将生产商和零售业商店货架连接起来形成最有效的供应链。今后由零售业推进一体化配送是顾客所期待的供应物流形式。

表7-3　商店物流类型及作业内容的变化

商店

	商店直接进货型	共同配送型	一体化配送型
接收货物次数	批发商数	1次	1次
检验货物	必要	1次	1次
货架陈列	1箱多货架	1箱多货架	1箱1货架

配送

	商店直接进货型	共同配送型	一体化配送型
配货地点数	商店数	1次	1次
发送单位	1个商店	1个商店	全部商店

(4) 一体化配送的分析

一体化配送与共同型配送相比较，最明显的优点是商店业务减轻，运营成本降低，经济效益改善。

几乎所有的连锁经营企业采用一体化配送使得商店作业减轻。但是所有连锁经营并不一定都能够采用一体化配送。因为，商店的货架分类必须是标准化，按整个商店所决定的商品陈列摆放货架，若货架变更不能立即反映到作业系统，就不能采用一体化配送。货架编码和商品位置经常变化的商品不能采用一体化配送。作为系统投资，使商品管理水平持续提高的连锁经营，将担负起推广一体化配送的重担：商店完全是低价运营，商店职工作业负担减轻，专心为顾客服务，顾客综合性的满意率提高是强有力的竞争的基本条件。

对于一体化配送中心的批发商不管进货地点和进货形态，一律在一体化配送中心将商品按部门的货架集中起来分类，然后配送到货架前。所处理的商品种类从传统的加工食品、点心、生鲜食品等进一步扩展成为系列商品。尽可能覆盖多的货架，提高商品面积的利用率。这是一个有效的策略，它不限于加工食品领域，可以使日用品、文具等众多消费商品领域中的大型批发商急速联合起来，共同推进一体化配送。

一体化配送的效率化能够提高联结供应链整体效率。一体化配送中心库存补充部分也是对整个效率的补充；进一步牵动上游的生产管理部分，可以控制整个效率，对此应引起生产商的重视。

5）一体化配送的分类

（1）一体化配送的库存型配送中心

这是与共同配送的库存型配送中心的特性完全不同的配送中心。共同配送的库存型配送中心的库存是大量采购后储存在配送中心，配送中心的进货量是按照中心规定的库存量进行进货；而一体化配送的库存型配送中心的库存是以补充商店货架为目的。一体化配送的库存型配送中心的发货业务与原来的库存型配送中心几乎没有什么变化，不同的是根据用户订货的订单进行分拣时，按商店内的货架将商品取出集中，因为配送中心的商品位置很容易形成原来的"按商品部门进货"那种库存布局，所以，对于分拣作业并不太难。另外，在发货之前进行验货，并确认用户进货信息的准确性。一体化配送的库存型配送中心库存空间与"仓库商店"的标准库存单元相似，所有商品可以随时出库状态陈放在货架上。

一体化配送的库存型配送中心运营的关键业务，是熟练掌握库存管理和补货部分。必须根据销售信息，准确预测各个商店各种商品的需求量，不足的部分应能够立即补充货物，始终维持适宜的库存。而共同配送的库存型配送中心，因为销售量极难预测，库存管理也有很大困难，不得不由"高频率、小批量进货"补充货物来支撑库存。一体化配送的库存型配送中心的库存管理，因为各商店销售数量和销售计划都是由配送中心先行指定的配送指标，所以配送中心的发货量是可以预测的。如果预测的精确度高的话，还可以有计划地采用"低频率、大批量进货"来补充货物，配送中心也能够维持适宜的库存，并能够节约进货费用。

表7-4　共同配送与一体化配送的配送中心功能的比较

序号	配送中心类型名称	进货方式	商店商品全部接收	进货损失控制	缺货控制	进货信息的确定	按商品部门进货	当日进度
1	共同配送的库存型配送中心	大批量	进货	○	△	△	△	○
2	共同配送的流通型配送中心	配车进货						
3	一体化配送的库存型配送中心	按货架群进货	○	○	○	○	○	○
4	一体化配送的流通型配送中心	按商品部门分类进货	○	○		○	○	

（注：△——可以做到；○——完全能够做到）

（2）一体化配送的流通型配送中心

不具有库存的一体化配送的流通型配送中心其作业难度最大。在加工食品领域最先实施，日用杂货领域的一体化配送的流通型配送中心正在日本试行。日本花王系列物流中濑谷配送中心（设在横滨市）利用自动化仓库，将全部进货的商品按照不同的商店，不同的货架进行分类，具体分类的方法按照以下程序进行。

第一次分类：将全部进货商品解捆后，每个库区都以托盘为单位暂时存放在自动化仓库内。

第二次分类：将商品按照商店的货架顺序，根据不同商店进行分拣，然后按商品部门取出集中，以备配送。

上述四种类型的配送中心功能如表 7－4 所示。看出 3、4 两个类型的配送中心将逐渐成为主流，共同型配送中心将会被一体化配送中心分阶段地取代。

4. 供应链时代的一体化配送中心

一体化配送中心是同供应链管理紧密地联系在一起的，目前供应链管理这一新的概念正在盛行，它使生产商、批发商、零售商共同拥有市场信息，以准确地需求预测和统一的物流作为基础，构成最适宜的供应链。以供应链管理的论点来看待一体化配送中心，由库存型过渡到流通型是情理之中的事，然而，即便是流通型配送中心，也不是“生产商→综合批发商→流通型配送中心→商店”这一传统的流通模式，而是“生产商→流通型配送中心→商店”，这一减少流通环节，由生产商直接到流通型配送中心的基本流通模式。

库存型配送中心和流通型配送中心各有优点和缺点。库存型配送中心最大的优点是具有库存，能够安全供应，而且都存在订、发货周期，同流通型配送中心相比较不见得就长；但是库存型配送中心的运营成本较流通型配送中心高，系统投资大。另外，如果多个批发商的货物储存在一个地方共同保管，企业间的作业调整就比较麻烦；而在这方面，流通型配送中心对于已存在的系统，就没有太多的变化，比较简单，不需要保管场所，可以按照加工食品、日常用品、冷藏商品等部门分别进行处理。

在最近较长的一段时间内，一体化配送中心的库存型配送中心仍然是主流。对于零售业来说，配送中心有少量的应急库存，在管理方面比较放心。但是流通型配送中心和库存型配送中心的运营成本有着明显的区别，例如加工食品，库存型配送中心的物流成本占销售额的 5%，而流通型配送中心的物流成本仅占销售额的 3%左右。因为配送中心的物流成本是由批发商支付，所以对于零售商店毫无关系。但是，对于库存型配送中心，存货点分别设在生产商的销售据点和配送中心两个地方。如果是流通型配送中心存货点仅有生产商销售据点一个地点，这样供应链整体的物流成本可以控制到最低，特别是对于加工食品如点心之类的商品，不需经过批发商，由生产商在产品出厂后直接运抵配送中心，再由配送中心经过分类、配货等作业后送到各商店。目前在我国要普及这种类型的配送还需要时间。以一体化配送为主体，一旦形成一体化物流系统，就没有批发商的介入余地，特别是供应链管理，尽可能减少存货点及库存量，这样就能够获取较高的效益。

一体化配送中心的功能仅限于围绕商店的部分，是整个供应链中的极少一部分，如果一体化配送中心的库存补充得到生产商的支持而进行有效地补充，再进一步同上游的生产管理联结在一起，整个供应链就能够发挥更高的效率。所以说一体化配送中心对供应链的影响是无法计算的并不过分。

5. 其他类型的配送中心

(1) 加工、日配中心

加工的商品大多是便利店销售的肉类、鲜鱼类、冷冻食品、盒饭、大众化熟菜等食品类商品，这些商品要求保持一定的新鲜度，不允许长时间的运输及存放。因此，在距各商店较近的地区进行加工，然后配送到各商店，将这种设有加工食品功能的当日配送的中心称之为“加工、日配中心”。它具有集中加工后当日供应给各商店的功能，是将流通加工和当日配送两个功能合并在一起的中心。

(2) 礼品配送中心

每到年末或其他节日的临近，中心根据各商店的订货，将库存商品进行配套促销，组合包装、组合捆绑作为礼品配送到各个商店。节日过后，对未销售完的礼品进行回收，拆装后再进行分类配送到各个商店，具有这种功能的配送中心被称之为礼品配送中心。

(3) 送达中心

根据各商店的订货，将家电、家具、日常用品等库存商品直接送到用户家中，现场进行加工、安装、调试等作业，具有这种功能的配送中心被称为送达中心。

任务三 配送中心选址

20 世纪末，世界经济出现全球化的浪潮，以生产全球化、资本全球化和市场全球化为其特征，跨国公司、跨越国界的经济活动使设施的选址也已超越了国界，而可以在全球范围内选择。选址在整个物流系统中占有非常重要的地位，属于物流管理战略层的研究问题。选址决策就是要确定所要分配的设施的数量、位置及分配方案。这些设施主要是物流系统中的节点，如制造商、供应商、仓库、配送中心零售商网点等。

一、物流配送中心选址概述

物流配送中心选址，是指在一个具有若干供应点及若干需求点的经济区域内，选一个地址设置物流配送中心的规划过程。较佳的物流配送中心选址方案要求是使商品通过物流中心的汇集、中转、分发，直至输送到需求点的全过程的效益最好。物流配送中心拥有众多建筑物、构筑物以及固定机械设备，一旦建成很难搬迁，如果选址不当，将付出长远代价，因而物流配送中心的选址是物流配送中心规划设计中至关重要的一步，它在整个物流配送中心规划设计中占有非常重要的地位。它不仅影响着配送中心的经营方式，而且也对配送中心的网络布局、经营成败有着至关重要的决定性作用。

1. 配送中心选址的目标

1) 成本最小化

成本最小化是配送中心选址决策最常用的目标。与配送中心选址相关的成本主要有：

(1) 运输成本：运输费用是物资运输过程中所发生的费用，运输费用取决于运输距离与运输单价。配送中心位置合理，则总的运输距离就小；运输单价取决于运输方式，与配送中心所在地点的交通运输条件及顾客所在地的交通运输条件直接相关。

(2) 建设成本：配送中心的建设投资包括建筑物、设备和土地征用费用。一般和配送中心的位置和规模有关。

(3) 配送中心内部的固定费用：主要包括内部人员工资、固定资产折旧以及行政支出等与经营状态无关的费用，与位置无关。

(4) 经营成本：就是指物流配送中心在进行产品配送时所发生的管理费用，如进出库费用、保管费用等，与配送中心的中转量有关。

2) 服务最优化

与配送中心选址相关的服务指标主要有速度和准时率。一般来说，配送中心与顾客距离近，则送货速度快，订货周期短，而订货周期越短，准时率越高。

3) 发展潜力最大化

配送中心投资大，服务周期长。因此在选址时，不仅要考虑现有市场条件下的成本、服务等目标，还要考虑将来发展的潜力，包括物流节点生产扩展的可行性及顾客需求增长的潜力。

4) 综合评价指标

单纯考虑成本、服务或发展潜力可能都不能满足投资决策者的需要，这时，可以采用多目标决策的方法。

2. 配送中心的选址原则

通常，在配送中心的选址过程中，应遵循以下原则：

(1) 适应性原则。配送中心的选址需与国家及省市的经济发展方针、政策相适应，与我国物流资源分布和需求分布相适应，与国民经济和社会发展相适应。

(2) 协调性原则。配送中心的选址应将国家的物流网络作为一个大系统考虑，使配送中心的设施设备在地域分布、物流作业生产力、技术水平等方面互相协调。

(3) 经济性原则。在配送中心的发展过程中，有关选址的费用，主要包括建设费用及物流费用(经营费用)两部分。配送中心的选址定在市区、近郊区或远郊区，其未来物流活动辅助设施的建设规模及建设费用，以及运费等物流费用是不同的，选址时应以总费用最低作为配送中心选址的经济性原则。

(4) 战略性原则。配送中心的选址，应具有战略眼光。一是要考虑全局，二是要考虑长远。局部要服从全局，目前利益要服从长远利益，既要考虑目前的实际需求，又要考虑日后发展的可能。

二、配送中心选址要考虑的因素

物流配送中心的选址决策受多种因素的影响，这种影响主要来自经济环境、自然环境、政策环境，以及政治环境、竞争环境、企业内部环境等方面。

1. 经济环境因素

(1) 货流量的大小

物流配送中心设立的根本目的是降低社会物流成本，如果没有足够的货流量，物流中心的规模效益便不能发挥，所以物流配送中心的建设一定要以足够的货流量为条件。

(2) 货物的流向

货物的流向决定着物流配送中心的工作内容和设施设备。对于供向物流来说，物流配送中心主要为生产企业提供原材料、零部件，应当选择靠近生产企业的地点，便于降低生产企业的库存，随时为生产企业提供服务。同时还可以为生产企业提供暂存或用户手上，故应选择靠近客户的地方。

(3) 城市的扩张与发展

城市物流配送中心的选址，既要考虑城市扩张的速度和方向，又要考虑节省装卸费用和减少装卸次数。中储的许多仓库，20 世纪 70 年代以前处于城乡结合部，对城市交通产生压力较小，但随着城市的发展，这些仓库现处于闹市区，大型货车的进出受到管制，专用线的使用也受到限制，不得不选择外迁。大凡道路通达后，立即就有住宅和工商企业兴起，城市实际上沿着道路一块一块发展着，迁徙着。物流配送中心也不是固守一地的。

(4) 交通便利

对于综合型物流配送中心一定要选择在两种以上运输方式的交汇地。如港、公、铁、空；港、公、铁；空、公等各种结合而成。对于港口物流配送中心，还有选择内河运输与海运的交汇地，既要满足吃水较深，能停靠大型货船的需要，又要克服内河泥沙淤积，河槽疏通的困难。对于城市物流配送中心，要选择干线公路或高速公路与城市交通网络的交汇地，还要拥有铁路专用线或停靠铁路货运编组站。

(5) 以铁路运输为主要手段的物流配送中心，其规模应达到经济规模的要求

一般认为物资年吞吐量小于 30 万 t，设置铁路专用线不经济。当仓库距离铁路编组站附近，都能有较好的车源提供。仓库距编组站在 2 km 以内，不仅基建费用少，而且管理营运费用也少，营运方便；以公路运输为主的物流配送中心，一般是生活用品较多，应根据下游客户的分布情况，考虑适当位置，减小服务半径，为便于物资吞吐，仓库应建在公路干线或高速公路附近。

2. 自然环境因素

(1) 地理因素

市镇的规模应该与物流配送中心的大小相适应，另外，地形对仓库基建投资的影响也很大，地形坡度应在 1%—4%之间，库区设置在地形高的地段，容易保持物资干燥，减少物资保管费用；临近河海地区，必须注意当地水位，不得有地下水上溢。另外由于物流配送中心作业比较繁忙，容易产生许多噪音，所以应远离闹市或居民区。应考虑物流配送中心周边不应有产生腐蚀性气体、粉尘和辐射热的工厂，至少应处于这些企业的上风方向。还应与易发生火灾的单位保持一定的安全距离，如油库、加油站、化工厂等。

(2) 气候因素

在物流配送中心规划前应详细了解当地的自然气候环境条件，例如在自然环境中的湿度、盐分、降雨量、风向、风力、瞬时风力、地震、山洪、泥石流等。

3. 政策环境因素

政策环境条件也是物流配送中心选址评估的重点之一，如果有政府政策的支持，则更有助于物流业者的发展。政策环境条件包括企业优惠措施(土地提供，减税)、城市规划(土地开发，道路建设计划)、地区产业政策等。目前，许多城市建立了现代物流园区，其中除了提供物流用地外，也有关于赋税方面的减免，有助于降低物流业者的运营成本。以 Dell 为例，1984 年，Michael Dell 在得克萨斯州的奥斯汀成立了 Dell 公司。1994 年，相邻城市的 Round Rock 提供 Dell 一个一揽子的优惠的税收政策，如将 Dell 所交的 2%的销售税的 31%返还 60 年，100%地免除 Dell 的财产税 5 年，75%地免除 5 年，50%免除 50 年等，于是，Dell 就将总部移到了 Round Rock。同样，Dell 在田纳西州的工厂以及将亚洲的第一个工厂

建于马来西亚也是同样的原因。

关税政策引起的市场壁垒也是企业选址一个重要因素。如果一个国家的关税较高，要么企业放弃这个市场，要么企业会选择在这里建厂以躲避高额关税。例如Dell在爱尔兰建立欧洲市场的第一个工厂，一方面是由于当地低成本、高质量的劳动力以及爱尔兰较低的企业税；另一方面则是由于爱尔兰是欧共体成员国，在爱尔兰制造的计算机产品可以直接发往欧洲市场无需交纳增值税；再者，由于爱尔兰属于欧元区，可以通过欧元的稳定性减小欧洲内的汇率风险。

就选址决策的影响因素而言，大致可以分为外部因素和内部因素两大类。外部因素包括诸如宏观政治及经济因素、基础设施及环境、竞争对手等，内部因素包括企业的发展战略、产品、技术或服务的特征等。

4. 基础设施和劳动力成本因素

基础设施包括交通设施、通信设施等，环境包括自然环境及社会环境，如劳动力的成本、素质等。现代企业中，物流成本往往要超过制造成本，而一个良好的基础设施对于降低物流成本是十分关键的，所以，基础设施在选址决策中占有重要地位。如Dell在田纳西州的工厂位置靠近骨干高速公路同时靠近联邦快递的一个配送中心；由于信息流的通畅快捷对于降低需求的扭曲、降低库存成本有重要影响，所以通信设施的质量、成本，对于选址决策也是一个重要因素。

劳动力的成本和质量是选址决策的一个关键因素，越来越多的国际企业选择在亚洲建立自己的制造工厂，就是由于当地的低价的劳动力成本。Dell选择的德克萨斯州及田纳西州的劳动力成本要比硅谷低，马来西亚要比新加坡低，爱尔兰在欧共体中属于劳动力较低的地区。除去劳动力成本，劳动力的素质也同样重要，Dell在爱尔兰的工厂建立在Limerick，最初是看重当地较低的劳动力资源，随着Dell的进入以及供应商的进入，劳动力的成本越来越高，但是，Dell对于当地的劳动力资源比较满意，因为当地的劳动力素质比较高，在Dell的Limerick工厂50%的员工都具有学士学位。

5. 竞争对手因素

所谓“知己知彼，百战不殆”，在企业选址决策中必须考虑到竞争对手的布局情况，根据企业产品或服务的自身特征，以决定是靠近竞争对手还是远离竞争对手。

6. 企业内部因素

企业的内部因素往往是最主要的。选址决策首先要与企业的发展战略相适应。例如，作为制造业务的企业，发展劳动力密集型的产品还是高技术类型的产品，这是企业综合内外形势分析得到的企业发展战略，如选择劳动力密集型产品，则必然要选择生产成本低的地区作为选址的依据；而选择高技术类型的产品，则必须要选择生产劳动力素质高的地区，而这些地方往往成本较高。从商业及服务业来说，选择连锁便利店还是超市的发展战略，会有不同的企业网络设计。选择连锁便利店，则必须选择一些人口密集区域，成本较高，面积需求较小；选择超市，则要选择人口不是非常密集，可以有大面积提供。

三、配送中心选址的程序和步骤

1. 配送中心选址的程序

在进行配送中心选址时，可以按照图 7 - 3 所示的程序进行。

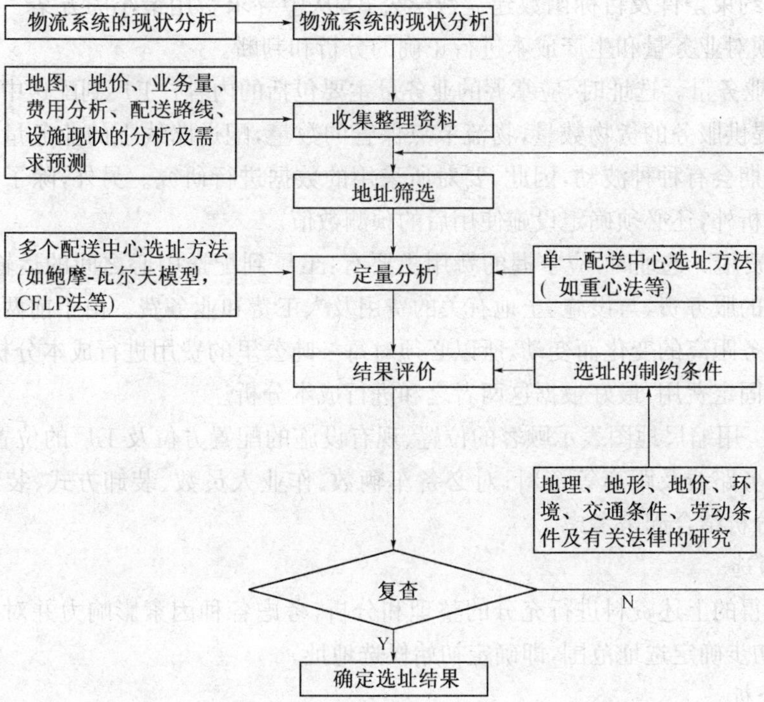

图 7 - 3　配送中心选址程序图

2. 选址约束条件分析

选址时，首先要明确建立配送中心的必要性、目的和意义。然后根据物流系统的现状进行分析，制定物流系统的基本计划，确定所需要了解的基本条件，以便大大缩小选址的范围

(1) 需要条件。包括物流节点的服务对象——顾客的现在分布情况及未来情况的预测、货物作业量的增长率及服务区域的范围。

(2) 运输条件。应挑选靠近铁路货运站、港口和公共卡车终点站等运输节点和靠近运输者的办公地点，作为运输的必要要求。

(3) 配送服务的条件。向顾客报告到货时间、发送频度、根据供货时间计算从顾客到物流节点的距离和服务范围。

(4) 用地条件。要考虑是用现有的土地还是重新取得地皮。如果重新取得地皮，就要考虑地价有多高。地价允许范围内的用地分布情况是怎么样的。

(5) 法规制度。根据指定用地区域的法律规定，要考虑哪些地区不允许建立配送中心。

(6) 流通职能条件。要考虑商流职能是否要与物流职能分开。物流节点是否要附有流通加工的职能。如果需要，从保证职工人数和通行方便出发，要不要限定物流网点的选址范围。

(7) 其他。不同的物流类别，有不同的特殊需要。如为了保持货物质量的冷冻和保温设施、防止公害设施或危险品保管等设施，对选址都有特殊要求，这就要考虑是否有满足这些条件的地区。

3. 搜集整理资料

选择地址的方法，一般是通过成本计算，也就是将运输费用、配送费用及物流设施费用模型化。根据约束条件及目标函数建立数学公式，从中寻求费用最小的方案。寻求最优的地址解时，必须对业务量和生产成本进行正确的分析和判断。

(1) 掌握业务量。选址时，应掌握的业务量主要包括的内容：工厂到配送中心之间的运输量，向客户提供服务的货物数量，物流节点保管的数量，配送路线上的业务量。由于这些数量在不同时期会有种种波动，因此，要对所采用的数据进行研究。另外，除了对现状的各项数据进行分析外，还必须确定设施使用后的预测数值。

(2) 掌握费用。选址时，应掌握的费用主要有：工厂到配送中心之间的运输费，物流节点到客户之间的服务费，与设施、土地有关的费用及人工费和业务费。由于前两项费用会随着业务量和服务距离的变化而变动，所以必须对每一吨公里的费用进行成本分析，第 3 项包括可变费用和固定费用，最好根据这两者之和进行成本分析。

(3) 其他。用缩尺地图表示顾客的位置、现有设施的配置方位及工厂的位置，并整理各候选地址的服务路线及距离等资料；对必备车辆数、作业人员数、装卸方式、装卸机械费用等，要与成本分析结合起来考虑。

4. 地址筛选

在对所取得的上述资料进行充分的整理和分析，考虑各种因素影响力并对需求进行预测后，就可以初步确定选址范围，即确定初始候选地址。

5. 定量分析

针对不同情况选用不同的模型进行计算，得出结果。如对多个配送中心进行选址时，可采用奎汉・哈姆勃兹模型、鲍摩—瓦尔夫模型、CELP 法等；如果是对单一配送中心进行选址，就可采用重心法等。

6. 结果评价

结合市场适应性、购置土地条件、服务质量等，对计算所得的结果进行分析评价，看其是否有现实意义及可行性。

7. 复查

分析其他影响因素对计算结果的相对影响程度，分别赋予它们一定的权重，采用加权法对计算结果进行复查。如果复查通过，则原计算所得结果为最终结果；如果复查发现原计算结果不适用，则返回第三步继续计算，直到得到最终的计算结果。

8. 确定选址结果

在用加权法复查通过后，则计算所得的结果既可作为最终的计算结果。但是所得解不一定就是最优解，可能只是符合条件的满足解。

选择物流节点地址时，需要从整体上进行平衡和分析，既考虑宏观又兼顾微观，最终加以确定。对于一定区域来说，服务于该区域的现代化物流节点应该与其他物流节点协调配合形成有机整体。所以，在综合考虑以上因素后可以定性地确定物流节点的地址，之后则要忽略这些其他因素，以运输距离最短或成本最低等因素为基本原则，采用定量分析的方法选取地址。

四、配送中心选址问题的分类

配送中心选址模型是指用数学的方法确定物流系统中的网点的数量,位置和规模,从而合理的规划物流网络的布局和结构,使物流成本达到最小。

在建立一个选址模型前,需首先确定以下几个问题:① 选址的对象是什么;② 选址的目标区域是怎样的;③ 选址的目标和成本函数是什么;④ 有一些什么样的约束。

根据以上这些不同的问题,选址模型可以分为相应的类型,不同的类型将建立不同的数学模型,进而选择相应的算法进行求解。一般,可将选址问题按以下几种方法分类。

1. 按设施对象划分

不同的物流设施其功能不同,选址时所考虑的因素也不同,在决定设施定位的因素中,通常某一个因素会比其他因素更重要。

在工厂和仓库选址中,最重要的因素通常是经济因素。服务设施(如零售网点)选址时,到达的容易程度可能是首要的选址要素,在收入和成本难以确定时,尤其如此。在地点带来的收入起决定性作用的选址问题中,地点带来的收入减去场地成本就得到该地点的盈利能力。

2. 按设施的维数划分

根据被定位的设施的维数,可以分为体选址、面选址、线选址和点选址等。

(1) 体选址是用来定位三维物体的,例如卡车和飞机的装卸货箱的外货盘负载的堆垛。

(2) 面选址是用来定位二维物体的,例如一个制造企业的部门布局。

(3) 线选址是用来定位一维物体的,例如在配送中心的分拣区域,分拣工人向传送带按照订单拣选所需要的货品。

(4) 点选址是用来定位零维度设施的,当相对于设施的目标位置区域而言,设施的尺寸可以忽略不计时,可以使用点选址模型。大多数选址问题和选址算法都是基于这种情况的。本书主要介绍的配送中心选址模型属于点选址问题。

3. 按设施的数量划分

根据设施选址的数量,可以将选址问题分为单一设施选址问题和多设施选址问题。单一设施的选址与同时对多个设施是截然不同的两个问题,单一设施选址无需考虑竞争力,设施之间需求的分配,集中库存的效果,设施成本与数量之间的关系等,而运输成本是要考虑的首要因素。单一设施选址是两类问题中较为简单的一类。

4. 按选择的离散程度划分

按照选址目标区域的特征,选址问题分为连续选址和离散选址两类。A 连续选址是指在一个连续空间内所有点都是可选方案,需从数量是无限的点中选择其中一个最优的点。这种方法称为连续选址法,常应用于物流设施的初步定位问题。B 离散选址问题是指目标选址区域是一个离散的候选位置的集合。候选位置的数量通常是有限的,可能事先经过了合理分析和筛选。这种模型是较切合实际的,称为离散选址法,常应用与设施的详细选址问题。

5. 按目标函数划分

按照选址问题所追求的目标不同,模型的目标函数可以分为以下几种:

(1) 可行点/最优点。对于许多选址问题来说，首要的目标是得到一个可行的解决方案。可行方案得到以后，第二步的目标是找到一个更好的解决方案。

(2) 中点问题(Median Problem)。在区域中选择(若干个)设施位置，使得该位置离客户到最近设施的距离(或成本)的“合计”最小。这种目标通常在企业问题中应用。在中心问题中，被选择的设施数量往往会预先确定，当选择设施数量为 p 时，称为 p-中点问题。

(3) 中心问题(Center Problem)。根据使得离客户到最近的设施的距离(或成本)“最大值”最小的原则，在区域中选择设施的位置的方法称为中心问题。由于中心问题有目标函数可以表示为：$\min_{x}\{\max(D_j(x)\}$，因此中心问题也称为 Mini-max 问题。其中 x 为新的待定设施的位置，j 为客户编号，$D_j(x)$为新设施在 x 位置时到客户 j 的距离(或成本)。

(4) 单纯设施问题(Pure Location Problem)/选址—分配问题(Location-allocation Problem)。如果新设施和已存在设施间的关系与新设施的位置无关是固定的，则选址问题称为单纯选址问题，也称为固定权重的选址问题。如果这种权重或关系与新设施的位置相关，那么，这些权重本身就成为变量，这种问题被称作“选择一分配问题”。例如，配送中心的客户分配问题，添加一个新的配送中心不仅改变了原配送中心的客户分配，同时也改变了配送中心到客户的距离。

6. 按能力约束划分

根据选址问题的约束种类，可以分为有能力约束的选址问题和无能力约束的选址问题。如果新设施的能力可充分满足客户的需求，那么，选址问题就是无能力约束的设施选址问题；反之，各设施具有所能够满足需求的上限，就是有能力约束问题。无能力约束设施选址问题往往被称为“单纯设施配置问题”。

五、网点间距离的计算

选址问题模型中，最基本的一个参数是各个节点之间的距离。一般采用两种方法来计算节点之间的距离。一种是直线距离(Euclidean Metric)；另一种是折线距离(Rectilinear Metric)，也叫城市距离(Metropolitan Metric)，如图 7-4 所示。

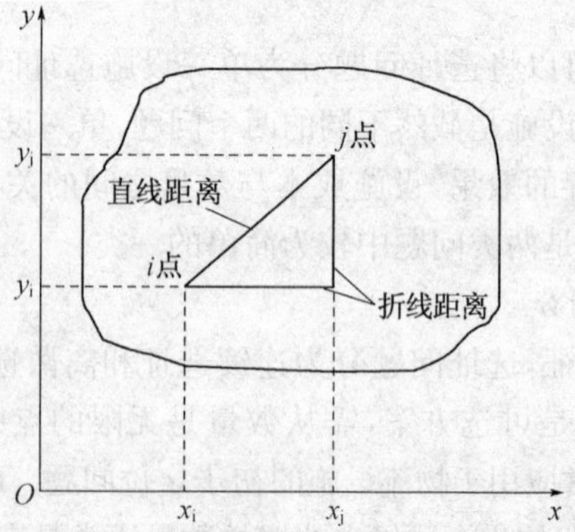

图 7-4　直线距离与折线距离的比较图

1. 直线距离

当选址区域的范围较大时，网点间的距离可用直线距离近似代替，或用直线距离乘以一

个适当的系数 w 来近似代替实际距离，如城市间的运输距离、大型物流园区间的间隔距离等都可用直线距离来近似计算。区域内两点(x_i)和(y_j)间的直线距离 d_{ij} 的计算公式如下：

$$d_{ij}=w_{ij}\sqrt{(x_i-x_j)^2+(y_i-y_j)^2}$$

其中，w_{ij} 称为迂回系数，一般可取定一个常数，当 w_{ij} 取为 1 时，d_{ij} 为平面上的几何直线距离。w_{ij} 取值的大小要视区域的交通情况，在交通较发达的地区，w_{ij} 取的值较小；反之，w_{ij} 取的值较大。

2. 折线距离

如图 7－4 所示，折线距离也称为城市距离，当选址区域范围较小而且区域内道路较规则时，可用折线距离代替两点间的距离。如城市内的配送问题、具有直线通道的配送中心、工厂及仓库内的布置、物料搬运设备的顺序移动等问题。折线距离的计算公式如下：

$$d_{ij}=w_{ij}(|x_i-x_j|+|y_i-y_j|)$$

六、配送中心建模时所考虑的费用

配送中心选址模型通常是以系统总费用最低为目标函数。建立模型一般要考虑以下几项费用：

(1) 建设费用。配送中心的建设投资包括建筑物、设备和土地征用费用。此项费用一般和配送中心的位置和规模有关。

(2) 配送中心内部的固定费用。即内部人员工资，固定资产折旧以及行政支出等与经营状态无关的费用，与位置无关。

(3) 经营费用。所谓的运营费用就是指物流配送中心在进行产品配送时，所发生的管理费用，如进出库费、保管费等，与配送中心的中转量有关。

(4) 运输费用。运输费用是物资运输过程中所发生的费用，与运输路线，即配送中心的位置有关。一般包括工厂到物流配送中心的运输费用和物流配送中心到每个用户的发送费用。运输费用是物流配送中心的主要费用之一。

为使问题简化，一般将上述诸费用分成两大类，固定费用和可变费用。建设投资、固定管理费用等属于固定费用，经营费用和运输费用则属可变费用。

选址规划中，不同的规划形式主要取决于费用函数的形式。因此在建立模型时，如何将配送中心的费用以最优的方式考虑进去成为现阶段选址问题建模的研究重点。

七、配送中心选址方法简介

1. 解析方法

解析方法通常是指物流地理重心方法，这种方法通常只考虑运输成本对配送中心选址的影响，而运输成本一般是运输需求量、距离以及时间的函数，所以解析方法根据距离、需求量、时间或三者的结合，通过在坐标上显示，以配送中心位置为因变量，用代数方法来求解配送中心的坐标。

解析方法考虑影响因素较少，模型简单，主要适用于单个配送中心选址问题。对于复杂的选址问题，解析方法常常感到困难，通常需要借助其他更为综合的分析技术。

2. 最优化规划方法

最优化方法一般是在一些特定的约束条件下，从许多可用的选择中挑选出一个最佳的方案。运用线性规划技术解决选址问题一般须具备两个条件：一是必须有两个或两个以上的活动或定位竞争同一资源对象；二是在一个问题中，所有的相关关系总是确定的。

随着20世纪70年代计算机计算能力的增强，使得用最优化规划求解大型配送中心选址及网点布局逐渐成为可行。最优化规划方法中的线性规划技术以及整数规划技术是目前应用最为广泛，也是最主要的选址方法。据统计，目前美国各种选址软件中90%的解决方案都是应用最优化规划方法得到的。最优化规划方法的优点是，它属于精确式算法，能获得精确最优解。不足之处主要在于对一些复杂情况很难建立合适的规划模型，或者模型太复杂、计算时间长、非常难以得到最优解，有时候得出的解虽然是最优解，但在实际中不可行。

3. 启发式方法

启发式方法是一种逐次逼近最优解的方法，大部分在20世纪50年代末期以及60年代期间被开发出来。用启发式方法进行配送中心选址及网点布局时，首先要定义计算总费用的方法，拟定判定准则，规定改进途径，然后给出初始方案，迭代求解。

启发式方法与最优规划方法的最大不同是它不是精确式算法，不能保证给出的解决方案是最优的，但只要处理得当，获得的可行解与最优解是非常接近的，而且启发式算法相对最优规划方法计算简单、求解速度快。所以在实际应用中，启发式方法是仅次于最优化规划技术的选址方法。

4. 仿真方法

仿真方法是试图通过模型重现某一系统的行为或活动，而不必实地去建造并运转一个系统，因为那样可能会造成巨大的浪费，或根本没有可能实地去进行运转试验。在选址问题中，仿真技术可以使分析者通过方法改变和组合各种参数，多次试行来评价不同的选址方案。这种方法还可进行动态模拟，例如，假定各个地区的需求是随机变动的，通过一定时间长度的模拟运行，可以估计各个地区的平均需求，从而在此基础上确定配送中心的分布。

仿真方法可描述多方面的影响因素，因此具有较强的实用价值，常用来求解较大型的、无法手算的问题。其不足主要在于仿真方法不能提出初始方案，只能通过对各个已存在的被选方案进行评价，从中找出最优方案，所以在运用这项技术时必须首先借助其他技术找出各初始方案，而且预定初始方案的好处会对最终决策结果产生很大影响。

5. 综合因素评价法

综合因素评价法是一种全面考虑各种影响因素，并根据各影响因素重要性的不同对方案进行评价、打分，以找出最优的选址方案。

目前关于以上各种方法哪一种方法是最优的选址及网点布局方法还有不同看法。鉴于各种方法各有优缺点，所以实际运用中通常以最优化规划方法为主，在综合其他各种方法已确定最终的选址及网点布局方案。

任务四　以苏宁 LES 系统为例简介信息化配送流程

对于零售企业来说，物流是其顺畅运作、良性发展的关键，从采购、存储、配送到售后服务，零售企业各个业务环节都要有高效的物流系统来保障。而信息化的应用管理在很大程度上决定着物流运作效益。苏宁配送中心在其自身发展的过程中，充分重视信息化技术的应用，引进了 LES 系统，大大提高了物流配送中心的运作效率。

下面以配送中心直接送货至顾客家为例，简单介绍 LES 系统的流程。

一、送货完成

(1) 大件：ZT130 辖区派工—[仓库作业]—VT70 打印派工汇总表—ZT310 车辆入门登记—ZT182 下发手持任务—ZT203 排程录入准时化—ZW055 箱码装车—ZT310 车辆出门登记—手持/短信/ZT202 销单完成—ZT207 装运终止。

(2) 小件：ZT130 辖区派工—[仓库作业]—ZW171 打印提货证明—ZT310 车辆入门登记—ZT182 下发手持任务—ZT203 排程录入准时化—ZW055 箱码装车—VT70 打印派工汇总表—ZT310 车辆出门登记—手持/短信/ZT202 销单完成—ZT207 装运终止。

—ZT285 配送作业组修改。

—ZT278 辖区内班车派遣预警系统。

—ZT156 派工单生成监控报表。

二、订单变更

1. 另约

(1) 另约回中心入站：销单另约—ZW075 粗收货(打印粗收货交接)—ZT207 装运终止。

(2) 到另约日期再次派工送货：ZT130 派工—{后面操作同送货完成流程}。

2. 货未收退货

(1) 未制退单：销单拒收—ZW075 粗收货(打印粗收货交接)—ZT207 装运终止。

(2) 已制退单：销单拒收—ZW160 打印退货标签—ZW075 粗收货打印粗收货交接—ZT207 装运终止。

注：ZW075 粗收后 ZT207 即可装运终止。

三、货已收退货

ZT130 辖区派工—VT70 打印派工汇总表—VL06F 打印拖机单—ZT310 车辆入门登记—ZT182 下发手持任务—ZT203 排程录入准时化—ZT310 车辆出门登记—手持/短信/ZT202 销单完成—ZW075 粗收货打印粗收货交接表—ZT207 装运终止。

注：LES 中无论是否 50 渠道都打印拖机单，拖回顾客商品将拖机单交于顾客。

技能训练 7-1：规划设计配送中心

【训练目标】

了解配送中心的功能，掌握配送中心选址方法。

【训练准备】

(1) 了解训练目标。

(2) 将学生分成若干组，各组选出一个组长，组内明确分工，合作完成任务。

(3) 设计相关调查表或调研提纲，掌握选址方法

【训练任务及内容】

(1) 以现有的一家连锁商业企业为例，企业的具体数据可以调研或自行推断

(2) 以小组为单位，每组为该企业设计一个配送中心(包含选址、功能规划等)

(3) 画出平面布置图

【提交成果】

每组提交一份报告，报告内容包括各自的配送中心选址依据和方法，配送中心的功能，以及配送中心的平面布置图。

技能训练 7-2：案例分析

沃尔玛的最早创始人山姆·沃尔顿，在 1962 年开设了第一家沃尔玛商场，配送中心从 1970 年开始设立，到目前为止，沃尔玛在美国已经设立了 30 座配送中心，负责将从供应商处大量运达的商品配送至各个分店。配送中心的选址十分重要，它直接关系到成本、运输、采购等多方面的问题，沃尔玛是如何选择配送中心地址的呢？从距离来看，配送中心到所负责的目的地的路程不会超过 1 天路程；从位置来看，由于沃尔玛的商店定位不是根据城市的大小来确定，在一些乡村也开设，因此它的配送中心一般不会设在城市里；从面积来看，一般都达 11 万 m^2。员工近千人，将近 85%的货物通过配送中心发送。一般一个配送中心负责一定区域范围内的多家商场。

思考：

1. 沃尔玛为什么要花费很大的精力投在建设配送中心上呢？
2. 从沃尔玛设立配送中心的选址来分析，它有哪些好处？

模块八

配送作业

学习目标

1. 知识目标

了解订单处理的流程，熟悉配送订单作业包含的内容；掌握订单处理、拣货、理货、补货配货、送货作业的内容及任务

2. 技能目标

能够正确进行订单处理、拣货、理货、补货和送货作业

3. 素质目标

培养学生对配送作业的管理能力；培养学生的动手能力和踏实的工作态度。

【案例导入】

韵达快递构建强大的立体运输网络部队

随着人们与快递的联系越来越紧密和生活节奏的加快，快递速度——时效也成了考验快递企业服务能力、质量与水平的一个重要指标。韵达快递非常重视快件时效，长期以来，在“公平诚信、快捷安全、热情周到、服务一流”品牌理念的指引下，不断提高快件全程全网的运作时效和服务品质。除了在揽收、分拨操作和派送等环节提高快件操作时效之外，在快件运输环节，韵达快递还根据客户需求和快件种类采取陆路运输、航空运输等多种运输方式，努力形成企业的核心运输优势和能力。

由于客户对快递服务时效的要求越来越高，为了能够在承诺的时限内准时无误地将快件送达客户手中，快递企业需要整合调度各种地面和空中资源，实现高效率的多式联运，在短距离比如省际和部分邻近区域内可以通过陆路运输的方式实现，但是在远距离比如跨省、跨国区域内，则常常需要通过航空运输实现。随着业务规模的不断扩大，韵达快递为了进一步提升快递产品的核心竞争力、更好地满足客户的时效要求，目前正在逐步将地面运输网络与空中运输网络结合起来，实现多种运输方式的“齐驱并驾”，致力于构建强大的立体运输网络“部队”，从而保证客户多样化的快件寄递需求的实现。

如何建立韵达快递强大的立体运输网络“部队”？

一是强化布局。陆运方面，在全国建立各级分拨中心；航空方面，在各枢纽机场建立航空运输平台。目前，韵达快递已经建设了能够贯通和连接全国各网点的各级分拨中心 70 余个，在全国各主要机场开辟航空运输通道，实现了地面运输与航空运输资源的融合，为进一步打造立体化运输网络奠定了坚实基础。

二是无缝对接。为了实现陆路运输与航空运输的无缝对接，韵达快递制定了主干线、次干线各个车辆的发车、到车时间，确保快件运输车辆在分拨中心至分拨中心、分拨中心至网点公司、分拨中心及网点至机场之间的发车、到车时间的准点。

三是加强管理。韵达快递通过全国各分拨中心调度平台和在各省会城市建立的航空部及时监控快件陆路、航空运输状态以及陆路与机场航空的运输对接情况，对于突发情况，做到第一时间掌握并采取应急措施加以处置。在保证陆运快件和航空快件运输时效的前提下，韵达快递通过总部信息管理平台对快件的发运和提货时间进行实时监控，并利用手持终端设备对发运与提货信息及时扫描上传，确保快件运行信息的实时传递，方便客户查询快件运行状态。

在未来的发展中，韵达快递将在大力发展陆路运输，保持地面运输优势的同时，大量开通航空线路，积极获取各类航空资源，大力推动航空快递业务的发展，致力于建立强大的立体运输网络"部队"，为韵达快递提高全网络服务能力，特别是提升快件时效和服务品质打下坚实基础。

任务一　配送的基本环节

配送作业是按照用户的要求，将货物分拣出来，按时按量发送到指定地点的过程。配送作业是配送中心运作的核心内容，因而配送作业流程的合理性，以及配送作业效率的高低都会直接影响整个物流系统的正常运行。从总体上看，配送是由备货、理货和送货等 3 个环节组成的，其中每个环节又包含着若干项具体的、枝节性的活动。

一、备　货

备货即指准备货物的系列活动。它是配送的基本环节。严格说来，备货应当包括两项具体活动：筹集货物和储存货物。

1. 筹集货物

在不同的经济体制下，筹集货物（或者说组织货源）是由不同的行为主体去完成的。若生产企业直接进行配送，那么，筹集货物的工作则会出现两种情况：其一，由提供配送服务的配送企业直接承担，一般是通过向生产企业订货或购货完成此项工作；其二，选择商流、物流分开的模式进行配送，订货、购货等筹集货物的工作通常是由货主（如生产企业）自己去做，配送组织只负责进货和集货（集中货物）等工作，货物所有权属于事主（接受配送服务的需求者）。然而，不管具体做法怎样不同，就总体活动而言，筹集货物都是由订货（或购货）、进货、集货及相关的验货、结算等一系列活动组成的。

2. 储存货物

储存货物是购货、进货活动的延续。在配送活动中，货物储存有两种表现形态：一种是暂存形态;另一种是储备(包括保险储备和周转储备)形态。

暂存形态的储存是按照分拣、配货工序要求,在理货场地储存少量货物。这种形态的货物储存是为了适应“日配”“即时配送”需要而设置的,其数量多少对下一个环节的工作方便与否会产生很大的影响,但不会影响储存活动的总体效益。

储备形态的货物是按照一定时期配送活动要求和根据货源的到货情况(到货周期)有计划地确定的,它是配送持续运作的资源保证。如上所述,用于支持配送的货物储备有两种具体形态:周转储备和保险储备。然而不管是哪一种形态的储备,相对来说,数量都比较多。据此,货物储备合理与否,会直接影响配送的整体效益。

以上所讲的备货是决定配送成败与否、规模大小的最基础的环节。同时,它也是决定配送效益高低的关键环节。如果备货不及时或不合理,成本高,那么,就会大大降低配送的整体效益。

二、理　货

理货是配送的一项重要的内容,也是区别于一般送货的重要标志。理货包括货物分拣、配货和包装等项活动。货物分拣采用适当的方式和手段,从储存的货物中分出(或拣选)用户所需要的货物。分拣货物一般采用两种方式来操作:其一是摘取式,其二是播种式。

摘取式分拣就像在果园中摘果子那样去拣货物。具体做法是:作业人员拉着集货箱(或分箱)在排列整齐的仓库货架间巡回走动,按照配送单上所列的品种、规格、数量等客户所需的货物拣出及装入集货箱内。在一般情况下,每次拣选只为一个客户装配;在特殊情况下,也可以为两个以上的客户装配。目前,推广和应用了自动化分拣技术,由于装配了自动化分拣设施等,大大提高了分拣作业的劳动效率。

播种式分拣货物类似于田野中的播种操作。其具体做法是:将数量多的同种货物集中运发到发货场,然后根据每个货位货物的发送量分别取出货物,并分别投放到每个代表用户的货位上,直至配货完毕。为了完好无损地运送货物和便于识别装备好的货物,有些已经经过分拣、装配好的货物尚需重新包装,并且要在包装上贴上标签,记载货物的品种、数量、收货人的姓名、地址及运抵时间等。

三、送　货(发送)

送货是配送活动的核心,也是备货和理货工序的延伸。在物流运动中,送货的现象形态实际上就是货物的运输(或运送),因此,常常以运输代表送货。但是,组成配送活动的运输(有人称之为“配送运输”)与通常所讲的“干线运输”是有很大区别的,由于配送中的送货(或运输)需要面对众多的客户,并且要多方向运动,因此,在送货过程中,常常进行全面计划的基础上,制定科学的、距离较短的货运路线,选择就近、迅速、安全的运输方式作为主要的运输工具。

四、流通加工

在配送过程中,根据用户要求或配送对象(产品)的特点,有时需要在未配货之前先对货物进行加工(如钢材剪切、木材截锯等),以求提高配送质量,更好地满足用户需要。融合在配送中的货物加工是流通加工的一种特殊形式，其主要目的是使配送的货物完全适合用户的需要和提高资源的利用率。

任务二　配送的基本流程

配送的基本流程包括以下几项作业：进货、搬运装卸、储存、订单处理、分拣、补货、配货及送货。其流程如图 8－1 所示。由于储存在前面相关章节已经介绍，因此在此只介绍进货、订单处理、补货、拣货、配货与送货等基本作业。

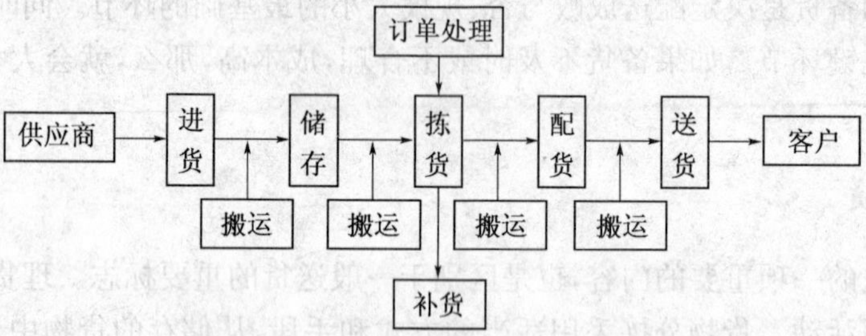

图 8－1　配送作业的基本流程图

任务三　进货作业

进货作业的基本流程是：确定进货目标→货车到达→卸货→拆装→提示及分类货品→检查单据、传票等文件→在进货单上记录进货→货品验收检查→进货正确记录→指派入库位置。

其中，确定进货目标的内容一般有：掌握货物到达的日期、品种、数量；配合停泊信息协调进出货车的交通问题；为了方便卸货及搬运，计划好货车的停车位置；预先计划临时存放位置。

货物验收是对产品的质量和数量进行检查的工作。验收工作一般分为两种：第一种是先点收货物，再通知负责检验的单位办理检验工作；第二种是先由检查部门检验品质，认为完全合格后，再通知仓储部门办理收货手续。

一、货物验收的标准

为了准确及时地验收货物，就必须明确验收标准。在实际工作中，可以采用以下标准验收货物：

（1）采购合同或订单所规定的具体要求和条件。

（2）采购合约中的规格或图解。

（3）议价时的合格样品。

（4）各类产品的国家品质标准或国际标准作为验收货物标准。

二、货物验收的内容

在验收货物时，主要进行质量验收、包装验收和数量验收 3 方面的工作。

(1) 对入库货物进行质量检验的主要目的是查明入库商品的质量状况，以便及时发现问题，分清责任，确保到库货物符合订货要求。

(2) 包装验收的具体内容主要包括包装是否安全牢固，包装标志、标记是否符合要求，包装材料的质量状况是否良好。

(3) 在日常作业中，入库货物数量上的溢缺是较常见的现象，这直接关系到配送中心的库存数量控制和流动资产管理。所以，数量验收是进货作业中很重要的内容。

到达配送中心的商品，经验收确认后，必须填写“验收单”，并将有关入库信息及时准确地登入库存商品信息管理系统，以便及时更新库存商品的有关数据。货物信息登录的目的在于为后续作业环节提供管理和控制的依据。

任务四　订单处理

从接到客户订单开始到着手准备拣货之间的作业阶段，称为订单处理。通常包括订单资料确认、存货查询、单据处理等内容。订单处理分人工和计算机两种形式。人工处理具有较大弹性，但只适合少量的订单处理，一旦订单数量较多，处理将变得缓慢且易出错。计算机处理则速度快、效率高、成本低，适合大量的订单处理，因此目前主要采取后一种形式。

订单处理的基本内容及步骤主要包括 12 个方面。

一、接受订货

接单作业是订单处理的第一步。随着流通环境的变化和现代科技的发展，现在客户更趋于高频度的订货，且要求快速配送。因此，接受客户订货的方式也渐渐由传统的人工下单、接单，演变为计算机直接送收订货资料的电子订货方式。电子订货，即采用电子传运方式取代传统人工书写、输入、传送的订货方式，它将订货资料由书面资料转为电子资料，通过通信网络进行传送。

二、货物数量及日期的确认

接单以后，首先确认货物名称、数量及日期，即检查品名、数量、送货日期等是否有遗漏、笔误或不符合公司要求的情形。尤其当送货时间有问题或出货时间已延迟时，更需与客户再次确认订单内容或更正运送时间。同样地，若采用电子订货方式接单，也须对已接受的订货资料加以检验确认。

三、客户信用的确认

不论订单是由何种方式传至公司，配送系统都要核查客户的财务状况，以确定其是否有能力支付该订单的账款。通常的做法是检查客户的应收账款是否已超过其信用额度。若客户应收账款已超过其信用额度，系统自动加以警示，以便输入人员决定是继续输入其订货资料还是拒绝其订单。运销部门一旦发现客户的信用有问题，则将订单送回销售部门再调查或退回订单。

四、订单形态确认

配送中心虽有整合传统批发商的功能以及有效率的物流信息处理功能，但在面对较多的交易对象时，仍需根据顾客的不同需求采取不同做法。在接受订货业务上，表现为具有多种订单的交易形态，所以物流中心应对不同的客户采取不同的交易及处理方式。

表 8－1　订单形态与处理方式说明

订单类别	含　义	具体处理方法
一般交易订单（常见订单）	接单后按正常的作业程序拣货、出货、配送、收款结账的订单	接单后，将资料输入订单处理系统，按正常的订单处理程序处理，资料处理完后进行拣货、出货、配送、收款结账等作业
现销式交易订单	与客户当场直接交易、直接给货的交易订单	订单资料输入前就已把货物交给了客户，故订单资料不需再参与拣货、出货、配送等作业，只需记录交易资料，以便收取应收款项
间接交易订单	客户向物流中心订货，但由供应商直接配送给客户的交易订单	接单后，将客户的出货资料传给供应商由其代配。客户的送货单是自行制作或委托供应商制作，应对出货资料（送货单回联）加以核对确认
合约式交易订单	与客户签订配送契约的交易。如签订在某期间内定时配送某数量的商品	约定送货日到时，将该资料输入系统处理以便出货配送；或一开始输入合约内容并设定各批次送货时间，在约定日到时系统自动处理
寄库式交易订单	客户因促销、降价等市场因素而先行订购某数量商品，以后视需要再要求出货的交易	当客户要求配送寄库商品时，系统检核是否确实，若有，则出货是要从此项商品的寄库量中扣除。注意此项商品的交易价格是依据客户当初订购时的单价计算
兑换券交易订单	客户通过兑换券所兑换商品的配送出货	将客户兑换券的商品配送时，系统查核是否确实，若有，依据兑换的商品及兑换条件予以出货，并应扣除客户的兑换券回收资料

五、订单价格确认

对于不同的客户（批发商、零售商）、不同的订购批量，可能对应不同的售价，因而输入价格时系统应加以检核。若输入的价格不符（输入错误或业务员降价接受订单等），系统应加以锁定，以便主管审核。

六、加工包装确认

客户订购的商品是否有特殊的包装、分装或贴标等要求，或是有关赠品的包装等资料系统都需加以专门的确认记录。

七、设定订单号码

每一份订单都要有单独的订单号码，此号码一般是由控制单位或成本单位来指定，它除了便于计算成本外，还有利于制造、配送等一切相关的工作。所有工作的说明单及进度报告都应附有此号码。

八、建立客户档案

将客户状况详细记录，不但有益于此次交易的顺利进行，且有益于以后合作机会的增加。

表 8－2　客户档案表

编制日期：　　　　片区：　　　　新客户标志：　　　　业务员：

客户全称：		客户编号：	
单位详细地址：			
法人代表：		联系电话：	
订(供)货负责人：		联系电话：	
送货地址：			
送货车辆形态：			
客户点卸货特性			
客户配送要求：			
客户销售付款：		折扣率的条件：	
过期订单的处理方式：			
其他说明：			
企业规模		注册类型	
单位类别		隶属关系	
上年固定资产值		上年总产值	
潜在购力			
往年信用情况说明			
今年信用完成能力分析			
受信等级	□一级　□二级　□三级　□四级　□五级		
上年销售情况：		上年贷款回笼情况：	
本年销售计划：		本年回笼计划：	
与我公司合作历史：		主要竞争对手：	
本年销售采取的方案说明：			
备注：			

九、存货查询和存货分配

1. 存货查询

此程序在于确认是否有效库存能够满足客户需求，通常称为“事先拣货(prepicking the order)”。

2. 存货分配

订单资料输入系统，确认无误后，最主要的处理作业在于如何将大量的订货资料，作最有效的汇总分类、调拨库存，以便后续的物流作业能有效地进行。存货的分配模式可分为单一订单分配及批次分配两种。

(1) 单一订单分配

此种情形多为线上即时分配，亦即在输入订单资料时，就将存货分配给该订单。

(2) 批次分配

累积汇总数笔的已输入订单资料后，再一次分配库存。物流中心因订单数量多、客户类型等级多，且多为每天固定配送次数，因此通常采取批次分配以确保库存能作最佳的分配。

然而，若以批次分配选定参与分配的订单后，若这些订单的某商品总出货量大于可分配的库存量，则应如何取舍来分配这有限的库存？可依照表 8-3 原则来决定有限库存时客户订购的优先性。

表 8-3 有限库存分配原则方法

批次分配原则	处理方法
具特殊优先权者先分配	对于一些例外的订单如缺货补货订单、延迟交货订单、紧急订单或远期订单，这些在前次即应允诺交货的订单，或客户提前预约或紧急需求的订单，应有优先取得存货的权利。因此当存货已补充或交货期限到时，应确定这些订单的优先的分配权
依客户等级来取舍	依客户等级来取舍，将客户重要性程度高的作优先分配
依订单交易量或交易金额来取舍	依订单交易量或交易金额来取舍，将对公司贡献度大的订单作优先处理
依客户信用状况	依客户信用状况将信用较好的客户订单作优先处理
依系统自定义	依系统自定义作优先处理

十、计算拣货的标准时间

为了有计划地安排出货作业，因而对于每一订单或每批订单可能花费的拣货时间需要事先掌握，对此要计算订单拣货的标准时间。

十一、依订单排定出货时间及拣货顺序

前面已由存货状况进行了存货的分配，但对于这些已分配存货的订单，应如何安排其出货时间及拣货先后顺序，通常会再依客户需求和拣货标准时间等具体情况而定。

十二、订单资料处理输出

订单资料经由上述的处理后，即可开始打印一些出货单据，以展开后续的物流作业。

任务五　拣货

分拣作业是依据顾客的订货要求或配送中心的送货计划，尽可能迅速、准确地将商品从其路径或其他区域拣取出来，并按一定的方式进行分类、集中，等待配装送货的作业过程。在配送作业的各环节中，分拣作业是非常重要的一环，它是整个配送中心作业系统的核心。在配送中心搬运成本中，分拣作业搬运成本约占 90%；企业劳动密集型配送中心，与分拣作业直接相关的人力占 50%，分拣作业时间占整个配送中心作业时间的 30%—40%。因此，合理规划与管理分拣作业，对配送中心作业效率具有决定性的影响。

一、拣选作业基本要点

拣选作业的要求如图 8－2 所示。

图 8－2　拣选作业要点示意图

二、主要拣选作业的信息传递方式

1．订单传票

直接以客户订单或以配送中心送货单作为拣选作业指示凭据。这种方法只适合订单数量较小和批量较小的情况。由于订单在作业时容易受到污损，导致作业过程发生错误，甚或无法判别确认。

2．拣货单

将客户订单输入电脑系统，进行拣货信息生成，并打印拣货作业单。拣货单的优化主要取决于信息系统相应的支持功能。

3. 灯光显示器

通过安装在储位上的灯光显示器或液晶显示器传递拣选作业信息，该系统可以安装在重力货架、托盘货架和轻型货架上，以提高拣选作业的效率和准确率。

4. 无线通信(RF)

通过在堆高机等装置上安装无线通信设备，把应该从哪个储位拣选何种商品和数量的信息实时通知拣选作业者，此系统适应大批量的拣选作业。

5. 电脑辅助拣选车

通过在堆高机等装置上安装电脑辅助终端机，向拣选作业者传递拣选作业指令，此系统适应多品种、小批量、体积小、价值高的货品拣选。

三、现代化的拣货手段

1. 电子标签辅助拣货系统方式

电子标签辅助拣货系统是采用先进的电子技术和通讯技术开发的物流辅助作业系统，通常使用在现代物流中心货物分拣环节，具有效率高、差错率低的作业特点。

电子标签辅助拣货系统根据两种不同的作业方式，可分为摘果式拣货系统和播种式拣货系统。

(1) 摘果式拣货系统

电子标签安装在货架储位上，一个储位放置一种产品，即一个电子标签代表一种产品，以一张拣货单为一次处理的单位，系统会将拣货单中所有拣货商品所代表的电子标签逐一亮起，拣货人员依照灯号与显示的数字将货品从架上取出放进拣货箱内。

(2) 播种式拣货系统

每一个电子标签代表一个客户或是一个配送对象，以每一种货品为一次处理的单位，拣货人员先将货品的应配总数取出，并将商品信息输入，系统会将代表有订购此项货品的客户的电子标签点亮，配货人员只要依电子标签的信号与显示数字将货品分配给客户即可。

2. 利用无线手持终端拣货方式

这种拣货方式是基于无线局域网，采用移动式的无线手持终端进行拣货作业操作。特点是全程无纸化，在整个过程中根据无线手持终端的指导进行拣货，多用摘果式拣货方式。

四、拣货作业方式

1. 订单拣选(摘果式)

这种作业方式是针对每一张订单，作业员巡回于仓库货架间，将客户所订购的商品逐一由仓储货架中挑拣出来的方式，是一种传统的拣货方式。

1) 优点

(1) 作业方法单纯。

(2) 前置时间短，针对紧急需求可快速拣选。

(3) 导入容易且弹性大，对机械化、自动化没有严格要求。

(4) 作业员责任明确，派工容易、公平。

(5) 拣货后不用再进行分类作业，适用于大量订单的处理。

2) 缺点

(1) 商品品种多时，拣货行走路径加长，拣选效率降低。

(2) 拣货区域大时，搬运系统设计困难。

2. 批量拣选(播种式)

把多张订单集合成一批，依据商品类别将数量相加后再进行拣选，之后依据客户订单再作分类处理。此种作业方式之优缺点如下：

1) 优点

(1) 适合订单数量庞大的系统。

(2) 可以缩短拣选时行走搬运的距离，增加单位时间的拣货量。

2) 缺点

对订单的到来无法做即刻的反应，必须等订单累积到一定数量时才做一次之处理，因此会有停滞的时间产生。只有根据订单到达的状况做等候分析，决定出适当的批量大小，才能将停滞时间减到最低。

3) 批量拣选的订单分批原则

批量拣选的订单分批原则主要包含 4 个原则。

(1) 合计量分批原则

将进行拣货作业前所有累积订单中的货品依据品种分别合计总量，再根据总量进行拣选的方式。

(2) 时段分批原则

此原则适用处理集频繁的订单，例如 5 min 或 10 min，将此时段的订单作成一批，进行拣取。

(3) 定量分批原则：

订单分批按先进先出(FIFO)的基本原则，当累计订单数到达设定的固定量后，再开始进行拣货作业的方式。

(4) 智慧型的分批原则

订单汇集后，必须经过较复杂的电脑计算程式，将拣选路线相近的订单集中处理，求得最佳的订单分批，可大量缩短拣货行走搬运距离。

3. 其他拣选作业模式

(1) 复合拣选

复合拣选为单一顺序拣选及批量拣选的组合；可依据订单中品种数量决定那些订单适合于单一顺序拣选，那些适合于批量拣选。

(2) 分类式拣选

一次处理多张订单，且在拣选各种商品的同时，把商品按照客户订单类别分类放置的方式。

(3) 分区拣选

不论是采行单一顺序拣选或批量拣选，从效率上考量皆可配合采用分区的作业策略。

(4) 接力拣选

此种方法与分区拣选类似，先决定出拣货员各自分担的产品项目或料架的责任范围后，各个拣货员只拣选拣货单中自己所负责的部分,然后以接力的方式交给下一位拣货员。

(5) 订单分割拣选

当一张订单所订购的商品项目较多,或欲设计一个讲求及时快速处理的拣货系统时,为了使其能在短时间内完成拣货处理,可利用此策略将订单切分成若干子订单,交由不同的拣货人员同时进行拣货作业以加速拣货的速度。订单分割策略必须与分区策略联合运用才能有效发挥作用。

任务六　理　货

理货作业是指在配送作业过程中,对物品进行的数量清点,内外质量检查、分类等一系列作业过程。

一、理货的作用

理货的主要作用表现为 3 个方面。

1. 检查作用

理货的作用之一是对物品的检查。在配送作业过程中,通过检查配送物品的实际状况,并作好相应的理货记录,为配送物品的质量跟踪提供了必要的依据。

2. 责任划分

理货人员对理货过程中发现的物品数量短缺、残损、规格不符、质量不合格等情况,应作出详细记录,据此作为责任划分的依据。配送中心可以根据理货单记录的情况,向供货单位提出退货或换货,或向承运方提出索赔。

3. 交接作用

通过理货作业可确定物品的数量和质量状况。理货后,配送中心与供货方或承运方办理正式的货物交接手续,签署送货单或交接清单。

二、理货作业的内容

理货作业的具体内容有 4 个方面。

1. 数量检验和质量检验

理货作业应清点物品的件数、测量物品的质量和尺寸,检查物品的外观质量和内在质量等。

2. 残损物品的界定

理货作业应对配送物品进行数量和质量状况的界定,剔除残损,确保配送物品的质量。

3. 对配送物品的分拣作业进行指导

理货人员应根据配送作业的要求,从其职责角度应对物品的分拣作业、存放作业、配装作业等进行指导。

4. 办理交接手续记录

理货作业过程以及理货作业完毕,应由理货人员与配送作业人员、供货方、承运方办理交接手续,签署送货单或交接清单等相关单证,同时对作业过程中发生的工损事故,应制作事故报告，并由事故当事人签署。

三、理货作业的方法

配送中心的理货作业方法主要内容包括4方面。

1. 现场理货

配送中心现场的理货、接卸作业、现场事务协调。

2. 共同理货

配送中心在进行理货作业时，供货方、承运方、仓库三方人员以及上道工序与下道工序的作业人员必须同时在场，以便在发生责任问题时各方可以当场明确各方的责任。

3. 约定理货

理货作业的过程以及内容应按已送货单或订单(配送单)的要求及内容，对货物的数量记载、质量要求作为验收标准，只要符合单据约定的要求即为合格。

4. 理货记录

对理货作业中发生、发现的问题，理货人员要进行现场记录，编写相关的报告和单据，并要求当事人签署。

任务七 补 货

补货作业是将货物从仓库保管区搬运至拣货区的工作，其目的是确保商品能保质保量按时送到指定的拣货区。补货通常是以托盘为单位，从货物保管区将货品移到拣货区的作业过程。

补货作业的基本流程如图8-3所示。

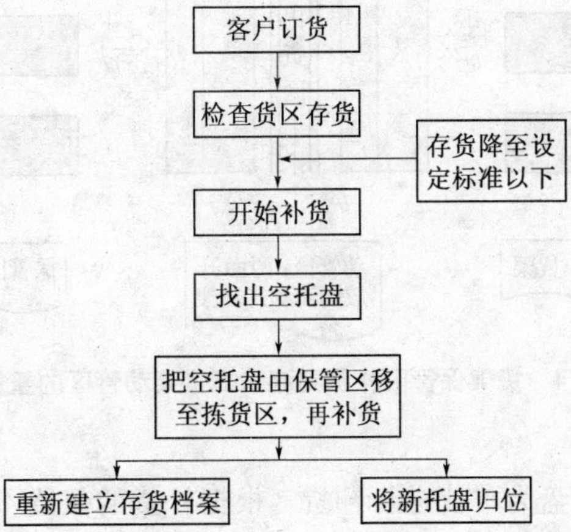

图8-3 一般补货作业流程

一、补货时机

补货作业的发生与否主要看拣货区的货物存量是否符合需求，因此究竟何时补货要看拣货区的存量，以避免出现在拣货过程中才发现拣货区货量不足需要补货，而造成影响整个拣货作业。通常,有批组补货、定时补货或随机补货 3 种时机方式。

1. 批组补货

批组补货是指每天由计算机计算所需货物的总拣取量和查询动管区存货量后得出补货数量,从而在拣货前一次性补足,以满足全天拣货量。这种一次补足的补货原则,较适合一日内作业量变化不大、紧急订单不多或是每批次拣取量大的情况。

2. 定时补货

定时补货是把每天划分为几个时点,补货人员在时段内检查动管拣货区货架上的货品存量,若不足则及时补货。这种方式适合分批拣货时间固定且紧急处理较多的配送中心。

3. 随机补货

随机补货是指定专门的补货人员,随时巡视动管拣货区的货品存量,发现不足则随时补货。这种方式较适合每批次拣取量不大、紧急订单多以至于 1 日内作业量不易事先掌握的情况。

二、补货方式

补货作业的策划要满足两个前提,即"确保有货可拣"和"将待拣货物放置在存取都方便的位置"。补货作业方式取决于货物的特性、场地、设备等条件。

常见的补货方式有:整箱补货;整托补货;货架间的补货;自动补货等

1. 整箱补货

由货架保管区补货到流动式货架的动管区的补货方式,见图 8-4。

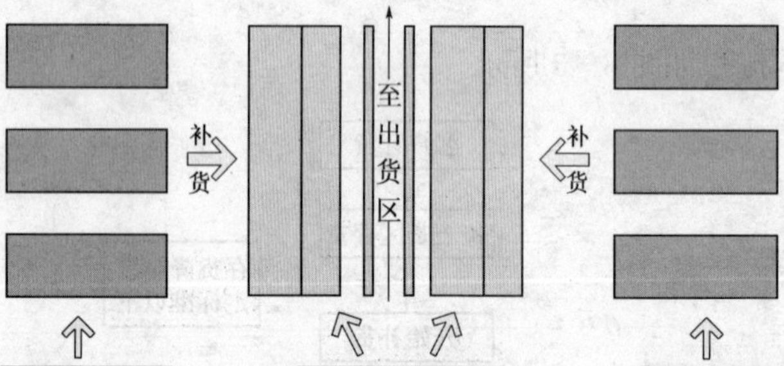

图 8-4 货架保管区补货到流动式货架动管区的整箱补货

2. 整托补货

这种补货方式是以托盘为单位进行补货。根据补货的位置不同,又分为两种情况。一种是地板至地板,一种是地板至货架。

(1) 地板至地板的整托盘补货

此补货方式保管区为以托盘为单位地板平置堆叠存放,动管区也为以托盘为单位地板平置堆叠存放,所不同之处在于保管区的面积较大,存放物品量较多,而动管区的面积较小,存放物品量较少,见图 8-5 所示。

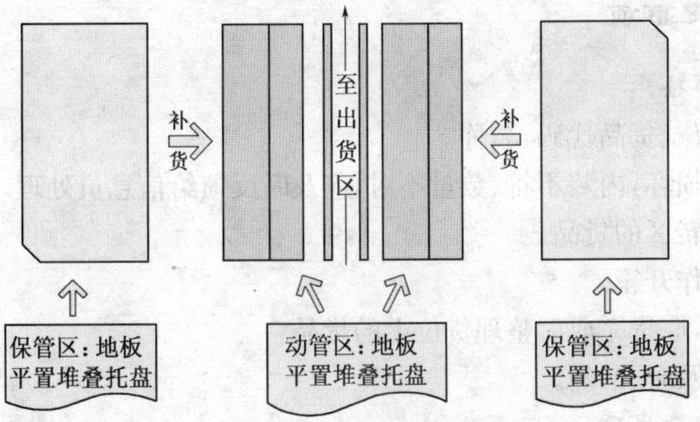

图 8－5　地板至地板的整托盘补货

(2) 地板至货架的整托盘补货

此补货方式保管区是以托盘为单位地板平置堆叠存放，动管区则为托盘货架存放。补货方式为：作业员使用叉车很快地至地板平置堆叠的保管区搬回托盘，送至动管区托盘货架上存放。此保管、动管区存放形态的补货方式较适合体积中等或中量(以箱为单位)出货的物品。

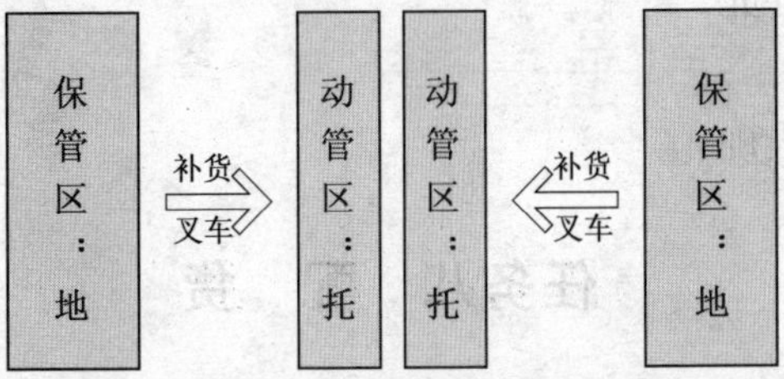

图 8－6　地板至货架的整托盘补货

3. 货架之间的补货

此补货方式为：保管区与动管区属于同一货架，也就是将一货架上的两手方便拿取之处(中下层)作为动管区，不容易拿取之处(上层)作为保管区；而进货时便将动管区放不下的多余货箱放至上层保管区。

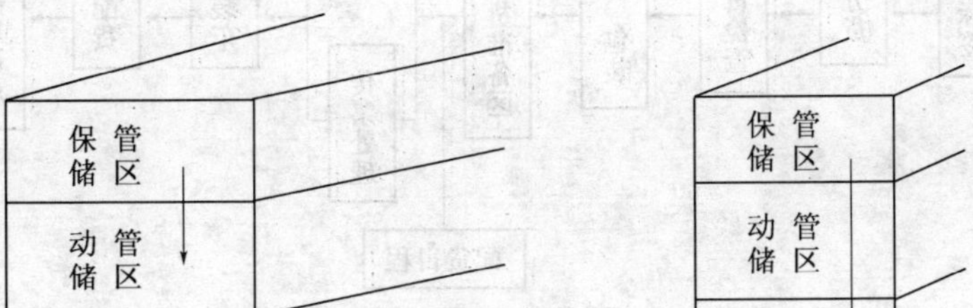

图 8－7　货架之间的补货

三、补货注意事项

1. 取货注意事项

(1) 核对取货位、货品代码,名称。

(2) 发现包装损坏,内装不符、数量不对,应及时反馈给信息员处理。

(3) 维护好周转区的货品。

(4) 按规定动作开箱。

(5) 轻拿轻放,取货完成后整理货位上的货品。

(6) 作业标准及时、准确。

2. 补货上架注意事项

(1) 从周转区的取货品时核对取货位、货品代码,名称。

(2) 一种货品对应一个拣货位。

(3) 尽量全部补到拣货位上。

(4) 把货品整齐放到拣货位上。

3. 其他注意事项

(1) 主动补货。

(2) 及时查询,及时补充。

(3) 结束后清洁卫生。

(4) 作业标准及时、准确。

任务八 配 货

配货作业是指把拣取分类完成的货品经过配货检查过程后,装入容器和做好标示,再运到配货准备区,待装车后发送。配货作业既可采用人工作业方式,也可采用人机作业方式,还可采用自动化作业方式,但组织方式有一定区别。其作业流程如图 8-8 所示。

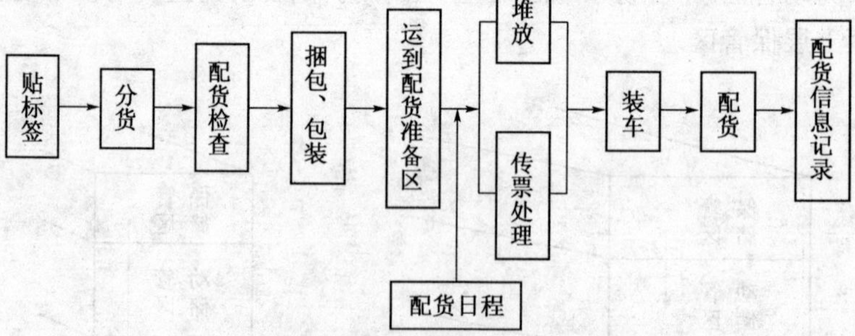

图 8-8 配货作业流程图

配货作业一般包括分货作业、简单的流通加工和配装作业。

一、编制配货计划

配送计划内容主要包括:配货方式和配货路线、配货人员的数量与机械类型及种类、确定配装方案等。

二、分货作业

分货就是把拣货完毕的商品按用户或配送路线进行分类的工作。分货方式一般有下列几种：

1. 人工分货

它是用人力以手推车为辅助工具，将被分拣商品分送到指定的场所堆放待运。批量较大的商品则用叉车托盘作业。

2. 自动分类机分货

由于近年来对快速、高效、准确性物流服务的需求，因而为顺应多品种少量订货的市场趋势，自动分类机开始逐渐引起企业关注并广泛运用。

任务九 送 货

送货作业是指利用配送车辆把客户订购的物品从制造厂、生产基地、批发商、经销商或配送中心，送到客户手中的过程。

一、送货的基本作业流程

1. 划分基本配送区域

为使整个配送有一个可循的基本依据，应首先将客户所在地的具体位置作一系统统计，并将其作区域上的整体划分，将每一客户囊括在不同的基本配送区域之中，以作为下一步决策的基本参考。

2. 车辆配载

由于配送货物品种、特性各异，为提高配送效率，确保货物质量，必须首先对特性差异大的货物进行分类。

3. 暂定配送先后顺序

在考虑其他影响因素，做出确定的配送方案前，应先根据客户订单要求的送货时间将配送的先后作业次序作一概括的预订，为后面车辆积载做好准备工作。

4. 车辆调度

车辆调度要解决的问题是安排什么类型、吨位的配送车辆进行最后的送货。

5. 选择配送线路

知道了每辆车负责配送的具体客户后，如何以最快的速度完成对这些货物的配送，即如何选择配送距离短、配送时间短、配送成本低的线路，这需根据客户的具体位置、沿途的交通情况等作出优先选择和判断。

6. 确定最终的配送顺序

做好车辆安排及选择好最佳的配送线路后，依据各车负责配送的具体客户的先后，即可将客户的最终配送顺序加以明确的确定。另外，对于多个配送点的配送顺序的计算，需要借助电脑建立数学模型，以求得最佳路线。

7. 完成车辆积载

明确了客户的配送顺序后，接下来就是如何将货物装车，以什么次序装车的问题，即车辆的积载问题。原则上，知道了客户的配送顺序先后，只要将货物依“后送先装”的顺序装车即可。但有时为了有效利用空间，可能还要考虑货物的性质（怕震、怕压、怕撞、怕湿）、形状、体积及重量等作出弹性调整。

二、送货服务要求

1. 时效性

时效性是流通业客户最重视的因素，也就是要确保能在指定的时间内交货。

2. 可靠性

可靠性是指将物品完好无缺地送达目的地，这主要取决于配送人员的责任心和素质。

3. 沟通性

它是指配送人员不仅仅要把物品交送到客户手中，也是客户最直接接触的人员，因而其表现出的态度、反应会给客户留下直接的印象，无形中便成为公司形象的体现，因而配送人员应能与顾客做相对的沟通，且具备良好的服务态度，这将维护公司的形象，并巩固客户的忠诚度。

4. 便利性

它的含义是指配送最主要是要让顾客觉得方便，因而对于客户点的送货计划，应采取较具灵活性的配货系统，这样才能够随时提供便利的服务，例如紧急送货、信息传送、顺道退货、辅助资源回收等。

5. 经济性

它的含义是指满足客户的服务需求，不仅品质要好，价格也是客户重视的要项。因而若能让配送中心本身运作有效率，成本控制得当，自然对客户的收费也会低廉，也就更能以经济性来抓住客户了。

三、提高送货效率的措施

为提高送货效率，可采用的措施包括以下几种：

1. 消除交错送货

消除交错送货，可以提高整个配送系统的送货效率。例如，将原直接由各工厂送至各客户的零散路线利用配送中心来做整合并调配转送，这样可缓解交通网路的复杂程度，且可大大缩短运输距离。

2. 开展直配、直送

由于“商物分流”，订购单可以通过信息网络直接传给厂商，因此各工厂的产品可从厂商的物流中心直接交货到各零售店。这种利用直配、直送的方式可大幅简化物流的层次，使得中间的代理商和批发商不设存货，下游信息也能很快地传达到上游。

3. 采用标准的包装器具

采用标准的包装工具，如托盘，可以使送货中货物的搬运、装卸效率提高，并便于车辆配装。

4. 建立完善的信息系统

完善的信息系统能够根据交货配送时间、车辆最大积载量、客户的订货量、个数、重量来选出一个最经济的配送方法；根据货物的形状、容积、重量及车辆的能力等，由电脑自动安排车辆和装载方式，形成配车计划；在信息系统中输入每一客户点的位置，电脑便会依最短距离找出最便捷的路径。

5. 改善运货车辆的通信

健全的车载通信设施，可以把握车辆及司机的状况、传达道路信息或气象信息、掌握车辆作业状况及装载状况、传递作业指示、传达紧急信息指令、提高运行效率及安全运转。

6. 均衡配送系统的日配送量

通过和客户沟通，尽可能使客户的配送量均衡化，这样能有效地提高送货效率。为使客户的配送量均衡，通常可以采用对大量订货的客户给予一定的折扣、制订最低订货量、调整交货时间等办法。

四、送货作业

1. 认识送货车辆类型

1）普通货车

普通货车按其载重量可分为轻型货车、中型货车和重型货车。

(1) 轻型货车。载货吨位在 2 t 以下，人力装卸比较方便，主要用于服务规模不大、批量很小的货物运输及配送。主要用于市内运输、配送、集货等。

(2) 中型货车。载货吨位在 2—8 t 之间，使用范围比较广，既可以承担市内配送，也可以用于城市与城市，城市与乡村之间的配送、运输。

(3) 重型货车。载货吨位在 8 t 以上，多用于经常性的大批量货物运输或长途干线运输。

2）专用车辆

用于装运某些特殊货物，普通货车无法装运或者装卸效率比较低。这种车的通用性差，经常是用于单程运输，所以运输成本高。比如水泥搅拌车、洒水车、冷藏车、油罐车、汽车运输专用车等。

3）厢式货车

厢式货车有载货车厢，具有防雨、防晒功能，密封性好，防止货物丢失被盗等。厢式货车有后开门式、侧开门式、顶开门式等。

4）牵引车和挂车

牵引车也称拖车，它是专门用于拖挂或牵引挂车的汽车。牵引车可分为全挂式和半挂式两种。挂车本身没有动力装置，是通过杆式或挂式拖挂装置，由牵引车或其他车辆牵引，因此它必须与牵引车组合在一起才能作为一个完整的运输工具。挂车有全挂车、半挂车、轴式挂车和重载挂车等种类。

全挂车是由全挂式牵引车或一般汽车牵引。半挂车与半挂式牵引车一起使用。轴式挂车是一种单轴车辆，专用于运送长、大件货物。重载挂车是一种大载重量的挂车，可以是全挂车，也可以是半挂车，专用于运输笨重的货物，最大载重量可达到 300 t。挂车结构简单、保养方便、并且自重小，所以在运输中应用广泛。

5）自卸车

自卸车是车辆本身附设装卸设备进行装卸作业，能够使运输和装卸有机结合。如翻卸车、随车吊、尾部带升降板的尾板车等。

2. 车辆调度

车辆调度是指制定行车路线，使车辆在满足一定的约束条件下，有序地通过一系列装货点和卸货点，达到路程最短、费用最小、耗时最少等目标。

1）车辆调度工作的作用

（1）保证运输任务按期完成。

（2）能及时了解运输任务的执行情况。

（3）促进运输及相关工作的有序进行。

（4）实现最小的运力投入。

2）车辆调度的原则

车辆运行调度工作应遵循以下原则：

（1）坚持从全局出发，局部服从全局的原则

在编制运行作业计划和实施运行作业计划过程中，要从全局出发，保证重点、统筹兼顾，运力安排应贯彻“先重点、后一般”的原则。

（2）安全第一、质量第一的原则

在配送运输生产过程中，要始终把安全工作和质量管理放在首要位置。

（3）计划性原则

调度工作要根据客户订单要求认真编制车辆运行作业计划，并以运行计划为依据，监督和检查运行作业计划的执行情况，按计划配送货物，按计划送修送保车辆。

（4）合理性原则

要根据货物性能、体积、重量、车辆技术状况、道路桥梁通行条件、气候变化、驾驶员技术水准等因素合理调派车辆。在编制运行作业计划时，应科学合理地安排车辆的运行路线，有效地降低运输成本。

（5）灵活机动

所谓灵活机动，就是对于制度没有明确规定而确定需要用车的、紧急的，要从实际出发，灵活机动，恰当处理，不能误时误事。

3）车辆调度的方法

（1）经验调度法和运输定额比法

在有多种车辆时，车辆使用的经验原则为尽可能使用能满载运输的车辆进行运输。在能够保证满载的情况下，优先使用大型车辆，且先载运大批量的货物。一般而言大型车辆能够保证较高的运输效率和较低的运输成本。

【例 1】 某建材配送中心，某日需运送水泥 580 t、地砖 400 t 和不定量的平板玻璃。该中心有大型车 20 辆，中型车 20 辆，小型车 30 辆。各种车每日只运送一种货物，运输定额如表 8-4。

表 8-4　车辆运输定额表　　（单位：t/日·辆）

车辆种类	运送水泥	运送地砖	运送玻璃
大型车	20	17	14
中型车	18	15	12
小型车	16	13	10

根据经验派车法确定，车辆安排的顺序为大型车、中型车、小型车。货载安排的顺序为：水泥、地砖、玻璃。得出派车方案如表 8－5 所示，共完成货运量 1 080 t。

表 8－5　经验派车法

车辆种类	运送水泥车辆数	运送地砖车辆数	运送玻璃车辆数	车辆总数
大型车	20			20
中型车	10	10		20
小型车		20	10	30
货运量/t	580	400	100	

对于以上车辆的运送能力可以计算每种车运送不同货物的定额比，如表 8－6 所示。

表 8－6　车辆运输定额比

车辆种类	运水泥/运地砖盘条	运地砖/运玻璃	运水泥/运玻璃
大型车	1.18	1.21	1.44
中型车	1.2	1.25	1.5
小型车	1.23	1.3	1.6

其他种类的定额比都小于 1，不予考虑。从表中可得出小型车运送水泥的定额比最高，因而要先安排小型车运送水泥；其次由中型车运送地砖；剩余的由大型车完成。由此可推算出表8－7的派车方案，共完成运量 1 106 t。

表 8－7　定额比优化派车法

车辆种类	运送水泥车辆数	运送地砖车辆数	运送玻璃车辆数
大型车	5	6	9
中型车		20	
小型车	30		
货运量/t	580	400	126

(2) 图上作业法

图上作业法和下面要讲的表上作业法适合的问题都是多个供应点和多个需求点的供需平衡问题 。

① 交通线路不成圈问题(树状交通线路)图上作业法

树状交通图是指所有发货点和收货点之间的一切道路都不构成任何圈，即运输线路的交通图中没有回路，是树状的。它的选优标准是：只要流向图中无对流，即为最优流向图。

【例 2】 某企业有 S1、S2、S3、S4 四个工厂，其生产的产品销往 D1、D2、D3、D4 四个地区。各工厂的位置、产量和各销售地区的位置和需求量如图所示。由于工厂和销售地之间的交通线路图为树状，该企业利用图上作业法确定产品调运的最佳方案。

解：① 编制调运平衡表，如表 8－8 所示。

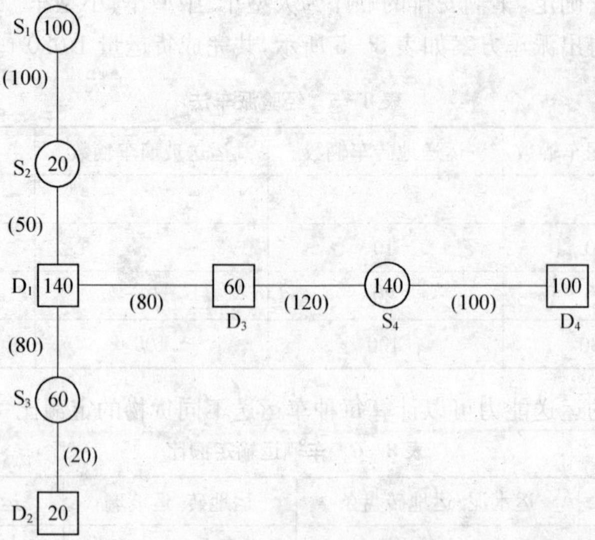

图 8-9　各工厂的位置、产量和各销售地区的位置和需求量

表 8-8　供需平衡表

发货点	收货点				
	D1	D2	D3	D4	发货量
S1					100
S2					20
S3					60
S4					140
收货量	140	20	60	100	320

② 绘制实际交通示意图。在图中，以"○"表示发货点，以"□"表示收货点，"○"或"□"内的数字代表发货量或收货量；两点间的直线表示实际交通路线，直线旁边带"(　)"的数字代表两点的里程，发货点以"S"标号，收货点以"D"标号。画实际交通示意图如图 8-9 所示。

③ 从图中的端点开始，按就近供应的原则安排运量，得出一个没有对流的最优流向图，箭线旁边的不带"(　)"的数字代表流量。如图 8-10 所示。

④ 将图上各调运量填入表 8-8，则为最优调运方案。最优调运方案如表 8-9 所示。需要说明的是，交通线路不成圈问题图上作业法求解出的最优调运方案不是唯一的。

表 8-9　最优调运方案

发货点	收货点				
	D1	D2	D3	D4	发货量
S1	100				100
S2	20				20
S3	20	20	20		60
S4			40	100	140
收货量	140	20	60	100	320

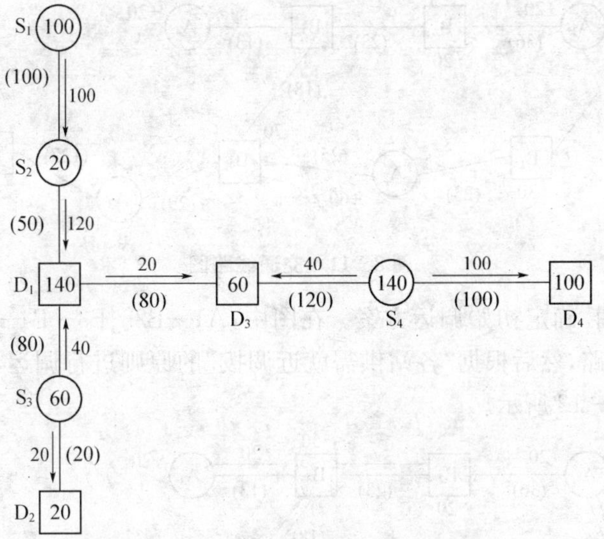

图 8－10　货物调运最优流向图

② 运输线路成圈的图上作业法

对于成圈运输线路的图上作业法，可以按照如下 3 个步骤求解，直到寻求到最优方案。成圈的线路流向图要同时达到既无对流现象，又无迂回现象的要求才是最优流向图，所对应的方案为最优运输方案。

第一步：去段破圈，确定初始运输方案。在成圈的线路中，先假设某两点间的线路“不通”，去掉这段线路把成圈线路转化为不成圈的线路，即破圈；然后按照运输线路不成圈的图上作业法，即可得到初始运输方案。

第二步：检查有无迂回现象。因为流向箭头都统一画在线路右边，所以圈内圈外都画有一些流向。分别检查每个小圈，如果内圈和外圈流向的总长度都不超过全圈总长度的 1/2，那么，全圈就没有迂回现象，这个线路流向图就是最优的，对应的方案就是最优运输方案。否则，转向第三步。

第三步：重新去段破圈，调整流向。在超过全圈总长 1/2 的里(外)圈各段流向线上减去最小运量，然后在相反方向的外(里)圈流向线上和原来没有流向线的各段上，加上所减去的最小运量，这样可以得到一个新的线路流向图，然后转到第二步检查有无迂回现象。如此反复，直至得到最优线路流向图为止。

如果线路图存在两个及两个以上的圈，则需分别对各圈进行是否存在迂回线路的检查，如果各圈的里、外圈都不超过全圈总线长的 1/2，则不存在迂回现象，此方案为最优运输方案。

【例 3】 江苏康缘药业集团公司有 4 个仓库：A1、A2、A3 和 A4，为周边 B1、B2、B3、B4、B5 5 家医院负责配送其生产的“金振口服液”分别为 B1—30、B2—30、B3—50、B4—70、B5—20 万盒(需求量或销售量记“－”)。“金振口服液”配送的交通线路如图 8－11 所示。图中“○”表示生产供应点，“□”表示配送点，站点旁边的数字表示供应(正数)或需求(负数)“金振口服液”数量。线路旁括号内标注的数字表示相邻两点间的距离。

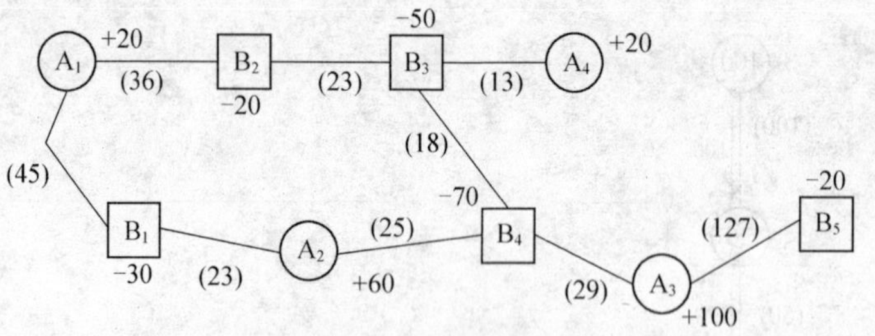

图 8-11　交通线路图

解:① 去段破圈,确定初始调运方案。在图中,A1—B2—B3—B4—A2—B1 组成的圈,去掉 A1 至 B2 的线路,然后根据“各站供需就近调拨”的原则进行调运,即可得到初始运输流向线路图,如图 8-12 所示。

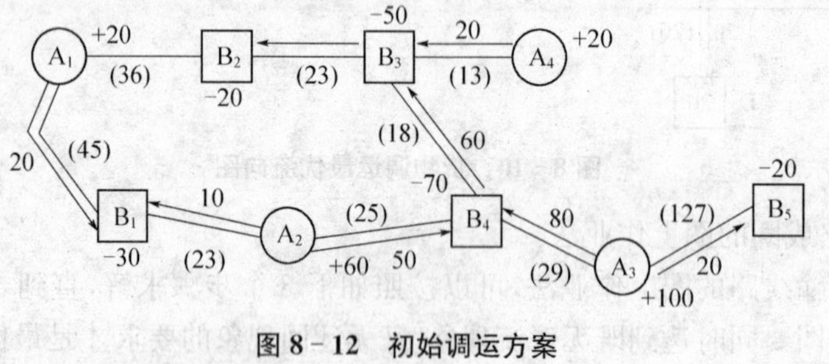

图 8-12　初始调运方案

② 检查有无迂回现象。由图看出,不存在对流现象,但是要检查里、外圈流向线长,看是否超过全圈的 1/2,即是否存在迂回。

$$\text{全圈总长}=(45+23+25+18+23+36)=170(\text{km})$$

$$\text{半圈总长}=\frac{170}{2}=85\ \text{km}$$

$$\text{外圈总长}=(45+25+18+23)=111(\text{km})$$

$$\text{里圈流向线长}=23(\text{km})$$

从计算结果看出,里圈流向线长=23 km,小于全圈总长的 1/2(85 km),没有迂回现象。而外圈流向线长 111 km,超过了全圈总长 1/2 的 85 km。可以断定,初始运输线路存在迂回现象,所对应的运输方案不是最优方案,必须进行优化调整。

③ 重新去段破圈,调整流向。初始运输方案中,外圈各段流向线路中运量最小的是 A1 至 B1 的“20”,所以,去掉 A1 到 B1 的线路,重新调运,得到方案如图 8-13 所示。

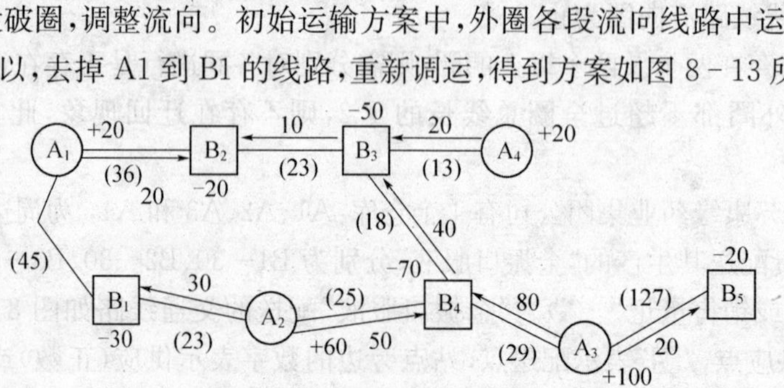

图 8-13　调整后调运方案

检查新运输线路的里圈、外圈流向线长，看是否超过全圈(封闭回路线)总长的1/2。新的流向线路里圈外圈长分别是：

里圈流向总长＝(23＋36)＝59(km)

外圈流向总长＝(25＋18＋23)＝66(km)

两者均没有超过全圈总长的1/2，即85 km，所以调整后的新线路流向图所对应的方案为最优运输方案。可以将它与初始运输方案进行对比。

按调整后的新方案组织运输，运力消耗为：

$$(20\times36+10\times23+20\times13+40\times18+20\times127+80\times29+30\times25+30\times23)$$
$$=8\ 230(\text{t}\cdot\text{km})$$

按初始方案组织运输的运力消耗为

$$(20\times45+10\times23+50\times25+80\times29+20\times127+60\times18+20\times13+30\times23)$$
$$=8\ 410(\text{t}\cdot\text{km})$$

可见，调整后的运输方案比初始运输方案节约运力180 t·km，当然是最优运输方案。

(3) 表上作业法

表上作业法在解决运输网络系统优化方案时常见的有两种方法：最小元素法和左上角法。

① 最小元素法

最小元素法的所谓元素就是指单位运价。此法的基本思想是，运价最便宜的优先调运。即从单位运价表中最小的运价开始确定产销关系，优先足量供应，依次类推，直到给出基本方案为止。

具体步骤如下：

a. 建立供需平衡运价表，根据货物的供应地、需求地、供应量及单位运价情况，建立起供需平衡运价表，然后在此表上进行方案的设计。

b. 从运价最小的格开始，在格内的右下角标上允许取得的最大数，然后按运价从小到大顺序分配。若某行(列)的产量(销量)已满足，则把该行(列)的其他格划去，然后在运价表未划去的各运价中，再找出一个最小的数值进行分配，如此下去直至得到一个基本可行解。

c. 判断初始调运方案是否可行。判断依据为，在$m\times n$阶产销平衡表上，填上数字的格称为基变量；没有填上数字的格为非基变量，如果基变量个数＝$m+n-1$，就表明初始调运方案基本可行。

根据以上的步骤，确定本实例的初始调运方案。也可以用最简单的方法判断，即各产地的产量是否完全分配，各销地的销量是否完全满足。

【例4】 某种商品有3个产地，每天的产量为A1为7 t，A2为4 t，A3为9 t。要将这些产品分别运往4个销售部门，各地的销售量为B1为3 t，B2为6 t，B3为5 t，B4为6 t，各产销地之间每吨商品的运价，单位为万元/t，如表8-10所示。在满足销售部门的需要量的情况下，如何调运使总的运费支出最少。

表 8-10 运价表

销地 运价 产地	B1	B2	B3	B4	产量
A1	3	11	3	10	7
A2	1	9	2	8	4
A3	7	4	10	5	9
销量	3	6	5	6	20 / 20

解:首先确定初始调运方案——最小元素法

从运价表 8-10 找出最小运价为 1,表示先将 A2 生产的产品调运给 B1。A2 每天生产的产品全部调运给 B1 后,还余 1 t,因此在平衡表上(A2、B1)方格上填上 3,表示 A2 调运 3 t 产品给 B1,并将运价表中 B1 这一列划去,表示销地 B1 已得到全部需求量,不需要继续调运,如表 8-11 所示。

表 8-11 调运表 1

销地 运价 产地	B1	B2	B3	B4	产量
A1	3	11	3	10	7
A2	1/3	9	2	8	4
A3	7	4	10	5	9
销量	3	6	5	6	20 / 20

然后在运价表未划去的各运价中,再找出一个最小的数值 2,即 A2 每天余下的产品应尽量满足 B3 的需要,A2 只有 1 t,所以在平衡表(A2、B3)的格内填上 1,划去运价表中 A2 这一行,如表 8-12 所示。

表 8-12 调运表 2

销地 运价 产地	B1	B2	B3	B4	产量
A1	3	11	3	10	7
A2	1/3	9	2/1	8	4
A3	7	4	10	5	9
销量	3	6	5	6	20 / 20

接着在未划去的运价表中再找出一个最小的数值 3，即 A1 的格内填上 5，B3 完全满足，划去运价表中 B3 这一列，如表 8－13 所示。

表 8－13 调运表 3

销地 运价 产地	B1	B2	B3	B4	产量
A1	3	11	3/5	10	7
A2	1/3	9	2/1	8	4
A3	7	4	10	5	9
销量	3	6	5	6	20 / 20

按最小元素法在表上一直找下去，直到运价表上所有行、列都划去为止，这样，就在产销平衡表上得到一个初始方案。如表 8－14 所示。

表 8－14 调运表 4

销地 运价 产地	B1	B2	B3	B4	产量
A1	3	11	3/4	10/3	7
A2	1/3	9	2/1	8	4
A3	7	4/6	10	5/3	9
销量	3	6	5	6	20 / 20

根据初始方案，可以计算出运费是：

$$S=3\times1+6\times4+4\times3+1\times2+3\times10+3\times5=86(\text{万元})$$

此方案是否为最优方案呢？需要通过闭回路法检验。

在表上作业法中，闭回路既可以计算检验数，又可以调整调运方案。由于数字格对应着基变量，其检验数均为零，而我们考虑的是非基变量的检验数，所以只考虑从非基变量出发所形成的闭回路。

如果已确定了某一调运方案，应从某一基变量出发（无调运量的空格），沿水平方向或垂直方向前进，遇到某一个有调运量的格就转向 90 度继续前进。如此继续下去，经过若干次，就一定会回到原来出发的空格。这样形成的一条由水平和垂直线段组成的封闭折线称为闭回路。以下均可以称为闭回路。如图 8－14 所示。

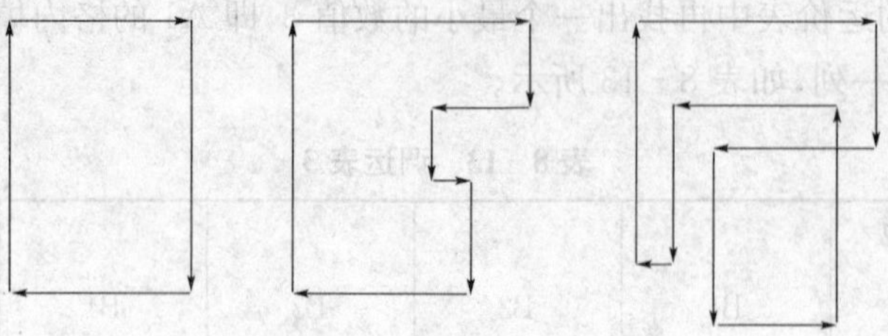

图 8-14 闭回路

② 左上角法

除了最小元素法外，左上角法也是求得运输初始方案的一种途径，并通过闭回路法检验得出最优方案。

五、选择配送线路

配送运输线路的选择影响到配送设备和人员的利用，正确地确定合理的配送运输线路可以降低配送运输成本，因此配送线路的优化是配送合理化的的一个重要内容。在配送过程中，主要有 3 种情况：一对一配送，一对多配送、多对多配送。

1. 一对一配送路线优化

小词典：一对一配送是指由一个地点装货，配送至另一地点卸货，装货地点和卸货地点单一，且不重合，两点之间有多条路线存在，要选择一条最优路线。

解决这种问题最简单、最直观的方法是最短路线法。

2. 一对多配送路线优化

1）一对多配送路线问题认定

小词典：一对多配送是指由一个供应配送点往多个客户货物接收点的配送。这种配送运输模式要求，同一条线路上所有客户的需求量总和大于一辆车的额定载重量。

2）一对多配送路线问题的解决方法——节约里程法

(1) 节约里程法的基本原理

如图 8-15(a)所示，假设 P 为配送中心，A 和 B 为客户接货点，各点相互的道路距离分别用 a、b、c 表示。比较两种运输路线方案。

一是派两辆车分别为客户往 A、B 点送货，总的运输里程为 $2(a+b)$；二是将 A、B 两地的货物装在同一辆车上，采用巡回配送方式，总的运输里程为 $a+b+c$。若不考虑道路特殊情况等因素的影响，第二种方式与第一种方式之差为 $2(a+b)-(a+b+c)$，按照三角原理，可以看出，第二种方式比第一种要节约 $a+b-c$ 的里程数。节约法就是按照以上原理对配送网络运输线路优化计算的。

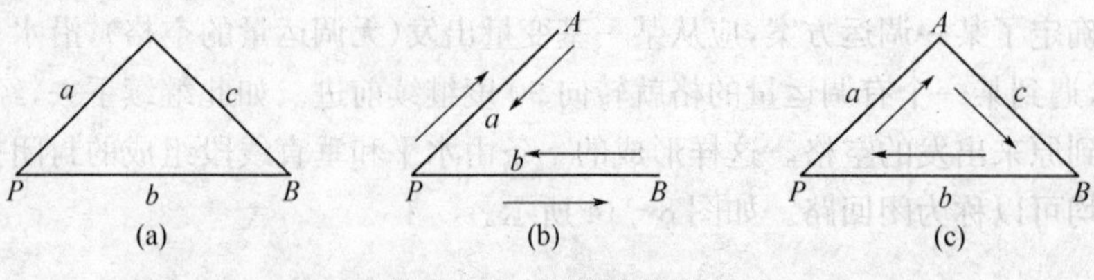

图 8-15 运输路线图

(2) 节约里程法需考虑的因素和注意事项

① 适用于顾客需求稳定的配送中心。

② 各配送路线的负荷要尽量均衡。

③ 要充分考虑道路运输及交通状况。

④ 要预测需求的变化及发展趋势。

⑤ 要考虑驾驶员的作息时间和客户要求的交货时间。

⑥ 利用计算机软件求解优化更为便捷。

【例 5】 某配送中心的网络图如图 8-16 所示,图中 P 为配送中心,A~H 为需要配送的客户,共有 8 个客户,括号内为各客户需要配送货物的吨数,线路上的数字为道路的距离(km)。配送中心现有额定载重量分别为 2 t、4 t 的车辆若干台。请用节约里程法设计最佳配送路线,并计算总里程,说明两种类型的车辆各使用几辆。

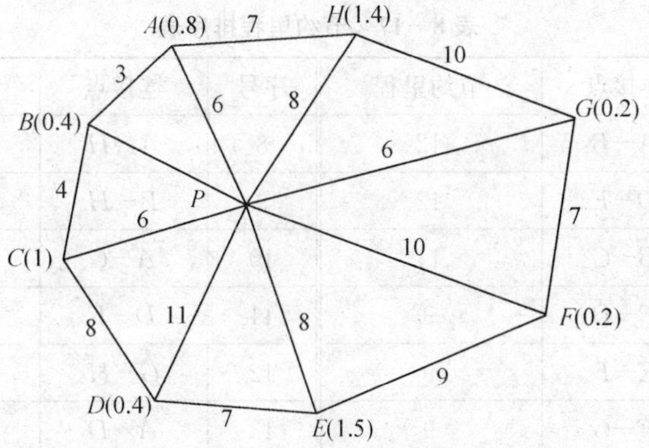

图 8-16 配送中心网络图

解:① 计算网络节点之间的最短距离。计算结果见表 8-15。

表 8-15 网络节点间最短距离 (单位:km)

c	P							
A	6	A						
B	9	3	B					
C	6	7	4	C				
D	11	15	12	8	D			
E	8	14	17	14	7	E		
F	10	16	19	16	16	9	F	
G	6	12	15	12	17	14	7	G
H	8	7	10	14	9	16	17	10

② 根据最短距离结果,计算各个客户之间的节约里程,结果见表 8-16。

表 8-16 节约里程数

	A						
B	12	B					
C	5	11	C				
D	0	8	9	D			
E	0	0	0	12	E		
F	0	0	0	5	9	F	
G	0	0	0	0	0	9	G
H	7	7	0	0	0	1	4

③ 对节约里程按从大到小顺序排列,见表 8-17。

表 8-17 节约里程排序表 (单位:km)

序号	连接点	节约里程	序号	连接点	节约里程
1	A—B	12	8	A—H	7
2	D—E	12	9	B—H	7
3	B—C	11	10	A—C	5
4	C—D	9	11	D—F	5
5	E—F	9	12	G—H	4
6	F—G	9	13	A—D	2
7	B—D	8	14	F—H	1

④ 按节约里程排序表,组合成配送路线。

a. 初始路线方案。初始方案就是从配送中心 P 分别向各个客户进行配送,共有 8 条路线,如图 8-17 所示。

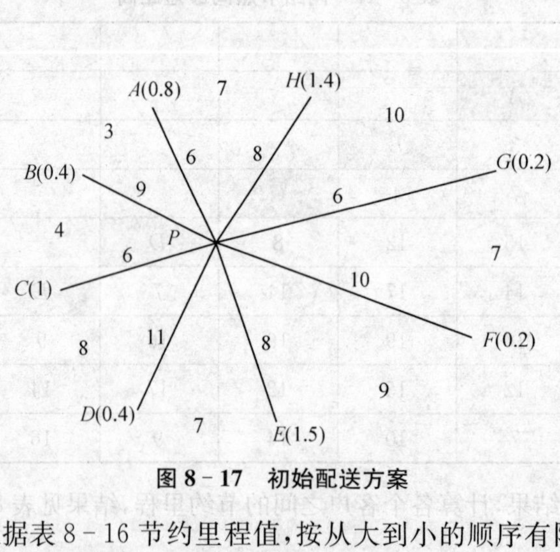

图 8-17 初始配送方案

b. 二次求解。根据表 8-16 节约里程值,按从大到小的顺序有限连接配送客户,连接 A—B,D—E,B—C,C—D,连成闭合回路,载重量是 2.6 t,用 4 t 车浪费,再将 H 点连接到该路线中来，构成 $P—H—A—B—C—D—P$ 回路，如图 8－18 所示，此时闭合路线上装载货物为 3.6 t，运行距离为 41 km，需要 4 t 的车辆 1 台。这时配送路线总运行距离为 89 km。需要 4t 货车 1 台，2 t 货车 3 台。

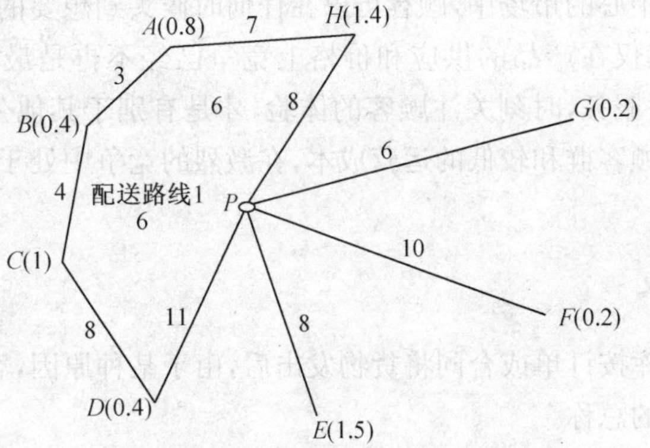

图 8－18　第二次配送方案

c. 三次求解。根据表 8－17 中的节约里程值，按从大到小顺序优先连接剩余的配送客户，在满足连线上的客户的总需求量小于货车的额定载重量 2 t 的条件下，构成一条闭合路线 $P—E—F—G—P$，如图 8－19 所示，此时闭合路线上装载货物为 1.9 t，运行距离为 30 km，需要 2 t 的车辆 1 台。这时配送路线总运行距离为 71 km。需要 4 t 货车 1 台，2 t 货车 1 台。

最终的配送路线如下：

配送路线 1：$P—H—A—B—C—D—P$，需要 4 t 货车 1 台；

配送路线 2：$P—E—F—G—P$，需要 2 t 货车 1 台。

通过使用节约里程法设计的线路行驶总里程为 71 km，需要 4 t 货车 1 台，2t 货车 1 台；初始方案路线总里程为 128 km，2 t 货车 8 台。比较可以分析出节约里程 57 km，运力上也有很大程度的节约。

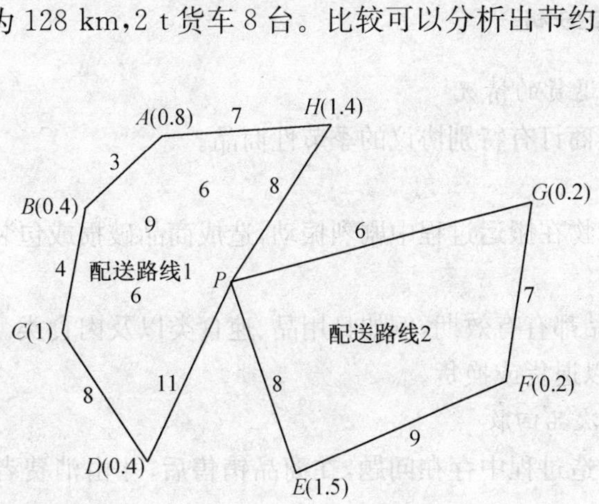

图 8－19　第三次配送方案

3. 多对多配送路线优化

多对多配送是指有多个货源服务于多个目的地时，要制定供应地服务的目的地，同时还要找到供应地与目的地之间的最佳路线。解决这类问题常用的方法有图上作业法和表上作业法。

任务十 退货

在当今以客户为中心的市场中，顾客可以在任何时候买到想要的任何商品，付款方式也可以自己选择，因此仅仅在产品的供应和价格上竞争已经不再是最有效的策略，想顾客所想，从首次接触到售后服务，时刻关注顾客的体验，才是有别于其他公司的关键。一个零售企业要想拥有稳定的顾客群和较低的运营成本，在激烈的竞争中处于优势地位，必须拥有一个高效的退货系统。

一、退货的含义

退货作业是指仓库按订单或合同将货物发出后，由于某种原因，客户将商品退回仓库而引发的物流作业活动的总称。

退货管理中最重要的一点就是尽量减少退货量。一个企业不可能完全避免退货，但是它可以通过建立退货制度使退货最小化。对于零售企业来说，退货制度应分为两种情况，第一是对顾客制定一个简单易行的退货制度；二是通过和上游企业建立战略伙伴关系，协商制定能达到双赢局面的退货政策。

针对顾客的退货政策。在当今顾客至上的大环境中，想通过限制顾客退货来减少退货量是不可能的，而通过制定一个简单易行的退货制度，对顾客的退货快速作出反应(如接受退货产品，退回购买产品的资金)，提升企业在顾客心中的形象，降低管理成本，无疑是一个最好的选择。现在，大部分零售企业在规定的时间内为消费者提供全额退货，在制定退货制度时，应包括3个方面的内容：退货的时间期限、办理退换货的地点、在退换货时顾客所应办理的手续。

二、退货的原因分析

1. 依照协议可以退货的情况

例如，超市与供应商订有特别协议的季节性商品。

2. 搬运中损坏

由于包装不良，货物在搬运过程中剧烈振动，造成商品破损或包装破损。

3. 商品过期退回

一般的食品或药品都有有效期，例如日用品、速食类以及肉食类。商家与供应商订有约定，有效期一过，就予以退货或换货。

4. 有质量问题的次品回收

生产商在设计、制造过程中存在问题，在商品销售后，才由消费者发现或厂商自行发现的，必须立即回收。

5. 配送的货品与订单不符

如果配送的货品与订单不符，应予以退货或换货。

另外商品需要维修、重新调试或升级换代、产品以旧换新、国际贸易中因为进口国实行贸易禁令、电子商务环境下实物与其形象介绍有出入等因素都会造成客户退货。

三、退货处理的方法

1. 无条件重新发货

对于因为发货人按订单发货发生错误，则应由发货人重新调整发货方案，将错发货物调回，重新按原来正确订单发货，中间发生的所有费用应由发货人承担。

2. 运输单位赔偿

对于因为途中产品受到损坏而发生退货的，根据退货情况，由发货人确定修理费用或赔偿金额，然后由运输单位负责赔偿。

3. 收取费用

对于因为客户订货有误而发生退货的，退货所有费用由客户承担，退货后再根据客户新的订单重新发货。

4. 重新发货或替代

对于因为产品缺陷，客户要求退货，配送中心接到退货指示后，营业人员应安排车辆收回退货商品，将商品集中到仓库退货处理区进行处理。一旦产品回收活动结束，生产厂家及其销售部门就应立即采取步骤，用没有缺陷的同一种产品或替代品重新填补零售商店的货架。

四、退货作业流程

1. 接受退货

业务部门接到客户传来的退货信息后，要尽快将退货信息传递给相关部门，运输部门安排取回货品的时间和路线，仓库人员作好接收准备，质量管理部门人员确认退货的原因。一般情况下，退货由送货车带回，直接入库。批量较大的退货，要经过审批程序。

2. 重新入库

对于客户退回的商品，业务部门要进行初步的审核。由于质量原因产生的退货，要放在堆放不良品而准备的区域，以免和正常商品混淆。退货商品要进行严格的重新入库登记，及时输入企业的信息系统，核销客户应收账款，并通知商品的供应商退货信息。

3. 财务结算

如果客户已经支付了商品费用，财务要将相应的费用退给客户。同时，由于销货和退货的时间不同，同一货物价格可能出现差异，同质不同价、同款不同价的问题时有发生，故配送中心的财务部门在退货发生时要进行退回商品货款的估价，将退货商品的数量、销货时的商品单价以及退货时的商品单价信息输入企业的信息系统，并依据销货退回单办理扣款业务。

4. 跟踪处理

退货发生时，要跟踪处理客户提出的意见，要统计退货发生的各种费用，要通知供应商退货的原因并退回生产地或履行销毁程序。

退货发生后，首先要处理客户端提出的意见。由于退货所产生的商品短缺、对质量不满意等客户端的问题是业务部门要重点解决的。退货所产生的物流费用比正常送货高得多，所以要认真统计，及时总结，将此信息反馈给相应的管理部门，以便制定改进措施。

退回配送中心的商品要及时通知供应商，退货的所有信息要传递给供应商，如退货原因、时间、数量、批号、费用、存放地点等，以便供应商能将退货商品取回，并采取改进措施。

五、退货作业中的注意事项

1. 商品退货的清点

接到客户退货后，必须重新查点退回商品的数量与质量，确认所退货的种类、项目、名称是否与客户发货单的记载相同。

1）数量清点

退货商品到达后，接货入库的验货人员首先要查验退货商品的数量。由于配送中心的工作非常繁忙，通常会有几辆卡车同时到达，逐车验收很费时间，且送货卡车又不愿久等，所以一般采取“先卸后验”的方法，即由卡车送货人员按不同的商品分别堆码托盘，验货员接过随货同行单据，用移动式计算机终端或其他方法查阅核对实达商品与预报商品是否相符。几辆卡车同时卸车，先卸毕先验收，交叉进行，既可节省人力，又可加快验收速度；既可便利点验，又可防止出现差错。

2）品质清点

（1）在验收流汁商品时，应检验包装外表有无污渍，若有污渍，必须开箱检查。

（2）在验收含有玻璃成分的制品时，要件件摇动或倾倒细听声音，若发现破碎声音，应当场开箱检查破碎件数和程度，以明确交接责任。

（3）在验收香水、花露水等商品时，除了“听声音”外，还要在箱口处“闻”一下，如果闻到香水严重刺鼻，可以判定内部商品必有异状。若开箱检查内部没有破碎，应注意检查瓶盖的密封状况。

（4）在验收棉织品等怕湿商品时，要注意商品包装外表是否有水渍。

（5）在验收时，还要注意商品的出厂日期和有效期。

（6）检验时拍的外包装时，要注意纸箱封条是否破裂，箱盖（底）板是否粘牢，纸箱内包装是否外露，纸箱是否受过潮湿。

2. 退货处理的注意事项

退货处理对生产厂家和流通网络中的各方来说都是一件极其严重的事情。高层管理部门应参加回收产品的一切活动，其他有关人员包括企业的法律人员、会计人员、公关人员、质量管理人员、制造工程人员以及销售人员也都应参加。并且，企业应选派专人负责处理产品回收事件，制定一些预防措施。这样不仅能更好地应对紧急情况，而且在产品回收事件处理不成功，结果诉诸法律时，企业可以将已采取的预防措施作为申辩的一项内容。

3. 退货相关配合处理

（1）立即补送新货以减少客户抱怨。

（2）会计账目上也应立即修正，以免收款或付款错误，造成进一步的混乱。

（3）若有保险公司理赔，应立即依照保险理赔程序办理，包括保留现场证据或拍照存证，在规定时间内通知保险公司，准备索赔文件和损失计算，并通知本企业法律顾问一起处理。

（4）分析退货原因，作为日后的改进参考。在退货或退换货的处理过程中，切记不要立即与客户争吵或追究责任。将有效期将至的商品，立即以低价方式拍卖，也是降低回收成本的好方法。

任务十一　苏宁自提点作业模式

苏宁自提点作业有3种业务作业模式：一是物流中心直送自提点（自提点非快递点）；二是经过快递点送自提点[自提点与快递点为同一K点（位置在一起&位置不在一起）]；三是经过快递点送自提点（自提点与快递点非同一K点）。

一、物流中心直送自提点（自提点非快递点）模式

1. 流程图

苏宁物流中心直送自提点作业图如图8-20所示。

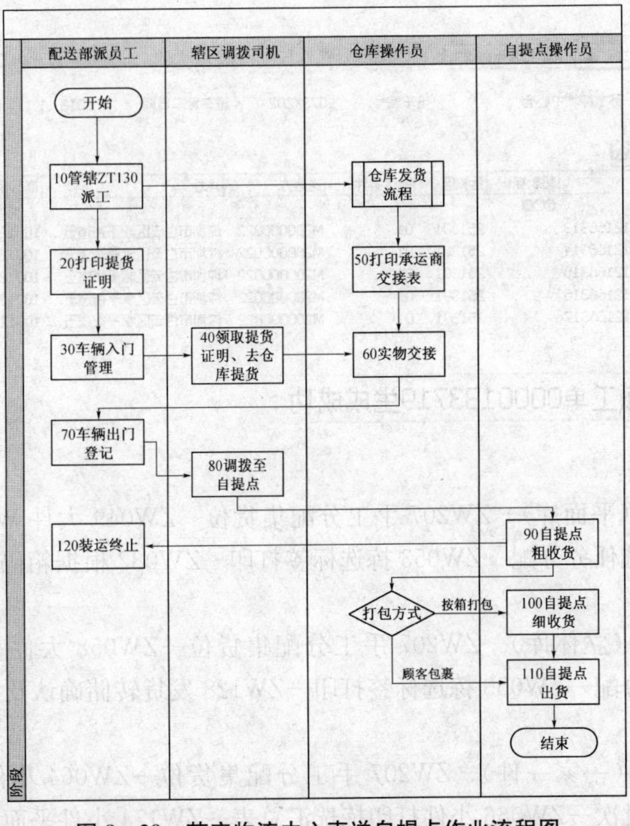

图8-20　苏宁物流中心直送自提点作业流程图

2. 流程描述

[中]ZT130辖区派工—[中]ZW171打印提货证明—[中]ZT310车辆入门登记—[中]ZW055箱码装车—[中]ZW057打印承运出库交接表—[中]ZT310车辆出门登记—[自]ZW046自提点粗收货（打印粗收货交接表）—[中]ZT207装运终止—[自]ZW100自提点细收货—（触发短信）—[自]ZW165自提点发货

3. les操作手册

1）ZT130滚动派工

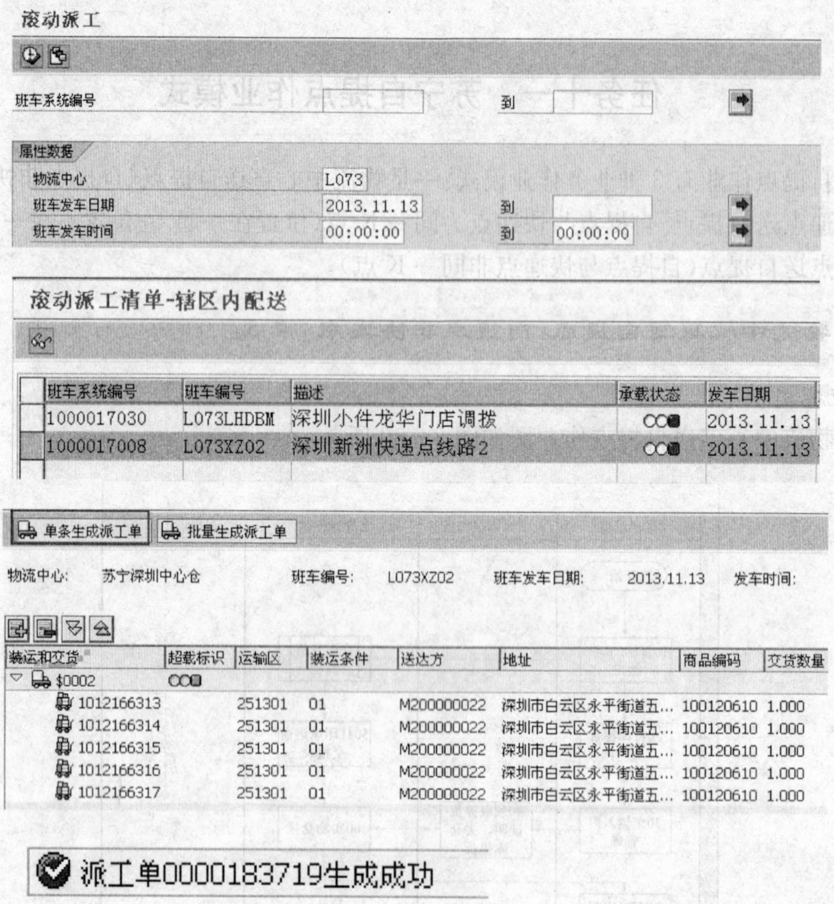

仓库作业流程：

（1）大件商品（平面库）—ZW207 手工分配集货位—ZW049 大件 WMS 平库拣配任务创建—ZW051 拣选任务分配—ZW053 拣选标签打印—ZW082 根据箱码装车过账—ZW055 箱码装车。

（2）大件商品（立体库）—ZW207 手工分配集货位—ZW058 大件基地库任务创建—ZW051 拣选任务分配—ZW053 拣选标签打印—ZW128 发货转储确认及集货—ZW055 箱码装车。

（3）小件商品（一家一件）—ZW207 手工分配集货位—ZW064 小件拣配任务创建—ZW065 小件创建批次—ZW066 小件打印拣选汇总表—ZW174 小件平面库顾客清单打印中心—ZW166 小件平面库顾客包装工作站—ZW072 运输包装工作站—ZW128 发货转储确认及集货—ZW055 箱码装车。

（4）小件商品（一件多件）—ZW207 手工分配集货位—ZW064 小件拣配任务创建—ZW065 小件创建批次—ZW066 小件打印拣选汇总表—ZW068 小件平面库分拣工作站—ZW174 小件平面库顾客清单打印中心—ZW166 小件平面库顾客包装工作站—ZW072 运输包装工作站—ZW128 发货转储确认及集货—ZW055 箱码装车。

2）ZT310 车辆入门

输入物流中心 装运编号，点击执行。

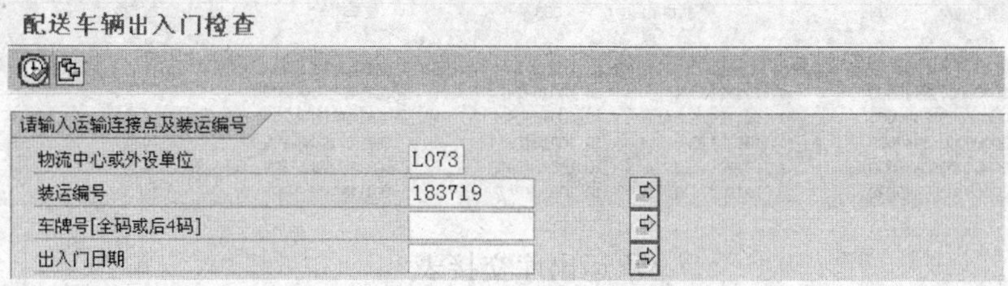

选择条目，点击入门。

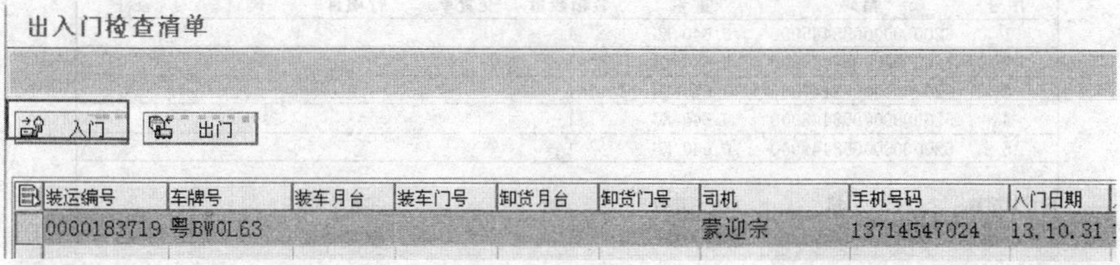

3）ZW055 装车出站

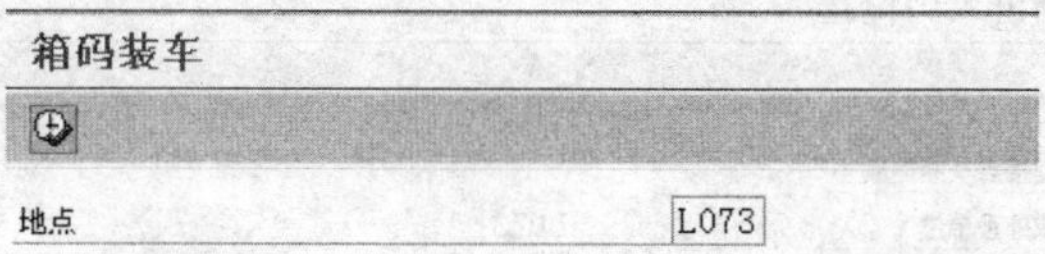

输入装运编号系统自动带出装运中全部箱码，扫码所有箱码，点击装车过账，点击装运完成。

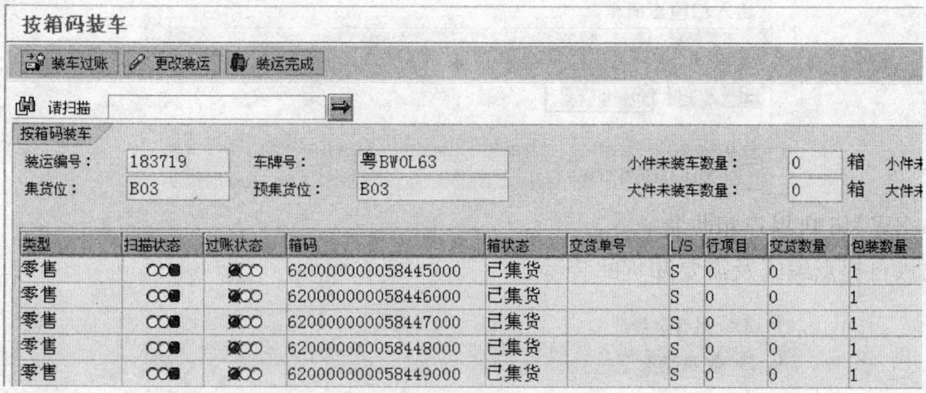

4）ZW057 打印承运商交接表

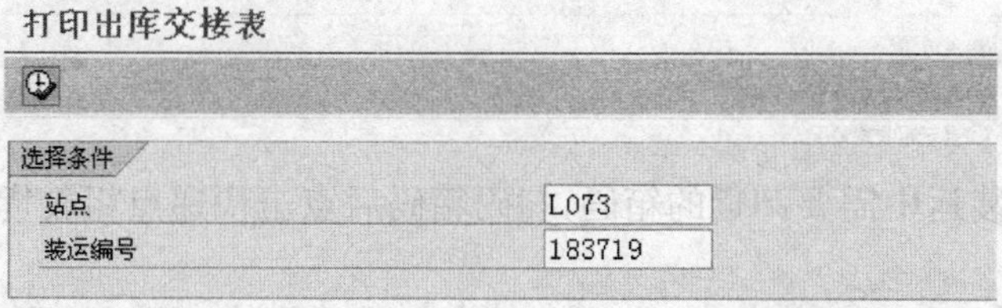

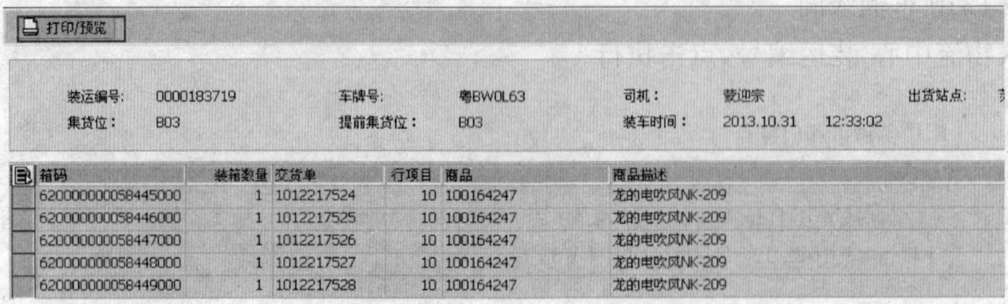

打印/预览

装运编号: 0000183719　车牌号: 粤BW0L63　司机: 蒙迎宗　出货站点:
集货位: B03　提前集货位: B03　装车时间: 2013.10.31　12:33:02

箱码	装箱数量	交货单	行项目	商品	商品描述
620000000058445000	1	1012217524	10	100164247	龙的电吹风NK-209
620000000058446000	1	1012217525	10	100164247	龙的电吹风NK-209
620000000058447000	1	1012217526	10	100164247	龙的电吹风NK-209
620000000058448000	1	1012217527	10	100164247	龙的电吹风NK-209
620000000058449000	1	1012217528	10	100164247	龙的电吹风NK-209

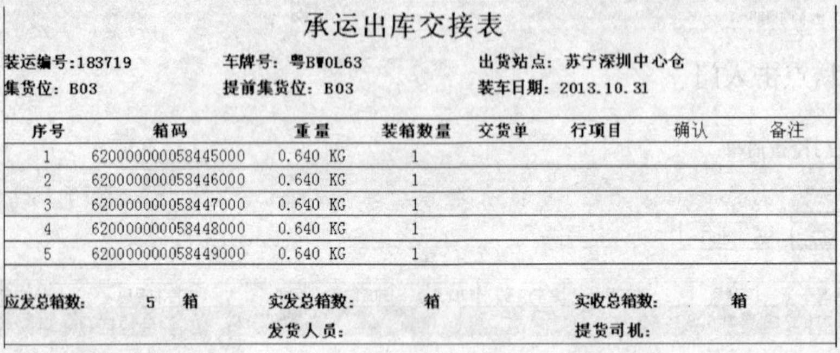

承运出库交接表

装运编号:183719　车牌号: 粤BW0L63　出货站点: 苏宁深圳中心仓
集货位: B03　提前集货位: B03　装车日期: 2013.10.31

序号	箱码	重量	装箱数量	交货单	行项目	确认	备注
1	620000000058445000	0.640 KG	1				
2	620000000058446000	0.640 KG	1				
3	620000000058447000	0.640 KG	1				
4	620000000058448000	0.640 KG	1				
5	620000000058449000	0.640 KG	1				

应发总箱数: 5 箱　实发总箱数: 箱　实收总箱数: 箱
发货人员:　提货司机:

5）ZT310 车辆出门

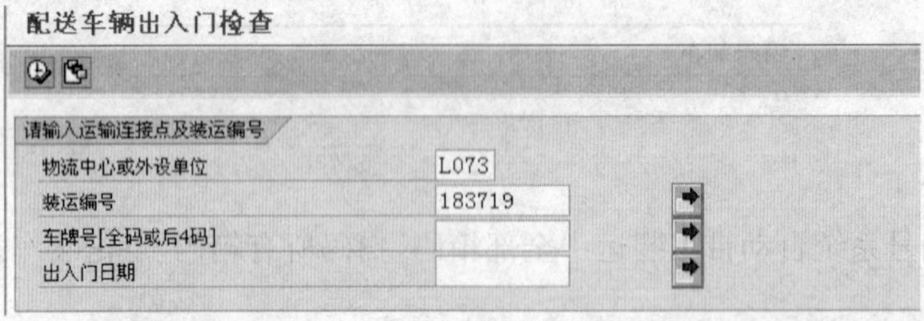

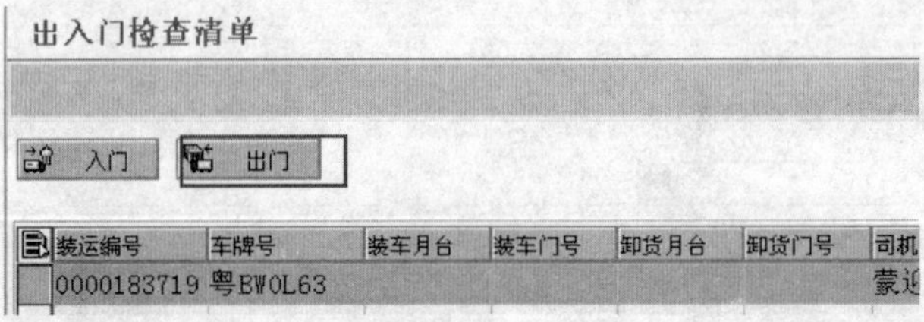

6）ZW046 自提点粗收货

输入自提点编码及需要卸货的装运。

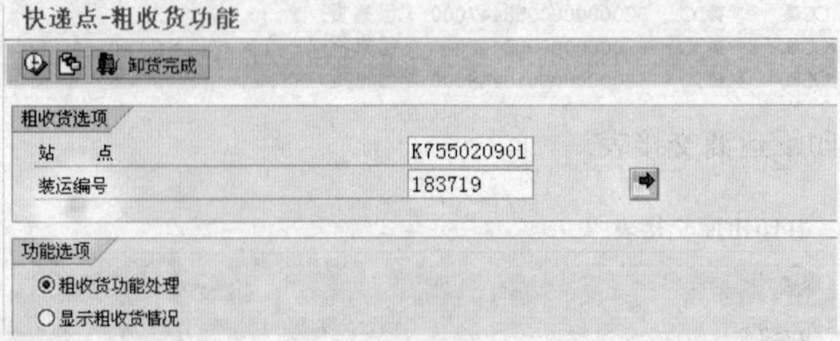

系统自动带出装运中需要卸货的箱码，扫码箱码后点击快递点粗收货和卸货完成。

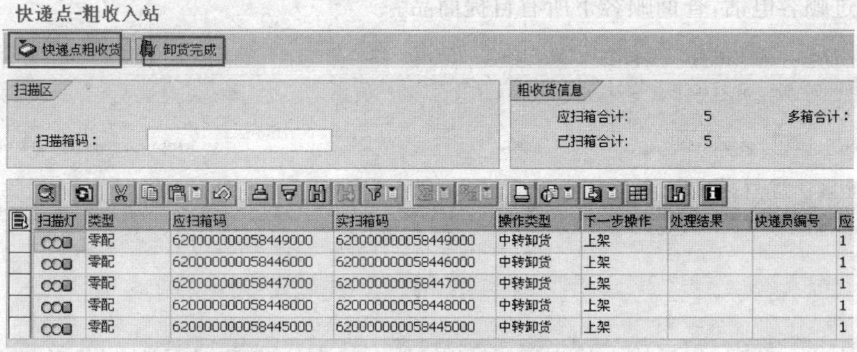
快递点-粗收入站

快递点粗收货　卸货完成

扫描区　扫描箱码：

粗收货信息　应扫箱合计：5　多箱合计：　已扫箱合计：5

扫描灯	类型	应扫箱码	实扫箱码	操作类型	下一步操作	处理结果	快递员编号	应
	零配	620000000058449000	620000000058449000	中转卸货	上架			1
	零配	620000000058446000	620000000058446000	中转卸货	上架			1
	零配	620000000058447000	620000000058447000	中转卸货	上架			1
	零配	620000000058448000	620000000058448000	中转卸货	上架			1
	零配	620000000058445000	620000000058445000	中转卸货	上架			1

确认卸货完成，打印粗收交货单。

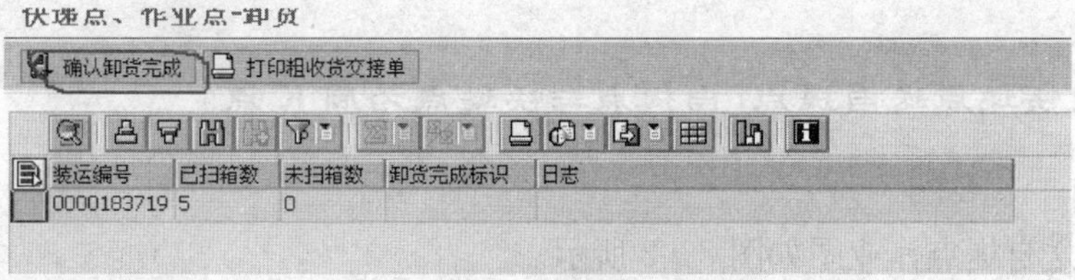
快递点、作业点-卸货

确认卸货完成　打印粗收货交接单

装运编号	已扫箱数	未扫箱数	卸货完成标识	日志
0000183719	5	0		

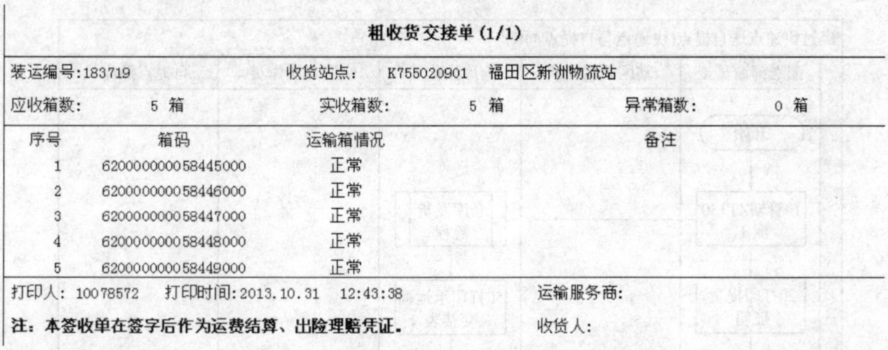
粗收货交接单 (1/1)

装运编号：183719　收货站点：K755020901　福田区新洲物流站

应收箱数：5 箱　实收箱数：5 箱　异常箱数：0 箱

序号	箱码	运输箱情况	备注
1	620000000058445000	正常	
2	620000000058446000	正常	
3	620000000058447000	正常	
4	620000000058448000	正常	
5	620000000058449000	正常	

打印人：10078572　打印时间：2013.10.31　12:43:38　运输服务商：

注：本签收单在签字后作为运费结算、出险理赔凭证。　收货人：

7）ZW100 自提点细收货

如 ZW046 收货时有 63 码，则需要进行细收货。

注：如为 62＊在操作 ZW046 时会触发短信通知顾客，如为 63＊在操作 ZW100 时会触发短信通知顾客。

8）ZW165 自提点发货

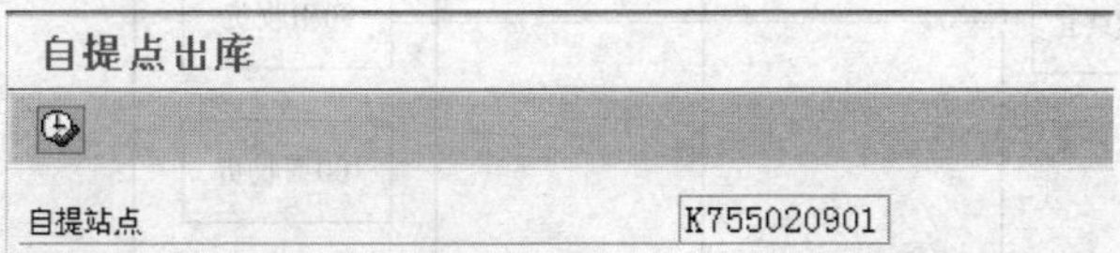
自提点出库

自提站点　K755020901

顾客提货时，输入自提点编号，点击执行。

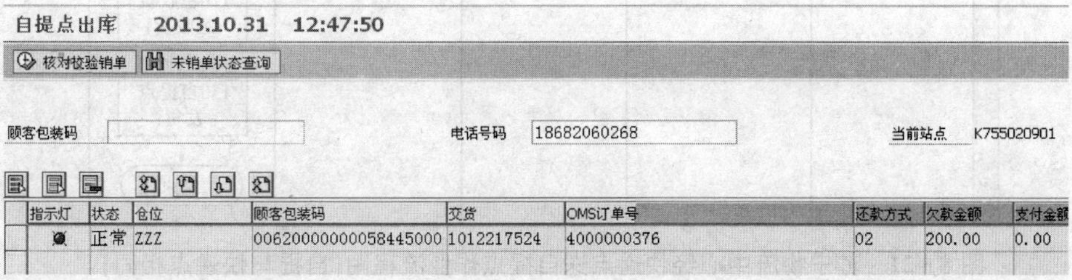
自提点出库　2013.10.31　12:47:50

核对校验销单　未销单状态查询

顾客包装码　电话号码 18682060268　当前站点 K755020901

指示灯	状态	仓位	顾客包装码	交货	OMS订单号	还款方式	欠款金额	支付金额
	正常	ZZZ	00620000000058445000	1012217524	4000000376	02	200.00	0.00

可通过顾客电话，查询顾客下所有自提商品。

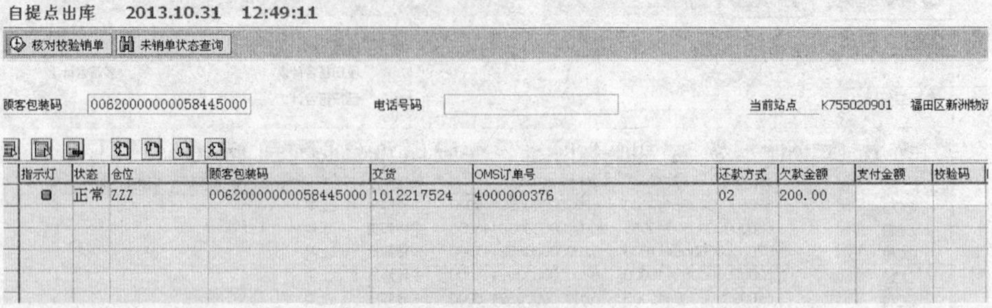

扫描客户包装码，指示灯由红变绿，输入欠款金额和校验码，点击校对校验销单即完成自提发货。

二、经过快递点送自提点（自提点与快递点为同K点）

1．流程图

快递定点送自提点作业图如图8-2所示。

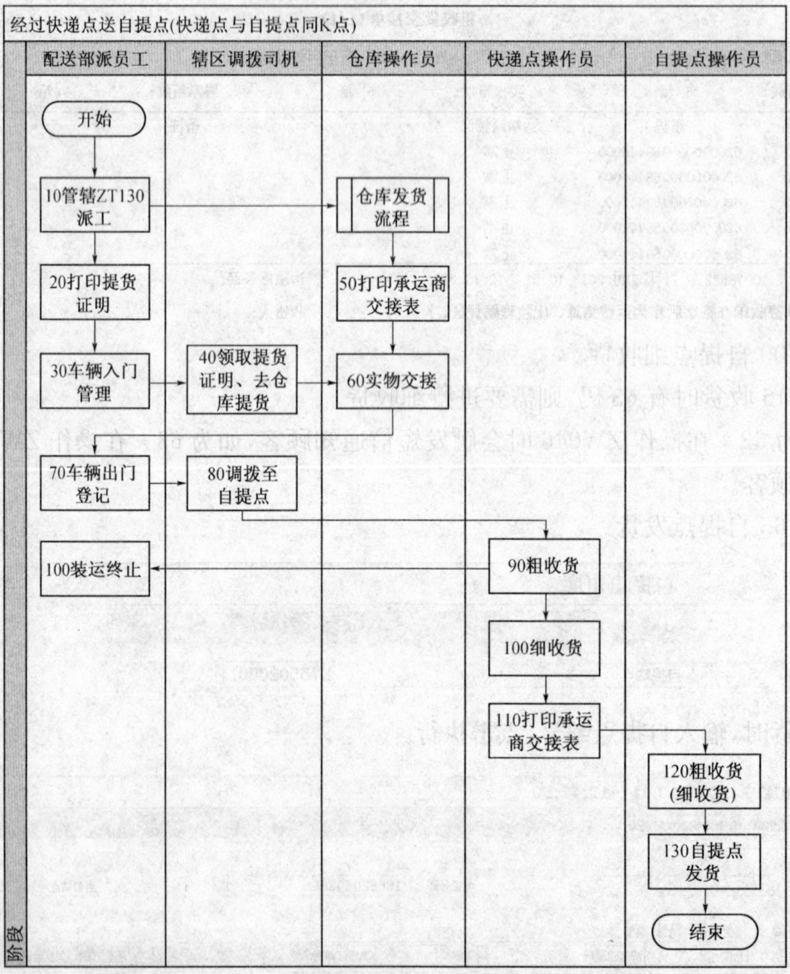

图8-21　苏宁物流中心经快递点送自提点作业流程图(自提与快递点相同)

2. 流程描述

[中]ZT130 辖区派工—[仓库作业]—[中]ZW171 打印提货证明—[中]ZT310 车辆入门登记—[中]ZW055 箱码装车—[中]ZW057 打印承运出库交接表—[中]ZT310 车辆出门登记—[快]ZW046 快递点粗收货(打印粗收货交接表)—[中]ZT207 装运终止—[快]ZW100 快递点细收货—[快]ZW015 快递点装车出站—[快]ZW057 打印承运出库交接表—[自]ZW046 自提点粗收货打印粗收货交接表(触发短信)—[自]ZW165 自提点发货(顾客提货时操作)。

注:快递点收货后系统自动产生 Z 开头的虚拟装运编号(编码规则为:字母“Z”+物流中心派工的装运编号,此装运无需装运终止,也不会结算费用),快递点用此装运出站,自提点用此装运粗收货入站。

当快递点与自提点为同一外设单位时,必须自提点用“Z＊”的装运粗收货后才会触发短信。

3. 操作手册

1) ZT130 辖区派工

输入物流中心、班车发车日期,点击执行。

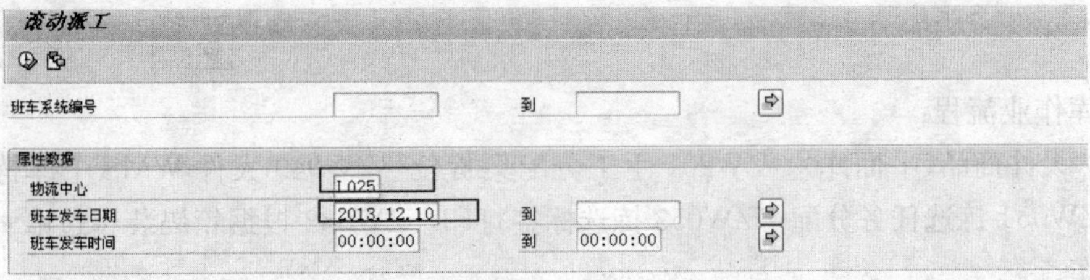

选中需派工班车,点“眼睛符号进入系统”。

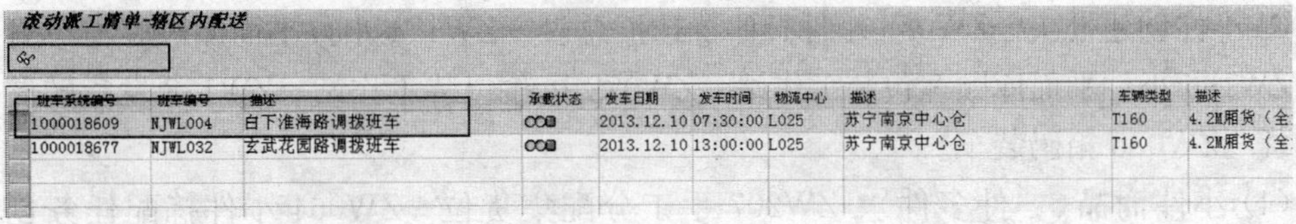

点击分组 0001,点击单条生成派工单。

在派工界面,选择“新增车辆”按钮,点击下方“配送作业查询”,系统自动带出配送作业

组，点击提交。系统左下方会提示“提交成功”。最后点击“执行 1”，系统左下方提示“派工单＊＊＊＊＊生成成功”。

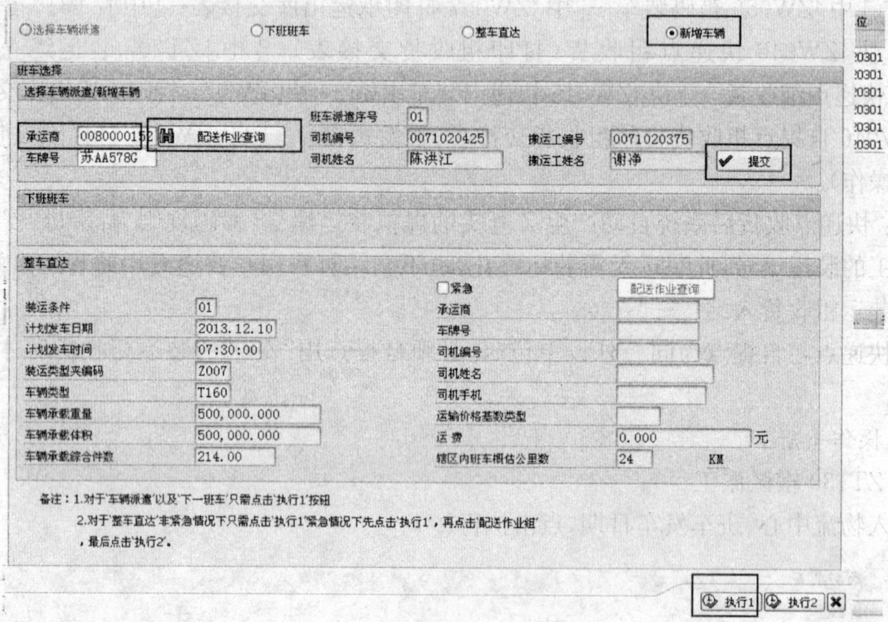

仓库作业流程：

（1）大件商品（平面库）—ZW207 手工分配集货位—ZW049 大件 WMS 平库拣配任务创建—ZW051 拣选任务分配—ZW053 拣选标签打印—ZW082 根据箱码装车过账—ZW055 箱码装车。

（2）大件商品（立体库）—ZW207 手工分配集货位—ZW058 大件基地库任务创建—ZW051 拣选任务分配—ZW053 拣选标签打印—ZW128 发货转储确认及集货—ZW055 箱码装车。

（3）小件商品（一家一件）—ZW207 手工分配集货位—ZW064 小件拣配任务创建—ZW065 小件创建批次—ZW066 小件打印拣选汇总表—ZW174 小件平面库顾客清单打印中心—ZW166 小件平面库顾客包装工作站—ZW072 运输包装工作站—ZW128 发货转储确认及集货—ZW055 箱码装车。

（4）小件商品（一件多件）—ZW207 手工分配集货位—ZW064 小件拣配任务创建—ZW065 小件创建批次—ZW066 小件打印拣选汇总表—ZW068 小件平面库分拣工作站—ZW174 小件平面库顾客清单打印中心—ZW166 小件平面库顾客包装工作站—ZW072 运输包装工作站—ZW128 发货转储确认及集货—ZW055 箱码装车。

2）车辆入门管理

输入物流中心 装运编号，点击执行。

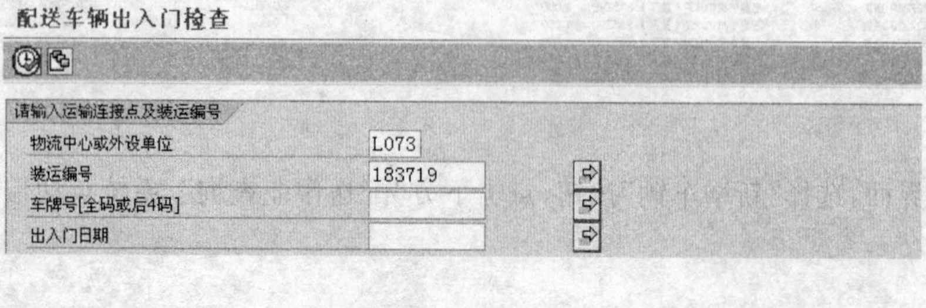

选择条目，点击入门。

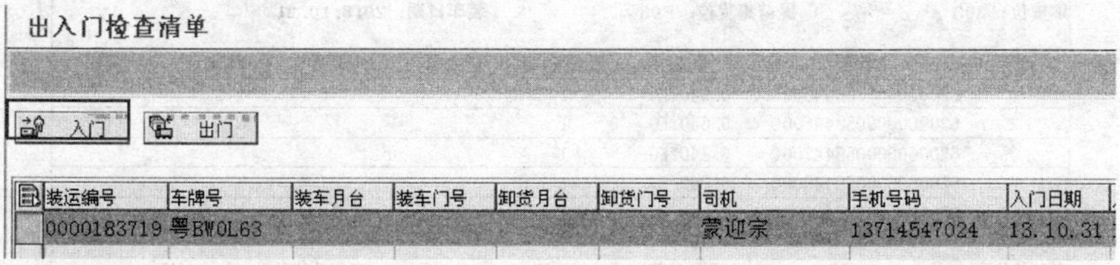
出入门检查清单

入门　出门

装运编号	车牌号	装车月台	装车门号	卸货月台	卸货门号	司机	手机号码	入门日期
0000183719	粤BW0L63					蒙迎宗	13714547024	13.10.31

3）ZW055 装车出站

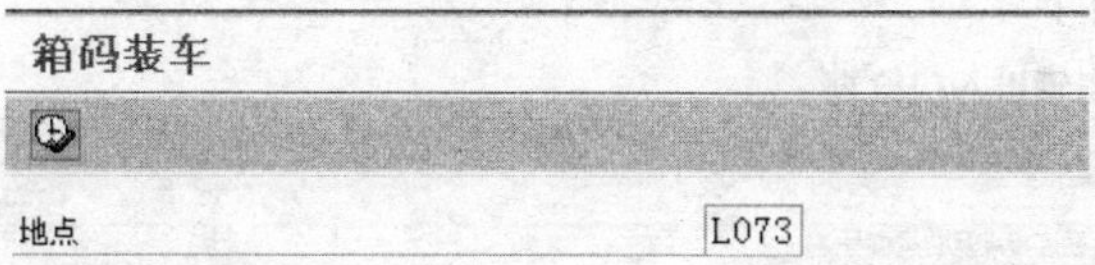

输入装运编号系统自动带出装运中全部箱码，扫码所有箱码，点击装车过账，点击装运完成。

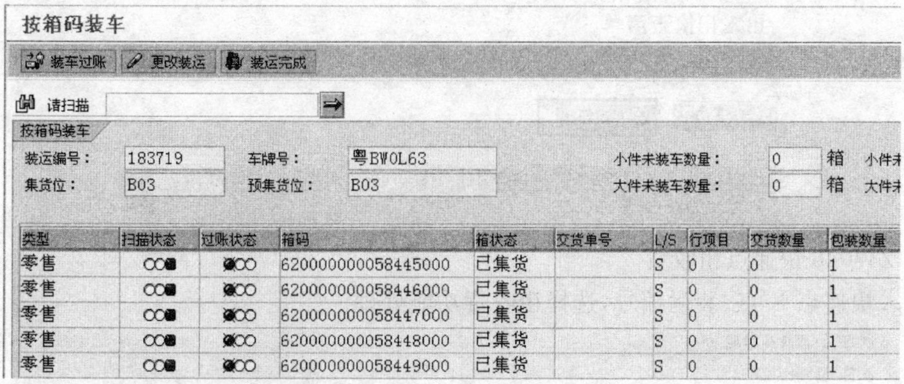
按箱码装车

装车过账　更改装运　装运完成

请扫描

按箱码装车

装运编号：183719　车牌号：粤BW0L63　小件未装车数量：0 箱　小件未
集货位：B03　预集货位：B03　大件未装车数量：0 箱　大件未

类型	扫描状态	过账状态	箱码	箱状态	交货单号	L/S	行项目	交货数量	包装数量
零售			620000000058445000	已集货		S	0	0	1
零售			620000000058446000	已集货		S	0	0	1
零售			620000000058447000	已集货		S	0	0	1
零售			620000000058448000	已集货		S	0	0	1
零售			620000000058449000	已集货		S	0	0	1

4）ZW057 打印承运商交接表

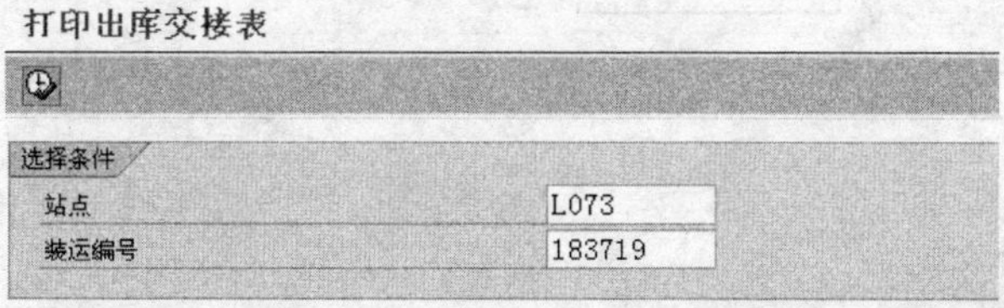

打印/预览

装运编号：0000183719　车牌号：粤BW0L63　司机：蒙迎宗　出货站点：
集货位：B03　提前集货位：B03　装车时间：2013.10.31　12:33:02

箱码	装箱数量	交货单	行项目	商品	商品描述
620000000058445000	1	1012217524	10	100164247	龙的电吹风NK-209
620000000058446000	1	1012217525	10	100164247	龙的电吹风NK-209
620000000058447000	1	1012217526	10	100164247	龙的电吹风NK-209
620000000058448000	1	1012217527	10	100164247	龙的电吹风NK-209
620000000058449000	1	1012217528	10	100164247	龙的电吹风NK-209

承运出库交接表

装运编号:183719　　车牌号：粤BW0L63　　出货站点：苏宁深圳中心仓

集货位：B03　　提前集货位：B03　　装车日期：2013.10.31

序号	箱码	重量	装箱数量	交货单	行项目	确认	备注
1	620000000058445000	0.640 KG	1				
2	620000000058446000	0.640 KG	1				
3	620000000058447000	0.640 KG	1				
4	620000000058448000	0.640 KG	1				
5	620000000058449000	0.640 KG	1				

应发总箱数：　5　箱　　实发总箱数：　　箱　　实收总箱数：　　箱

发货人员：　　提货司机：

5）ZT310 车辆出门

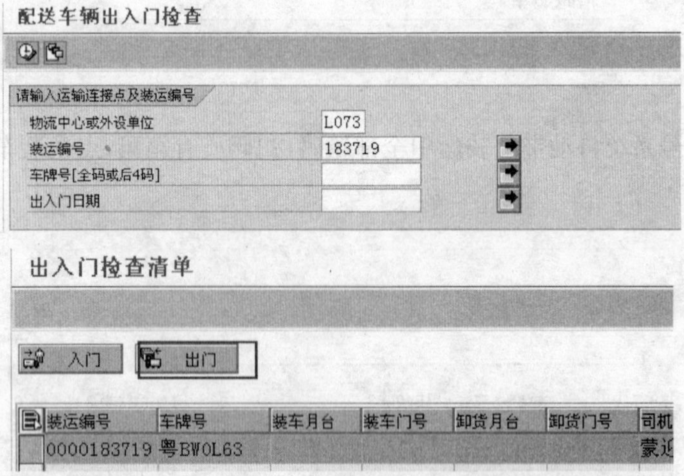

6）ZW046 快递点粗收货

输入快递点 K 点、装运编号，选择粗收货功能处理。

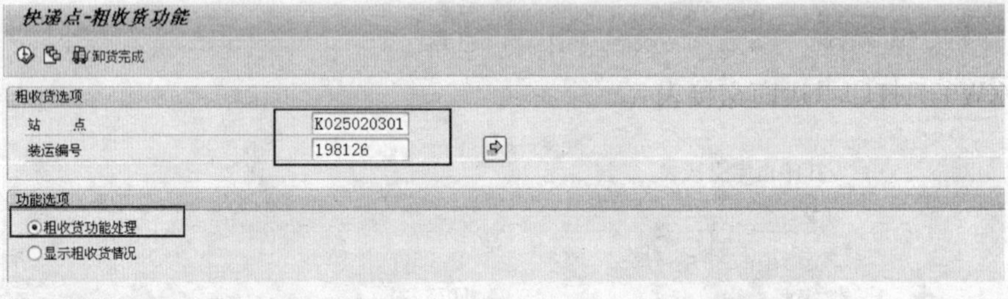

扫码点击粗收货。

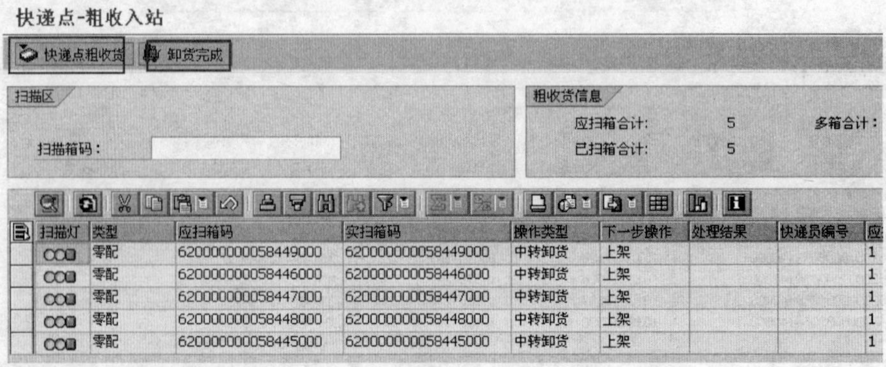

点击卸货完成后，选中需要卸货完成的装运的行项目，点击“确认卸货完成”，如果需要，可打印粗收货交接单，用于快递点与调拨司机的签收交接。

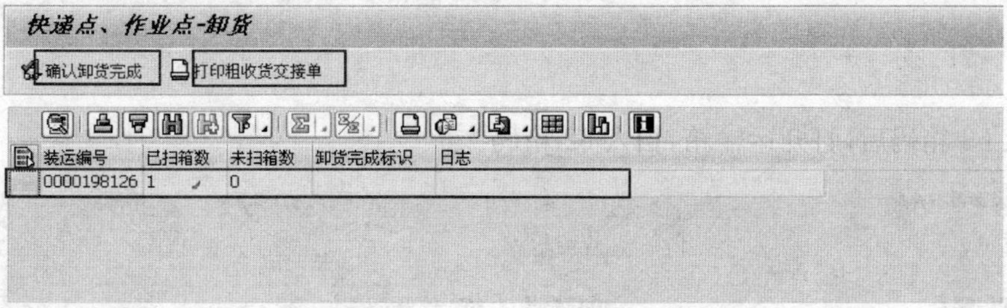

卸货完成系统提示如下图所示。

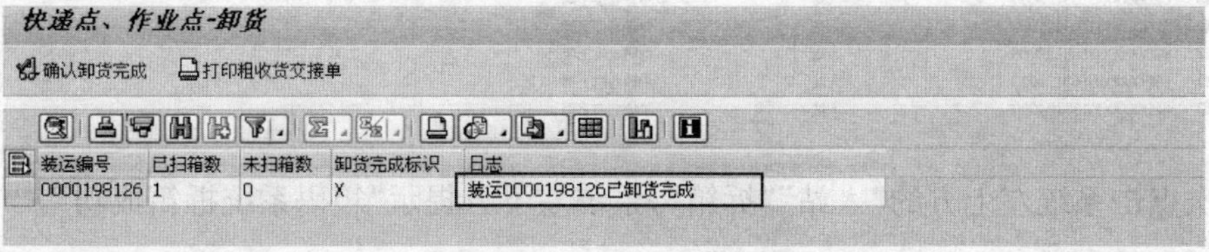

注：粗收货必须点卸货完成，不然无法进行装运终止。

7）装运终止

辖区的调拨装运在快递点粗收货完成后，便可以进行装运终止。

输入装运编号，点执行。

调拨的装运，系统只检查“装卸货完成状态”。

8）ZW100 快递点细收货

输入 K 点，点执行。

扫入 63 箱码后，打开运输箱，扫入 62 箱码。

依次点击系统左上方的“入站”“拆箱”，系统左下方提示“箱码系统拆箱成功”。

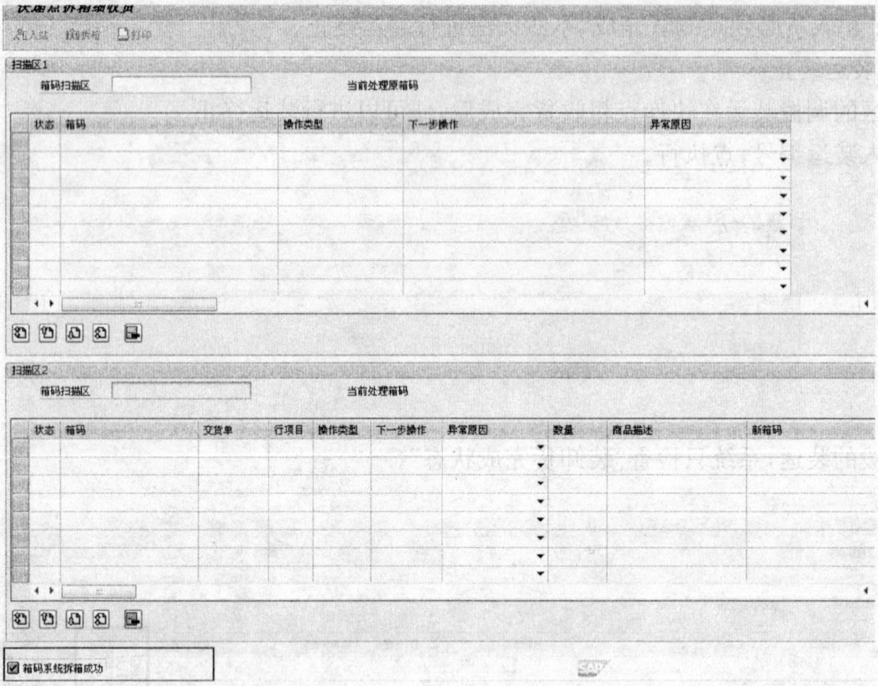

9）ZW015 快递点装车出站

输入 K 点，输入发车日期(发车日期为快递点收货日期)。

在扫描框旁边选择，需要出站的Z装运。

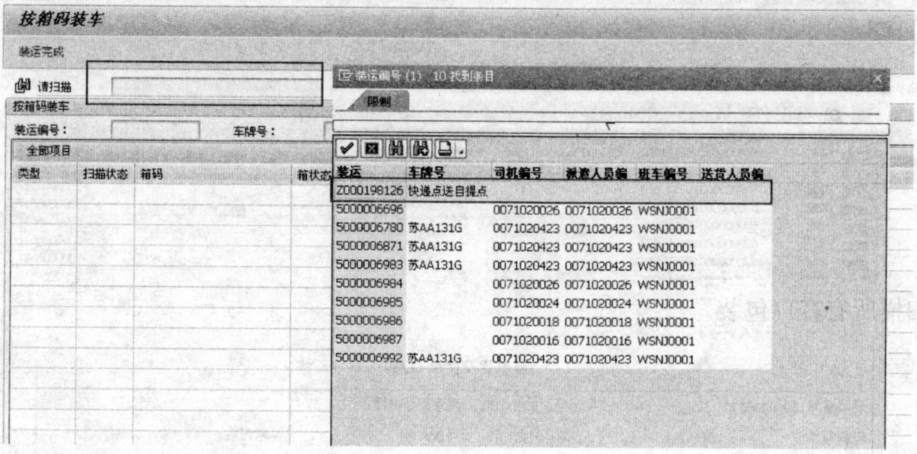

10）打印承运商交接表

输入K点和Z装运编号。

点击打印，打印出承运商交接表。

11）[自]ZW046 自提点粗收货打印粗收货交接表（触发短信）

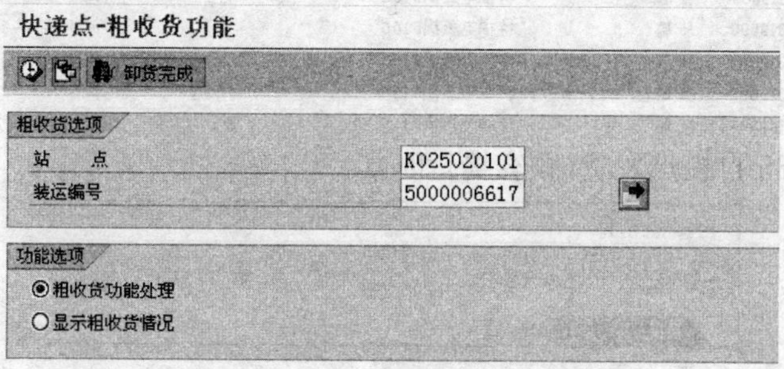

输入自提点站点，及快递点派工的装运。

快递点-粗收入站

快递点粗收货　卸货完成

扫描区

扫描箱码：　批量录入

粗收货信息

应扫箱合计：9　多箱合计：

已扫箱合计：3

扫描灯	类型	应扫箱码	实扫箱码	操作类型	下一步操作	处理结果	快递员编号	应扫数量	扫描数量	装运编号
	零配	620000000156611000	620000000156611000	中转卸货	上架			1	1	5000006617
	零配	620000000156540000	620000000156540000	中转卸货	上架			1	1	5000006617
	零配	620000000156539000	620000000156539000	退货	拆箱细收货			1	1	5000006617
	零配	620000000156612000						1		5000006617
	零配	620000000156613000						1		5000006617
	零配	620000000156614000						1		5000006617
	零配	620000000156615000						1		5000006617

扫描所有客户包装。

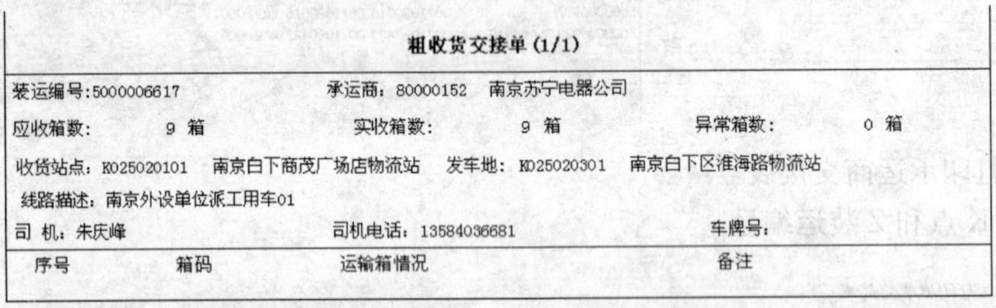

粗收货交接单 (1/1)

装运编号:5000006617　承运商：80000152　南京苏宁电器公司

应收箱数：9 箱　实收箱数：9 箱　异常箱数：0 箱

收货站点：K025020101　南京白下商茂广场店物流站　发车地：K025020301　南京白下区淮海路物流站

线路描述：南京外设单位派工用车01

司 机：朱庆峰　司机电话：13584036681　车牌号：

序号	箱码	运输箱情况	备注

粗收货后打印粗收货交接表。

12）[快]ZT207 装运终止

自提点收货后快递点即可装运终止。

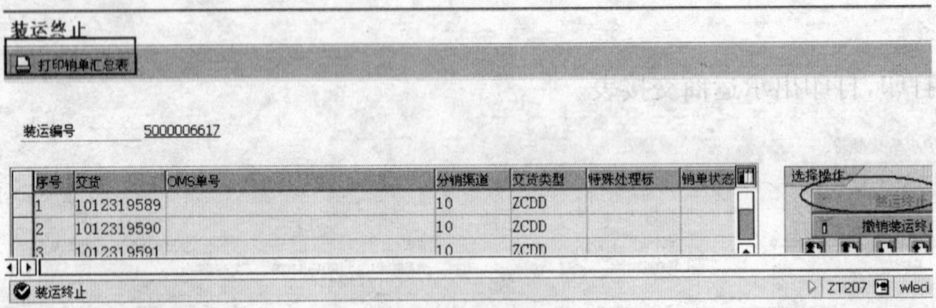

装运终止

打印销单汇总表

装运编号　5000006617

序号	交货	OMS单号	分销渠道	交货类型	特殊处理标	销单状态
1	1012319589		10	ZCDD		
2	1012319590		10	ZCDD		
3	1012319591		10	ZCDD		

选择操作　装运终止　撤销装运终止

装运终止　ZT207　wleci

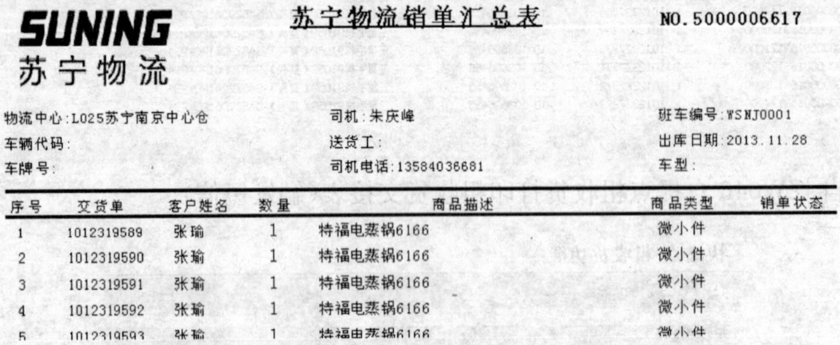

SUNING 苏宁物流　苏宁物流销单汇总表　NO.5000006617

物流中心:L025苏宁南京中心仓　司机:朱庆峰　班车编号:WSNJ0001

车辆代码:　送货工:　出库日期:2013.11.28

车牌号:　司机电话:13584036681　车型:

序号	交货单	客户姓名	数量	商品描述	商品类型	销单状态
1	1012319589	张瑜	1	特福电蒸锅6166	微小件	
2	1012319590	张瑜	1	特福电蒸锅6166	微小件	
3	1012319591	张瑜	1	特福电蒸锅6166	微小件	
4	1012319592	张瑜	1	特福电蒸锅6166	微小件	
5	1012319593	张瑜	1	特福电蒸锅6166	微小件	

13）[自]ZW165 自提点发货(顾客提货时)

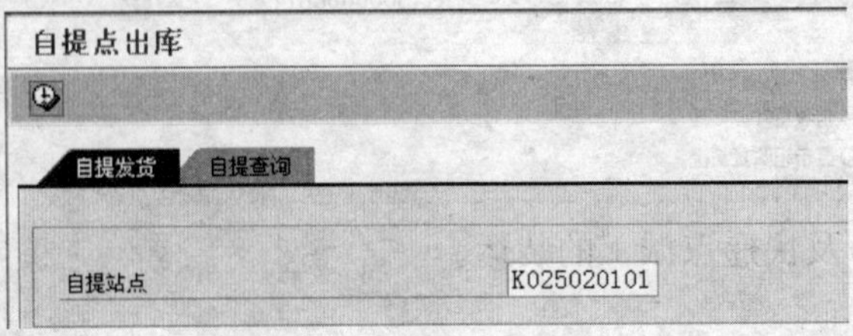

自提点出库

自提发货　自提查询

自提站点　K025020101

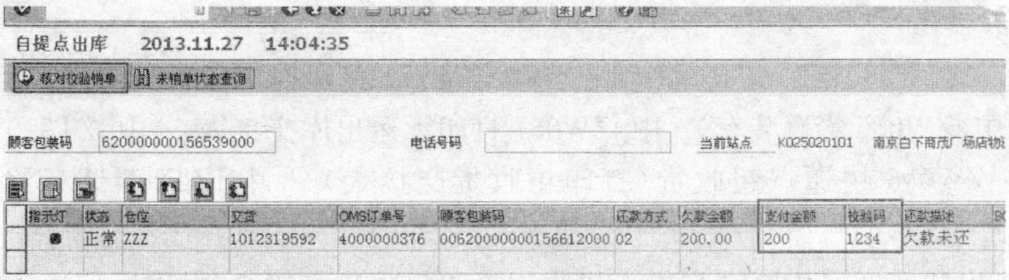

扫描客户包装，输入欠款金额及校验码点击销单，即可。

三、经过快递点送自提点模式（自提点与快递点非同 K 点）

1. 流程图

自提点与快递点非同 K 点的流程图如图 8－22 所示。

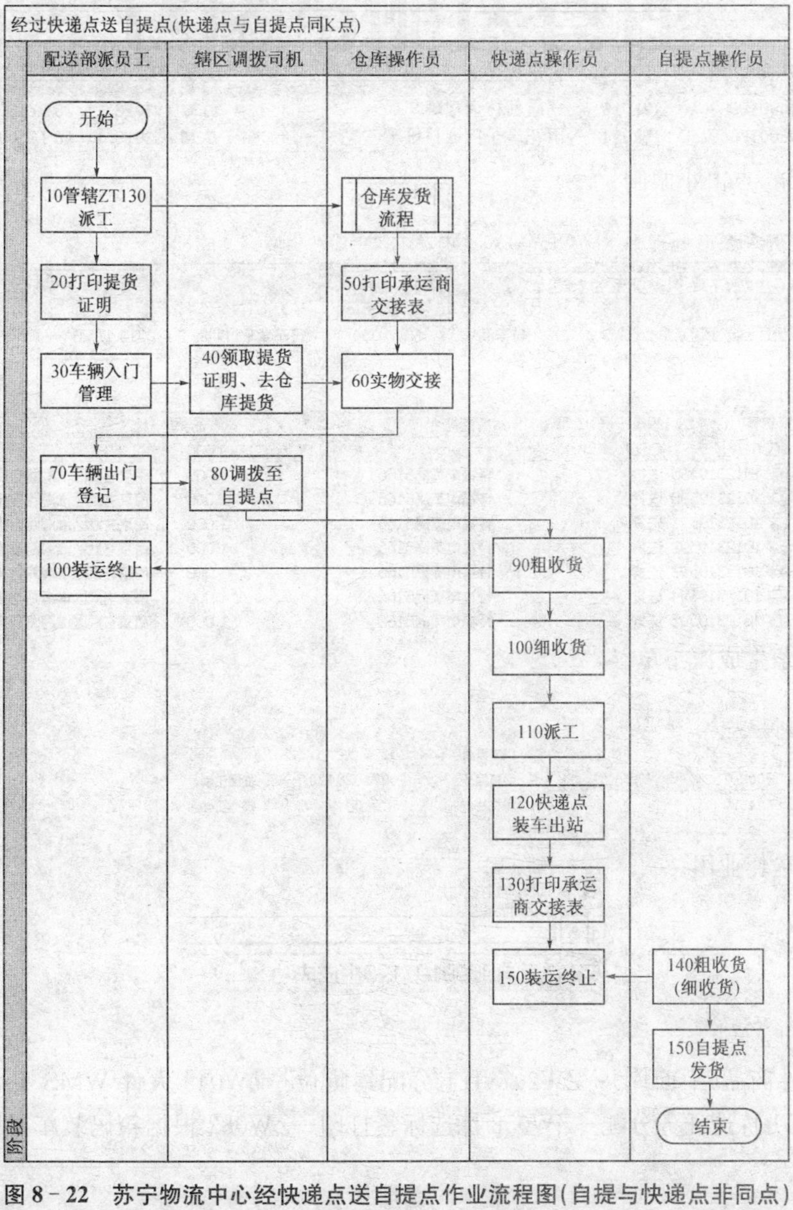

图 8－22 苏宁物流中心经快递点送自提点作业流程图（自提与快递点非同点）

2. 流程描述

[中]ZT130 辖区派工—[仓库作业]—[中]ZW171 打印提货证明—[中]ZT310 车辆入门登记—[中]ZW055 箱码装车—[中]ZW057 打印承运出库交接表—[中]ZT310 车辆出门登记—[快]ZW046 快递点粗收货(打印粗收货交接表)—[中]ZT207 装运终止—[快]ZW100 快递点细收货—[快]ZT262 快递点派工—[快]VT70 打印派工汇总表—[快]ZW015 快递点装车出站—[自]ZW046 自提点粗收货打印粗收货交接表(触发短信)—[快]ZT207 装运终止—[自]ZW165 自提点发货(顾客提货时)。

3. 操作手册

1) ZT130 派工

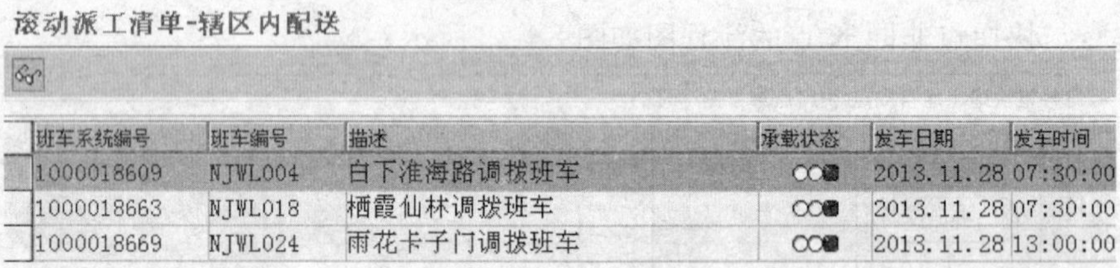

班车系统编号	班车编号	描述	承载状态	发车日期	发车时间
1000018609	NJWL004	白下淮海路调拨班车		2013.11.28	07:30:00
1000018663	NJWL018	栖霞仙林调拨班车		2013.11.28	07:30:00
1000018669	NJWL024	雨花卡子门调拨班车		2013.11.28	13:00:00

选中记录，点击小眼睛。

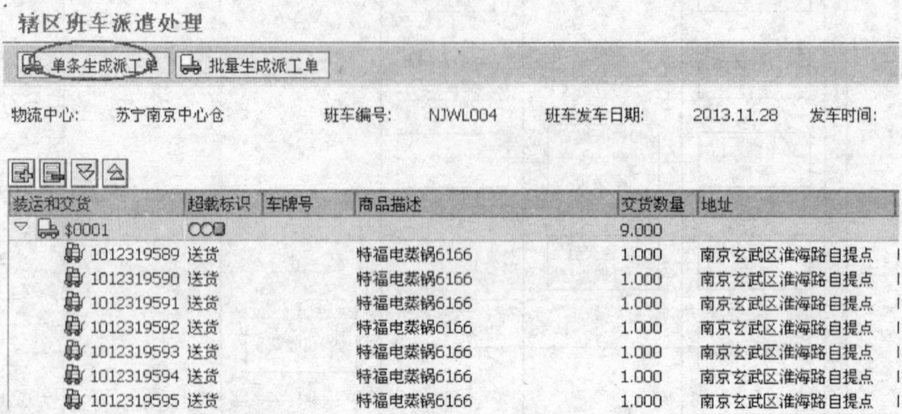

装运和交货	超载标识	车牌号	商品描述	交货数量	地址
$0001				9.000	
1012319589 送货			特福电蒸锅6166	1.000	南京玄武区淮海路自提点
1012319590 送货			特福电蒸锅6166	1.000	南京玄武区淮海路自提点
1012319591 送货			特福电蒸锅6166	1.000	南京玄武区淮海路自提点
1012319592 送货			特福电蒸锅6166	1.000	南京玄武区淮海路自提点
1012319593 送货			特福电蒸锅6166	1.000	南京玄武区淮海路自提点
1012319594 送货			特福电蒸锅6166	1.000	南京玄武区淮海路自提点
1012319595 送货			特福电蒸锅6166	1.000	南京玄武区淮海路自提点

点击单条生成派工单。

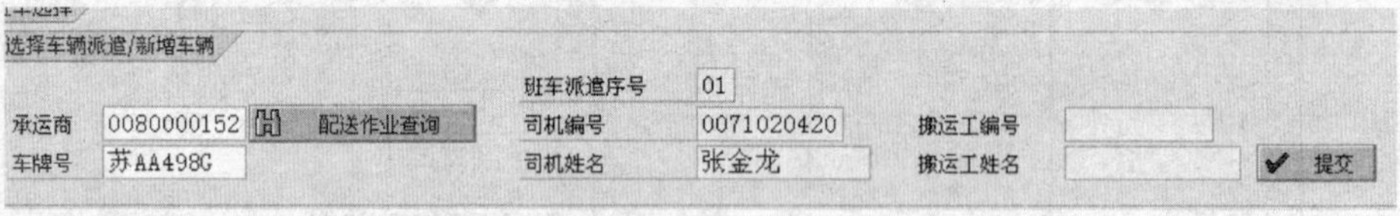

确认配送作业组。

仓库作业：

(1) 大件商品(平面库)—ZW207 手工分配集货位—ZW049 大件 WMS 平库拣配任务创建—ZW051 拣选任务分配—ZW053 拣选标签打印—ZW082 根据箱码装车过账—ZW055 箱码装车。

(2) 大件商品(立体库)—ZW207 手工分配集货位—ZW058 大件基地库任务创建—ZW051 拣选任务分配—ZW053 拣选标签打印—ZW128 发货转储确认及集货—ZW055 箱码装车。

(3) 小件商品(一家一件)—ZW207 手工分配集货位—ZW064 小件拣配任务创建—ZW065 小件创建批次—ZW066 小件打印拣选汇总表—ZW174 小件平面库顾客清单打印中心—ZW166 小件平面库顾客包装工作站—ZW072 运输包装工作站—ZW128 发货转储确认及集货—ZW055 箱码装车。

(4) 小件商品(一件多件)—ZW207 手工分配集货位—ZW064 小件拣配任务创建—ZW065 小件创建批次—ZW066 小件打印拣选汇总表—ZW068 小件平面库分拣工作站—ZW174 小件平面库顾客清单打印中心—ZW166 小件平面库顾客包装工作站—ZW072 运输包装工作站—ZW128 发货转储确认及集货—ZW055 箱码装车。

2) ZW171 打印提货证明

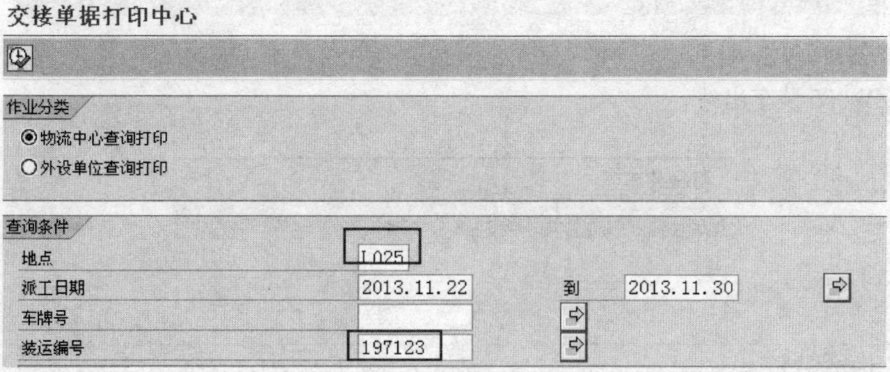

车牌号	装运编号	组类型	箱码类型	箱码	交货单号	项目	完成状态	交货类型	交货数量	箱状态	包装数量	商品编码	商品描述	增值业务	增值业务描述
苏AA498G	0000197123	正常拣货组			1012319589	10		ZCDD	1.000		0.000	100119610	特福电蒸锅6166		
苏AA498G	0000197123	正常拣货组			1012319590	10		ZCDD	1.000		0.000	100119610	特福电蒸锅6166		
苏AA498G	0000197123	正常拣货组			1012319591	10		ZCDD	1.000		0.000	100119610	特福电蒸锅6166		
苏AA498G	0000197123	正常拣货组			1012319592	10		ZCDD	1.000		0.000	100119610	特福电蒸锅6166		
苏AA498G	0000197123	正常拣货组			1012319593	10		ZCDD	1.000		0.000	100119610	特福电蒸锅6166		
苏AA498G	0000197123	正常拣货组			1012319594	10		ZCDD	1.000		0.000	100119610	特福电蒸锅6166		
苏AA498G	0000197123	正常拣货组			1012319595	10		ZCDD	1.000		0.000	100119610	特福电蒸锅6166		
苏AA498G	0000197123	正常拣货组			1012319596	10		ZCDD	1.000		0.000	100119610	特福电蒸锅6166		
苏AA498G	0000197123	正常拣货组			1012319597	10		ZCDD	1.000		0.000	100119610	特福电蒸锅6166		

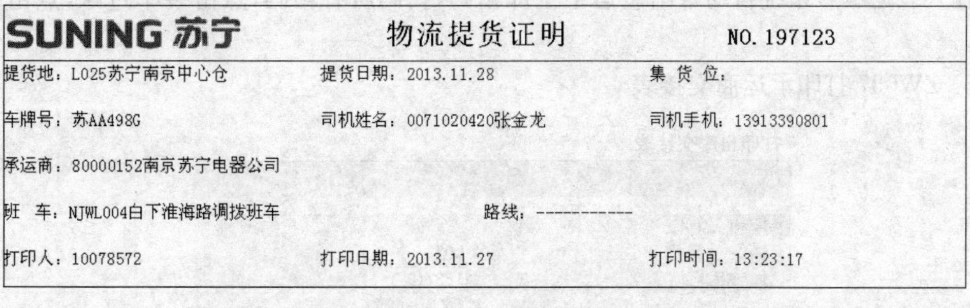

SUNING 苏宁　　物流提货证明　　NO.197123

提货地：L025苏宁南京中心仓　　提货日期：2013.11.28　　集 货 位：

车牌号：苏AA498G　　司机姓名：0071020420张金龙　　司机手机：13913390801

承运商：80000152南京苏宁电器公司

班　车：NJWL004白下淮海路调拨班车　　路线：----------

打印人：10078572　　打印日期：2013.11.27　　打印时间：13:23:17

3）ZT310 车辆入门

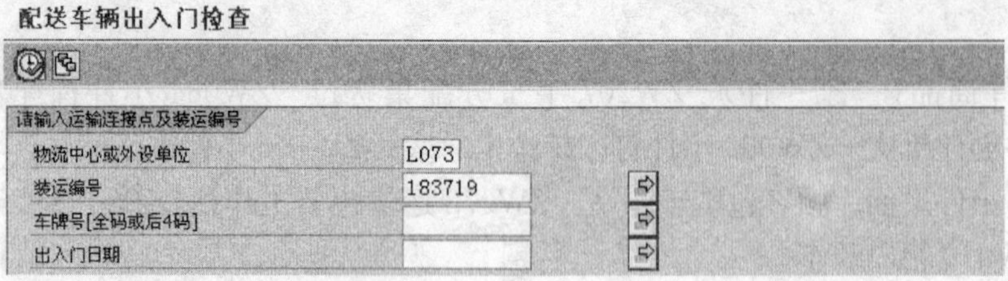

输入物流中心 装运编号，点击执行。

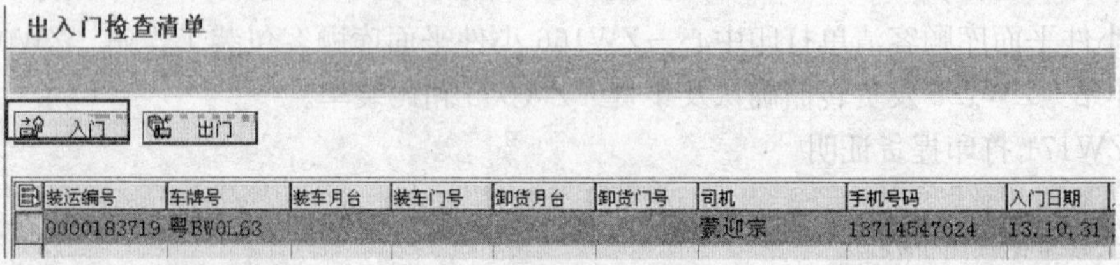

选择条目，点击入门。

4）ZW055 装车出站

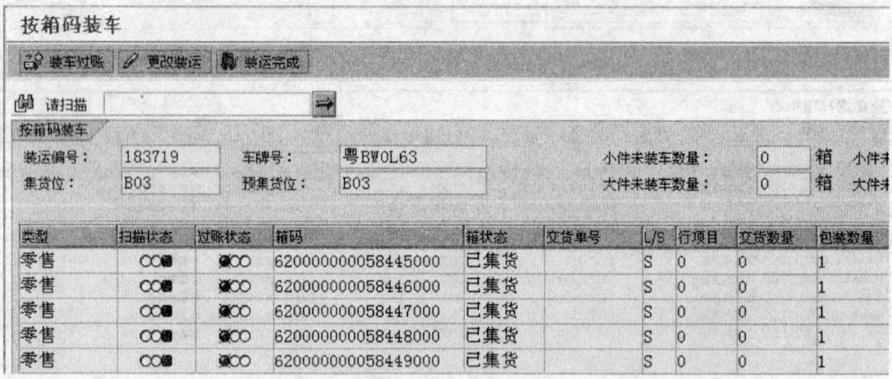

输入装运编号系统自动带出装运中全部箱码，扫码所有箱码，点击装车过账，点击装运完成。

5）ZW057 打印承运商交接表

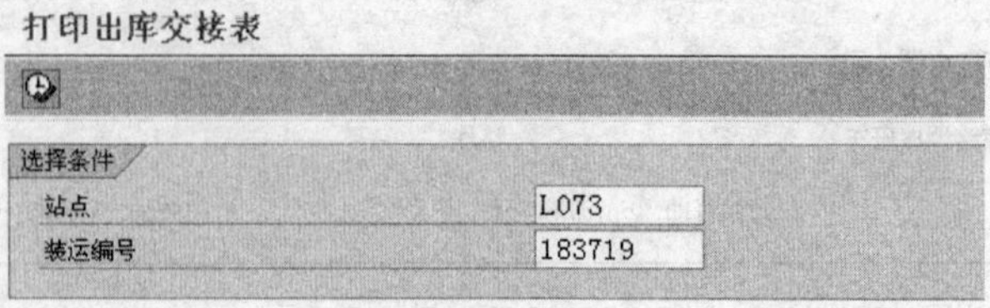

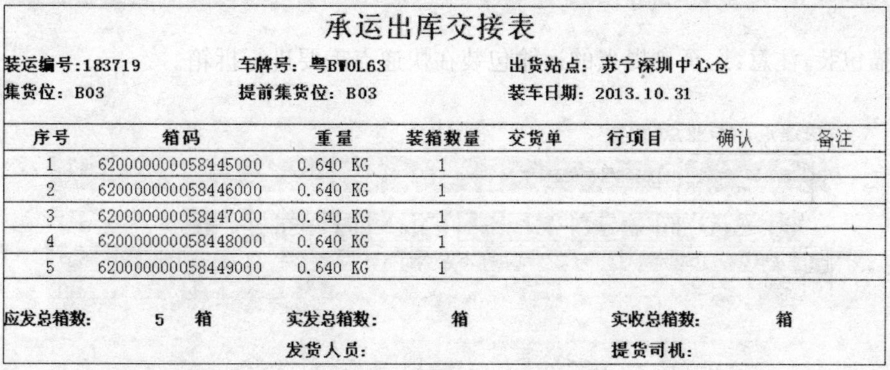

承运出库交接表

装运编号:183719　车牌号：粤BW0L63　出货站点：苏宁深圳中心仓

集货位：B03　提前集货位：B03　装车日期：2013.10.31

序号	箱码	重量	装箱数量	交货单	行项目	确认	备注
1	620000000058445000	0.640 KG	1				
2	620000000058446000	0.640 KG	1				
3	620000000058447000	0.640 KG	1				
4	620000000058448000	0.640 KG	1				
5	620000000058449000	0.640 KG	1				

应发总箱数：5 箱　实发总箱数：箱　实收总箱数：箱

发货人员：　提货司机：

6）ZT310 车辆出门

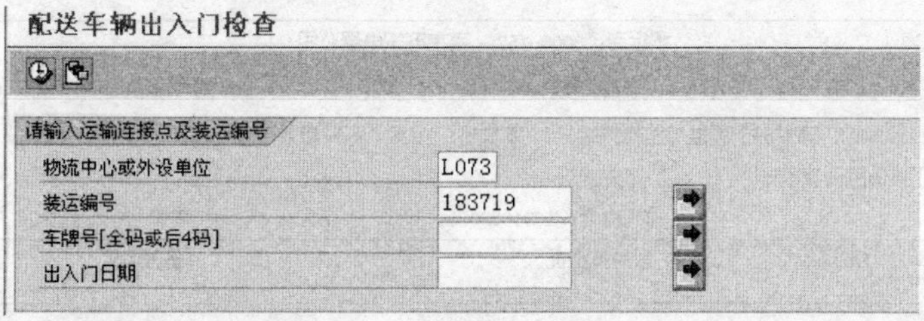

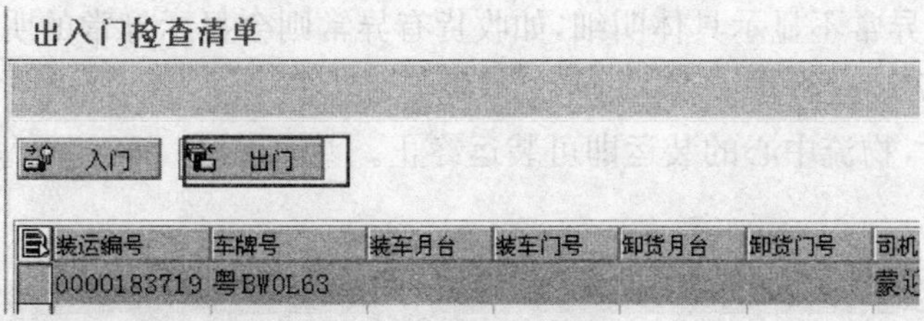

7）[快]ZW046 快递点粗收货（打印粗收货交接表）

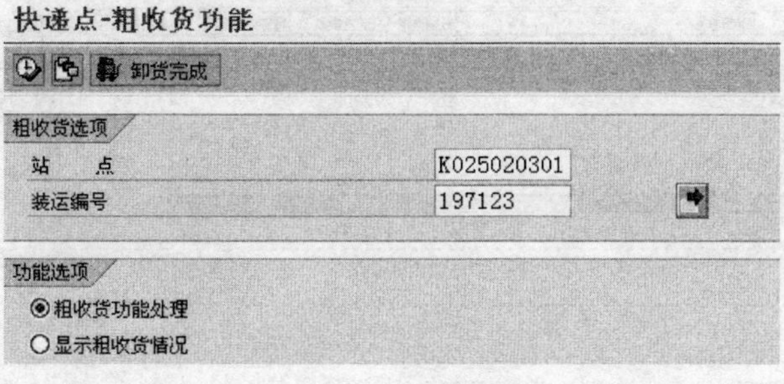

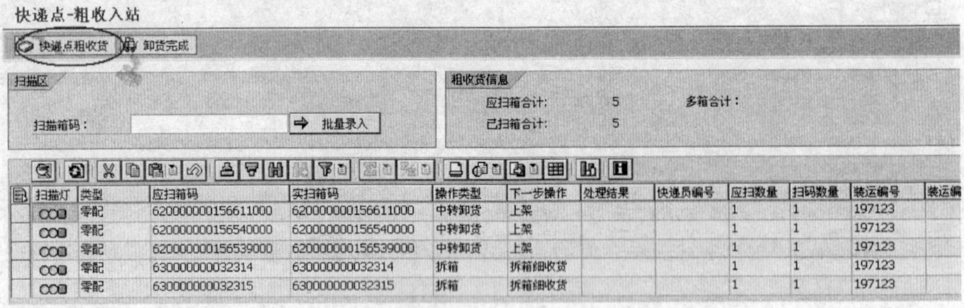

扫描包装，注意：送至自提点的运输包装在快递点需要进行拆箱。

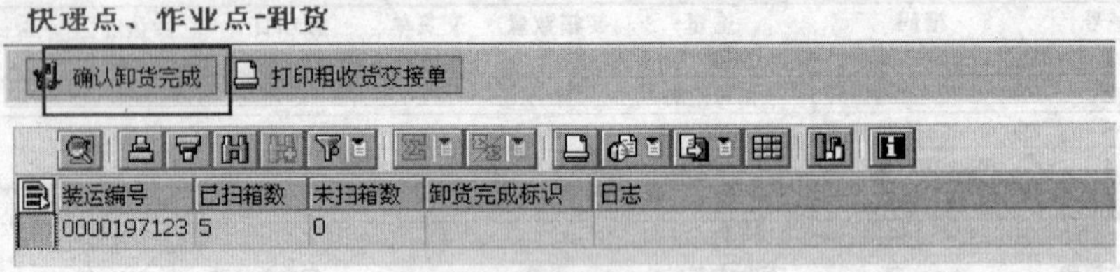

粗收货交接单 (1/1)

装运编号:197123	承运商：80000152 南京苏宁电器公司	
应收箱数： 5 箱	实收箱数： 5 箱	异常箱数： 0 箱
收货站点：K025020301 南京白下区淮海路物流站	发车地：L025 苏宁南京中心仓	
线路描述：白下淮海路调拨班车		
司 机：张金龙	司机电话：13913390801	车牌号：苏AA498G
序号 箱码	运输箱情况	备注

注：如收货无异常不显示具体明细，如收货有异常则会显示异常的明细。

8）[中]ZT207 装运终止

快递点粗收后，物流中心的装运即可装运终止。

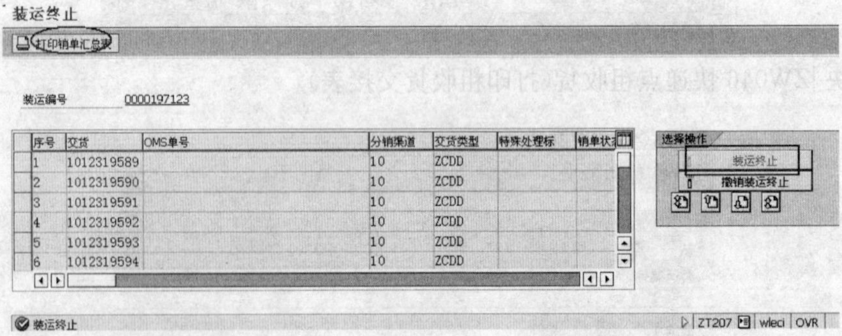

SUNING
苏宁物流

苏宁物流销单汇总表　　NO.197123

物流中心:L025苏宁南京中心仓　　司机:张金龙　　班车编号:NJWL004
车辆代码:5500015871　　送货工:　　出库日期:2013.11.27
车牌号:苏AA498G　　司机电话:13913390801　　车型:T160　4.2M厢货(全

序号	交货单	客户姓名	数量	商品描述	商品类型	销单状态
1	1012319589	张瑜	1	特福电蒸锅6166	微小件	
2	1012319590	张瑜	1	特福电蒸锅6166	微小件	
3	1012319591	张瑜	1	特福电蒸锅6166	微小件	
4	1012319592	张瑜	1	特福电蒸锅6166	微小件	
5	1012319593	张瑜	1	特福电蒸锅6166	微小件	
6	1012319594	张瑜	1	特福电蒸锅6166	微小件	
7	1012319595	张瑜	1	特福电蒸锅6166	微小件	
8	1012319596	张瑜	1	特福电蒸锅6166	微小件	
9	1012319597	张瑜	1	特福电蒸锅6166	微小件	

销单汇总表交于司机。

9)[快]ZW100 快递点细收货

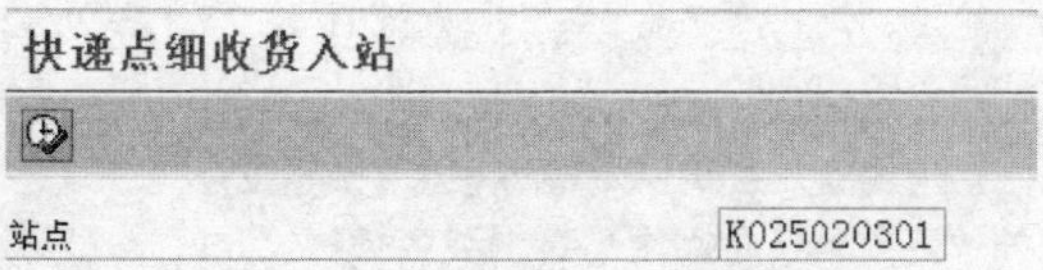

输入快递点站点,执行。

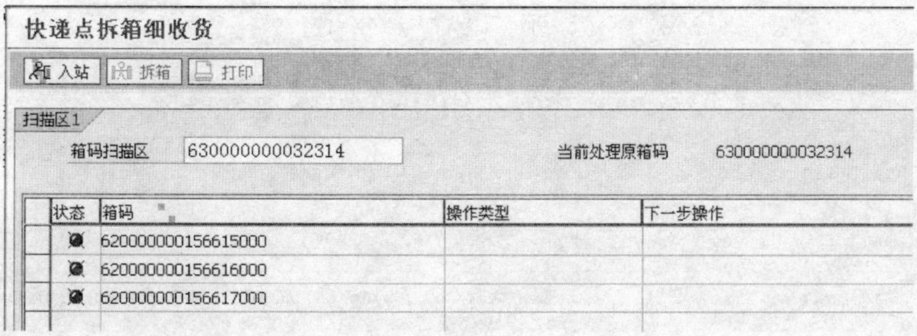

输入运输包装回车,系统自动带出客户包装。

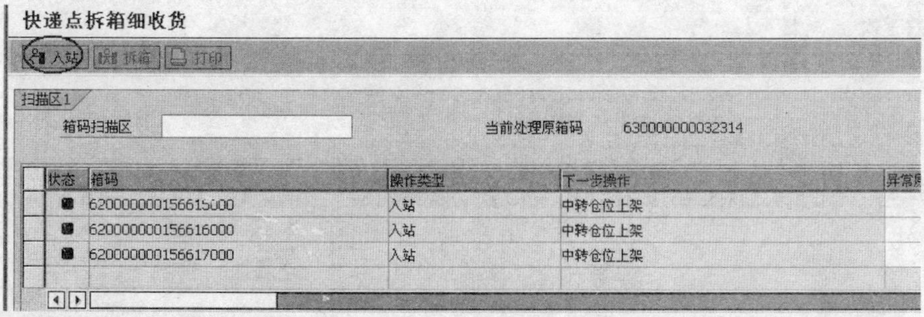

扫描客户包装后点击入站。

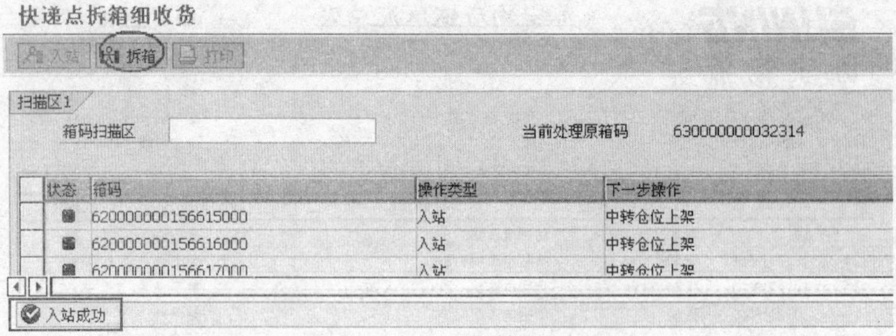

入站成功后，点击拆箱。

10) [快]ZT262 快递点派工

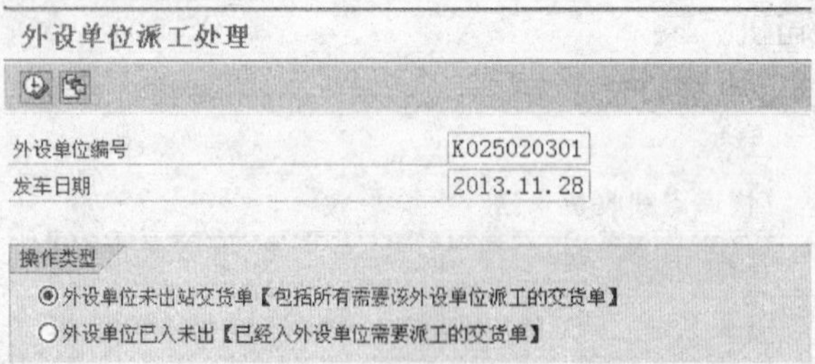

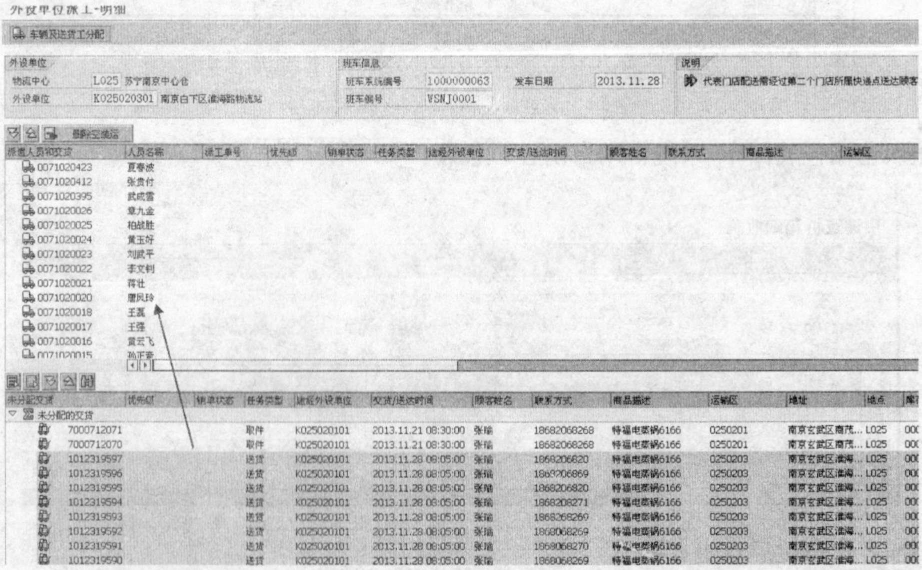

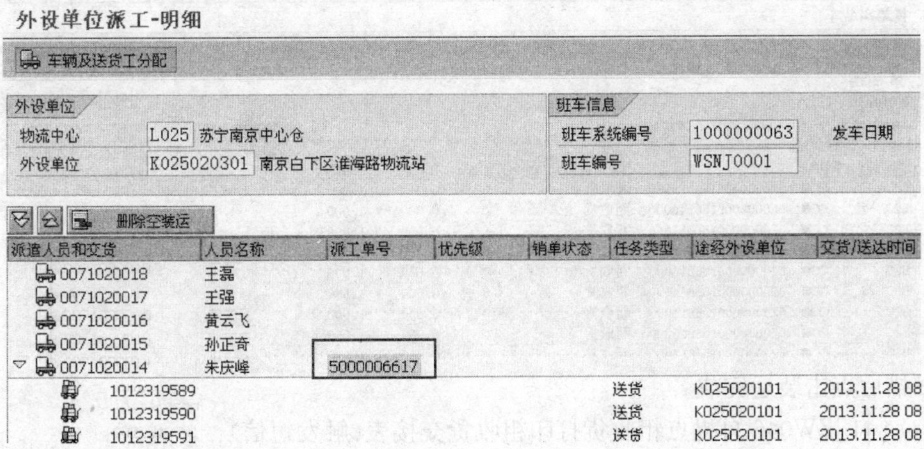

系统生成装运编号。

11) [快]VT70 打印派工汇总表

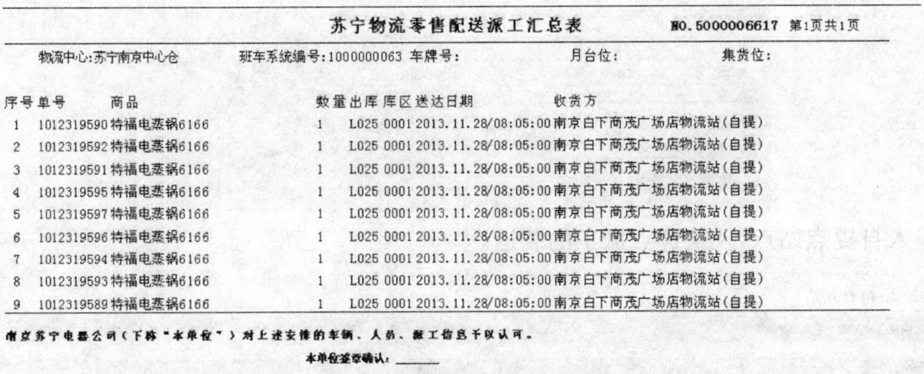

苏宁物流零售配送派工汇总表 NO.5000006617 第1页共1页

物流中心:苏宁南京中心仓 班车系统编号:1000000063 车牌号: 月台位: 集货位:

序号	单号	商品	数量	出库	库区	送达日期	收货方
1	1012319590	特福电蒸锅6166	1	L025	0001	2013.11.28/08:05:00	南京白下商茂广场店物流站(自提)
2	1012319592	特福电蒸锅6166	1	L025	0001	2013.11.28/08:05:00	南京白下商茂广场店物流站(自提)
3	1012319591	特福电蒸锅6166	1	L025	0001	2013.11.28/08:05:00	南京白下商茂广场店物流站(自提)
4	1012319595	特福电蒸锅6166	1	L025	0001	2013.11.28/08:05:00	南京白下商茂广场店物流站(自提)
5	1012319597	特福电蒸锅6166	1	L025	0001	2013.11.28/08:05:00	南京白下商茂广场店物流站(自提)
6	1012319596	特福电蒸锅6166	1	L025	0001	2013.11.28/08:05:00	南京白下商茂广场店物流站(自提)
7	1012319594	特福电蒸锅6166	1	L025	0001	2013.11.28/08:05:00	南京白下商茂广场店物流站(自提)
8	1012319593	特福电蒸锅6166	1	L025	0001	2013.11.28/08:05:00	南京白下商茂广场店物流站(自提)
9	1012319589	特福电蒸锅6166	1	L025	0001	2013.11.28/08:05:00	南京白下商茂广场店物流站(自提)

南京苏宁电器公司(下称"本单位")对上述安排的车辆、人员、派工信息予以认可。

本单位签章确认: ______

12) [快]ZW015 快递点装车出站

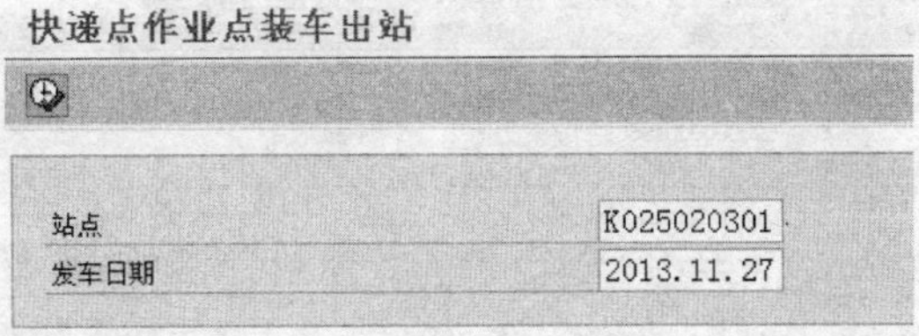

此处发车日期为装运创建日期。

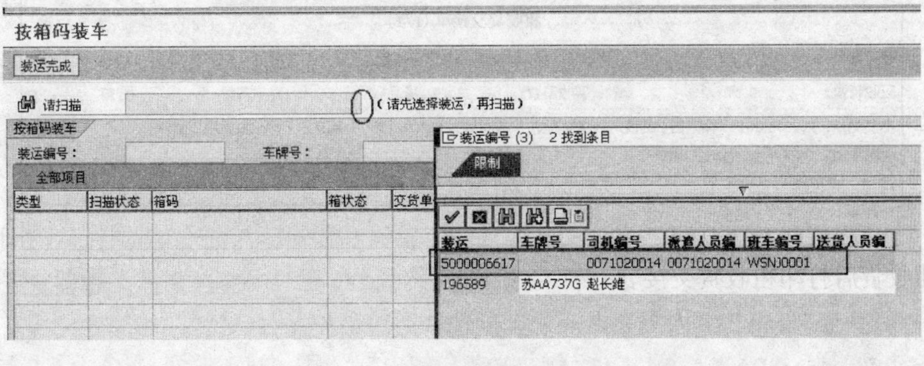

类型	扫描状态	箱码	箱状态	交货单号	行项目	交货数量	包装数量	确认数量	商品编码	商品描述
B2C		620000000156539000	粗收货		0	0.000	1.000	1		
B2C		620000000156540000	粗收货		0	0.000	1.000	1		
B2C		620000000156611000	粗收货		0	0.000	1.000	1		
B2C		620000000156612000	粗收货		0	0.000	1.000	1		
B2C		620000000156613000	粗收货		0	0.000	1.000	1		
B2C		620000000156614000	粗收货		0	0.000	1.000	1		
B2C		620000000156615000	粗收货		0	0.000	1.000	1		
B2C		620000000156616000	粗收货		0	0.000	1.000	1		
B2C		620000000156617000	粗收货		0	0.000	1.000	1		

扫描后点击装运完成。

13）[自]ZW046 自提点粗收货打印粗收货交接表(触发短信)

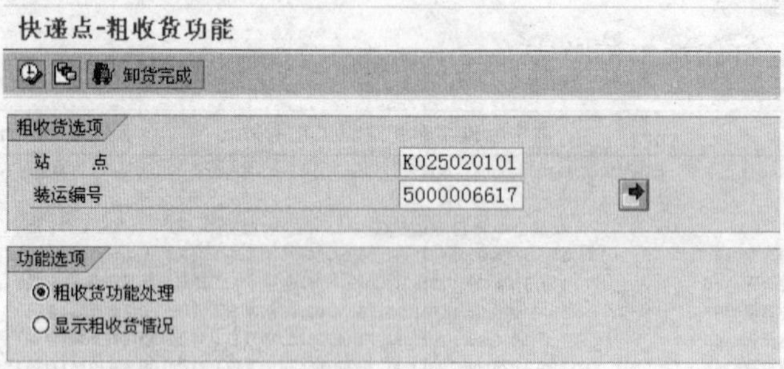

输入自提点站点，及快递点派工的装运。

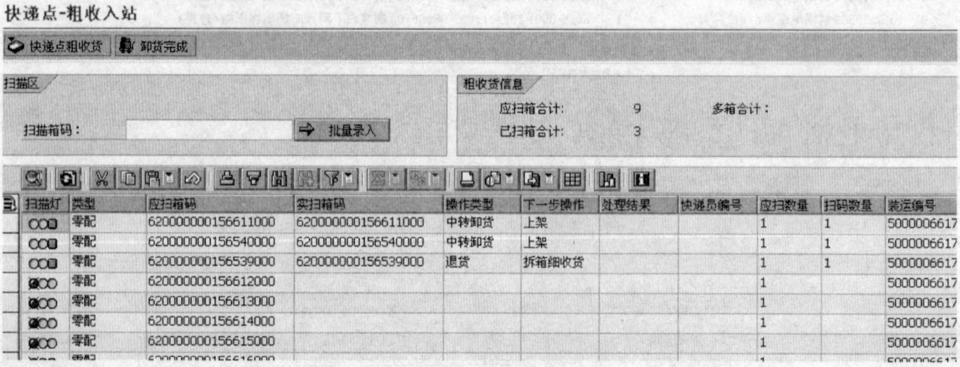

扫描灯	类型	应扫箱码	实扫箱码	操作类型	下一步操作	处理结果	快递员编号	应扫数量	扫码数量	装运编号
	零配	620000000156611000	620000000156611000	中转卸货	上架			1	1	5000006617
	零配	620000000156540000	620000000156540000	中转卸货	上架			1	1	5000006617
	零配	620000000156539000	620000000156539000	退货	拆箱细收货			1	1	5000006617
	零配	620000000156612000						1		5000006617
	零配	620000000156613000						1		5000006617
	零配	620000000156614000						1		5000006617
	零配	620000000156615000						1		5000006617
	零配	620000000156616000						1		5000006617

扫描所有客户包装。

粗收货交接单 (1/1)

装运编号:5000006617 承运商：80000152 南京苏宁电器公司

应收箱数： 9 箱 实收箱数： 9 箱 异常箱数： 0 箱

收货站点：K025020101 南京白下商茂广场店物流站 发车地：KD25020301 南京白下区淮海路物流站

线路描述：南京外设单位派工用车01

司 机：朱庆峰 司机电话：13584036681 车牌号：

序号	箱码	运输箱情况	备注

粗收货后打印粗收货交接表。

14）[快]ZT207 装运终止

自提点收货后快递点即可装运终止。

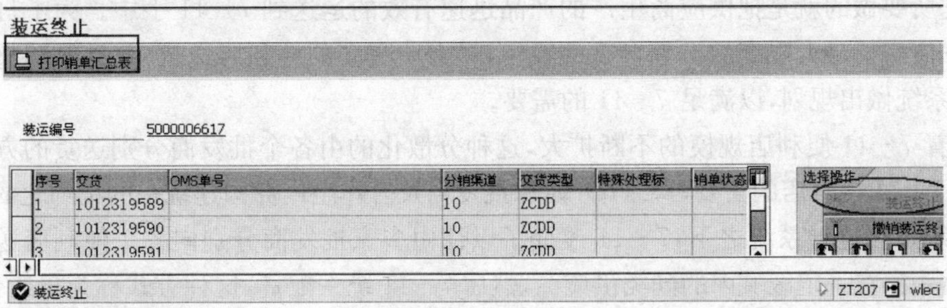

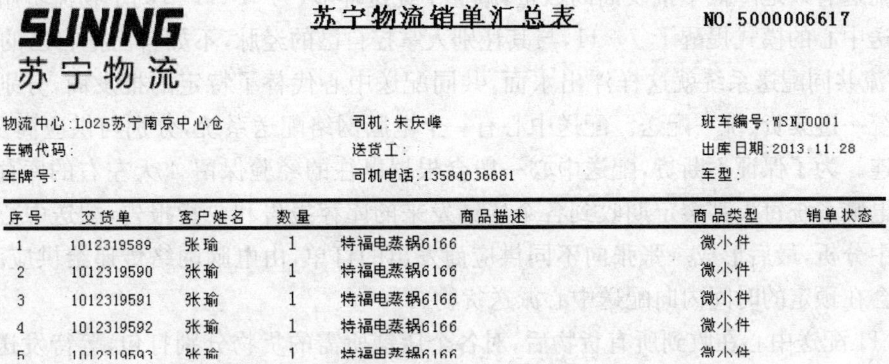

SUNING 苏宁物流

苏宁物流销单汇总表　　NO.5000006617

物流中心：L025苏宁南京中心仓　　司机：朱庆峰　　班车编号：WSNJ0001

车辆代码：　　送货工：　　出库日期：2013.11.28

车牌号：　　司机电话：13584036681　　车型：

序号	交货单	客户姓名	数量	商品描述	商品类型	销单状态
1	1012319589	张瑜	1	特福电蒸锅6166	微小件	
2	1012319590	张瑜	1	特福电蒸锅6166	微小件	
3	1012319591	张瑜	1	特福电蒸锅6166	微小件	
4	1012319592	张瑜	1	特福电蒸锅6166	微小件	
5		张瑜		特福电蒸锅6166		

15）[自]ZW165 自提点发货（顾客提货时）

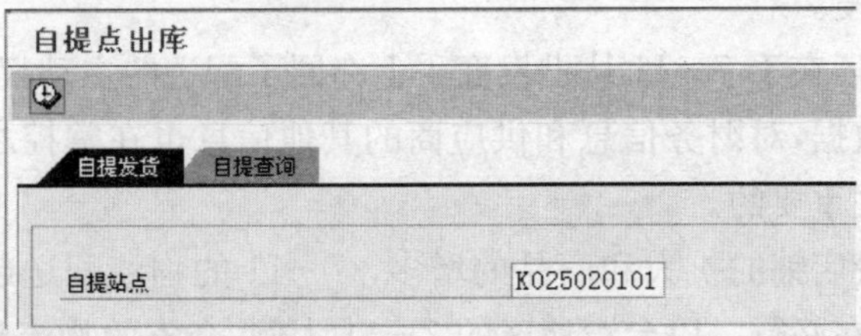

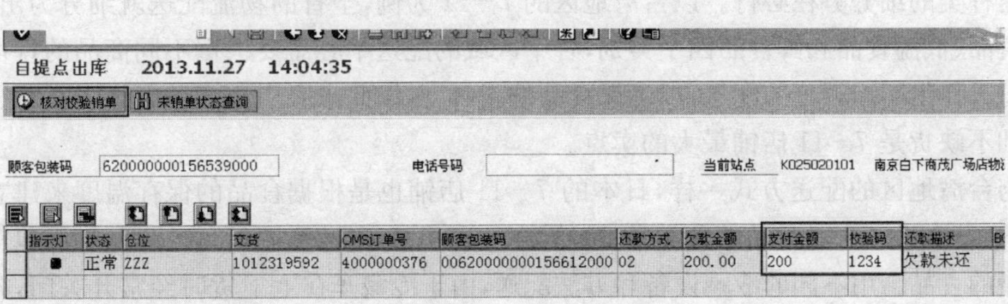

扫描客户包装，输入欠款金额及校验码点击销单，即可。

技能训练 8-1：案例分析——7-11 便利店的配送系统

【案例 1】

案例 7-11 的物流模式先后经历了 3 个阶段三种方式的变革。起初，7-11 并没有自己的配送中心，它的货物配送是靠批发商来完成的。以日本 7-11 为例，早期日本 7-11 的供应商都有自己特定的批发商，而且每个批发商一般都只代理一家生产商，这个批发商就是联系信息流和资金流的通道。供应商把自己的产品交给批发商以后，对产品的销售就不再过问，所有的配送和销售都会由批发商来完成。对于7-11而言，批发商就相当于自己的配送中心，它所要做的就是把供应商生产的产品迅速有效的运送到7-11手中。为了自身的发展，批发商需要最大限度的扩大自己的经营，尽力向更多的便利店送货，并且要对整个配送和订货系统做出规划，以满足7-11的需要。

随着7-11便利店规模的不断扩大，这种分散化的由各个批发商分别送货的方式无法再满足7-11便利店的需要，7-11开始和批发商及合作生产商构建统一的集约化的配送和进货系统。在这种系统之下，7-11改变了以往由多家批发商分别向各个便利店送货的方式，改由一家在一定区域内的同类供应商，然后7-11统一配货，这种方式称为集约化配送。集约化配送有效地降低了批发商的数量，减少了配送环节，为7-11节约了物流费用。

配送中心的模式提醒了7-11，与其让别人掌控自己的经脉，不如自己把自己的脉。7-11的物流共同配送系统就这样浮出水面，共同配送中心代替了特定的批发商，分别在不同的区域统一进集货、统一配送。配送中心有一个电脑网络配送系统，分别与供应商及7-11店铺相连。为了保证不断货，配送中心一般会根据以往的经验保留4天左右的库存，同时，中心的电脑系统每天都会定期收到各个店铺发来的库存报告和要货报告，配送中心把这些报告集中分析，最后形成一张张向不同供应商发出的订单，由电脑网络传递给供应商，而供应商则会在预定的时间内向配送中心派送货物。

7-11配送中心在收到所有货物后，对各个店铺所需的货物分别打包，等待发送。第二天一早，派送车就会从配送中心鱼贯而出，择路向自己配送区域内的7-11连锁店送货，整个过程就这样循环往复。

配送中心的优点还在于7-11从批发商手上夺回了配送的主动权，7-11能随时掌握在途商品、库存货物等数据，对财务信息和供应商的其他信息也在掌控之中，对于一个零售业来讲，这些数据是至关重要的。

配送的细化，随着店铺的扩大和商品的增多，7-11的物流配送越来越复杂，配送时间和配送种类的细分势在必行。以台湾地区的7-11为例，全省的物流配送就细分为出版物、常温食品、低温食品和鲜食品四个类别，各个区域的配送中心需要根据不同商品的特征和需求量每天作出不同频率的配送，以确保食品的新鲜度，以此来吸引更多的顾客。新鲜、即时、便利和不缺货是7-11店铺最大的卖点。

与台湾地区的配送方式一样，日本的7-11店铺也是根据食品的保存温度来建立配送系统的，日本7-11对食品的分类是：冷冻型(−20 ℃)，如冰激凌等；微冷型，如面包等。不同类型的食品会用不同的冷藏设备和方法配送，由于冷藏车在上下货时经常开关门，容易引起车厢温度的变化和冷藏食品的变质，7-11专用一种两仓式货车来送货，这样一个仓中的温度变化不会影响另一个仓，需冷藏的食品就始终能在需要的低温下配送了。

除了配送设备，不同食品对配送时间和配送频率也有不同的要求。对于有特殊要求的冰激凌，7-11会绕过配送中心由配送车早、中、晚3次直接从生产商运送到店铺，对于一般的食品，7-11实行的是1日3次的配送制度，早上3—7 h配送前一天晚上生产的一般食品，早上8—11 h配送前一天晚上生产的特殊食品，如牛奶、新鲜蔬菜等，下午3—6 h配送当天上午生产的食品，这样1日3次的配送频率在保证了商店不缺货的同时，也保证了食品的新鲜度。为确保各店铺的万无一失，配送中心还有一个特别的制度来和1日3次的配送制度相搭配，每个店铺都会碰到一些特殊的情况造成缺货，这时只能向配送中心电话告急，配送中心则会用安全库存对店铺进行紧急配送，如果安全库存也已告罄，中心就转而向供应商紧急要货，并且在第一时间送货到缺货店铺。

思考题：

通过7－11的配送系统，我们能得到什么启示？

【案例2】

技能训练8－2：案例分析——日本神户生协连锁超市鸣尾浜配送中心

神户生协是消费者合作社中规模最大的连锁商业企业。它拥有会员约123万户，年销售总额3 840亿日元（折合人民币300亿元），销售商品以食品为主（占72%）。

神户生协拥有超市连锁门店171个，每天购货达35万人次；对于那些会员少、尚不具备开设门店的地区，则建立无店铺销售网，设送货地点22万多个、服务对象近33万户家庭。面对供应面广、品种多、数量大的供配货需求，神户生协建造了鸣尾浜配送中心，承担了全部销售商品的配送任务。

在规划这座配送中心时，它们认为，首先应有利于提高对客户（商场）的服务水平，根据商品多品种、小批量、多批次要货的特点，做到能在指定的时间里，将需要的商品、按所需的数量送到客户的手中，以促进提高销售额、消减商场库存、提高商店作业效率，减少流通过程的物流成本，增强企业的竞争能力。

一、多功能的供货枢纽

鸣尾浜配送中心具有以下几种重要功能：

(1) 商品出货单位要小，以满足商场越来越强烈的拆零要求。

(2) 将原来由商场承担的工作量大、耗时多的贴标签、改包装等流通加工作业，放到配送中心里完成，以满足小型超市商场运营的需要。

(3) 扩大库存商品的品种，以强化配送中心的供货能力，降低商品的缺货率；特别是采用了与POS系统联网的EOS电子订货系统来处理连锁店的订货，并根据库存信息，预测总订货量，向供应商发出订货单。

(4) 扩大分拣功能，根据对中转型商品的集约化作业，改善零售店收货和搬运作业。

(5) 除一部分特殊商品（如日配品）外，全部由配送中心供货，为实现向商场配送计划化奠定基础。

(6) 满足无店铺定点销售物流的要求。

(7) 开发支撑配送中心高效运转的信息处理系统。

二、现代化的物流设施

配送中心的选址是一项至关重要的工作。神户生协把配送中心选在神户西宫市鸣尾浜地区，其理由是：第一，日本关西商业经营的重心在大阪，配送中心必须能迅速调运商品；第二，根据神户生协连锁超市发展区域点多面广，尽可能利用附近的43号国道和大阪海岸公路；第三，大量车辆出入配送中心，产生较大的噪音，必须选择在准工业地域。

鸣尾浜地区全部都是填海造地而成，配送中心基地面积 38 000 m^2，宽 190 m、长 200 m，呈长方形；四周为宽 12 m 和 20 m 的公路。

配送中心建筑平面呈 L 形，大部分为两层建筑，仅南端生活办公用房为 3 层。总建筑面积 33 805 m^2。其中，用于配送作业面积 27 907 平方米。

为了更合理组织车流，基地设两个出入大门，东门出、西门进，各宽 15 米。建筑中心两翼各有一条卡车坡道，宽 6.5 m(包括 1 m 宽人行道)，坡度为 15% 。卡车由西坡道下楼，单向行驶。

配送中心是现浇钢筋混凝土结构的建筑物，柱网尺寸为 12 m×9 m，底层高 7.5 m，二层为 6 m；屋盖为钢结构，衍架梁、金属瓦楞屋面。建筑物底层为分拣系统及发货场地、站台、储存货架及拣货作业场。上下两层站台总长 460 m，拥有停靠车位 147 个，其中收货 58 个、发货 89 个。

思考题：

鸣尾浜配送中心在供货枢纽和物流设施方面的特点有哪些？

参考文献

[1] 李永生,郑文岭.仓储与配送管理.第3版.北京:机械工业出版社,2011

[2] 王瑜.仓储与配送管理项目式教程.北京:北京大学出版社,2012

[3] 真虹.物流企业仓储管理实务.北京:中国物资出版社,2004

[4] 骆温平.物流与供应链管理.北京:电子工业出版社,2011

[5] 谭刚.仓储与配送管理.北京:中央广播电视大学出版社,2005

[6] 刘全喜,等.新编仓储管理实务——项目教程.北京:电子工业出版社,2012

[7] 周云霞.仓储管理实务.北京:电子工业出版社,2008

[8] 姜大立.物流仓储与配送管理实训.北京:中国劳动社会保障出版社,2006

[9] 杨凤祥.仓储管理实务.北京:电子工业出版社,2005

[10] 陈修齐.现代仓储与配送管理.北京:电子工业出版社,2008

[11] 王之泰.现代物流学.北京:中国物资出版社,2001

[12] 钱芝网.仓储管理实务情景实训.北京:电子工业出版社,2008

[13] 董淑华.电子商务物流管理.北京:中国传媒大学出版社,2012

[14] 吴清一.现代物流概论.北京:中国物资出版社,2003

[15] 钱芝网.仓储管理实务.第2版.北京:电子工业出版社,2011

[16] 史小峰.仓储作业实务.北京:化学工业出版社,2009

[17] 刘俐.现代仓储运作与管理.北京:北京大学出版社,2005

[18] 郭曙光.仓储与配送管理实务.北京:中国林业出版社,北京大学出版社,2008

[19] 左元斌.物流配送中心选址问题的理论、方法与实践.北京:中国铁道出版社,2007

[20] 冯耕中.物流配送中心规划与设计.西安:西安交通大学出版社,2004

[21] 田源.仓储管理.北京:机械工业出版社,2005

[22] 黄浩.仓储管理实务.北京:北京理工大学出版社,2008

[23] 赵光忠.企业物流管理模块与操作流程.北京:中国经济出版社,2004

[24] 闫春荣.新编仓储管理实务.北京:电子工业出版社,2010

[25] 李洛嘉.模拟库管员岗位实训.北京:高等教育出版社,2006

[26] 梁军.仓储管理实务.北京:高等教育出版社,2003

[27] 劳动和社会保障部教材办公室.仓储物流员.北京:中国劳动社会保障出版社,2004

[28] GB/T 18354—2006.物流术语.北京:中国标准出版社,2006

[29] 中国物流行业岗位规范指导丛书编委会.物流企业仓储作业岗位管理.北京:中国海关出版社,2008